Schmuckdesignerin werden

Entdecken Sie am Ende des Buches Bonusinhalte, darunter ein kostenlos herunterladbares PDF: Bonus-Guide: Erfolgreich als Schmuckdesignerin – Praktische Tipps und Inspirationen

1

Teil 1: Grundlagen des Schmuckdesigns

Kapitel : 1

Kapitel 1: Schmuckdesign verstehen

IN DIESEM KAPITEL:

- 1. Die Geschichte des Schmucks zeigt, dass Schmuck seit Jahrtausenden nicht nur als Zierde, sondern auch als Symbol für Status, Zugehörigkeit und Spiritualität dient und stets kulturellen, technologischen und gesellschaftlichen Entwicklungen unterliegt.
- 2. Es gibt zahlreiche Schmuckarten wie Ringe, Ketten, Ohrringe, Armbänder und Broschen, die jeweils eigene gestalterische Möglichkeiten, Bedeutungen und Kombinationsvarianten bieten.
- 3. Schmuckstile und -trends wandeln sich kontinuierlich – von klassischen bis modernen Designs reicht das Spektrum von zeitloser Eleganz bis hin zu innovativen, nachhaltigen und personalisierten Stücken.
- 4. Die sorgfältige Auswahl und Kombination verschiedenster Materialien – wie Edelmetalle, Edelsteine, Holz, Keramik oder Kunststoffe – ist zentral für Haltbarkeit, Optik und individuelle Note eines Schmuckstücks.
- 5. Nachhaltigkeit, fairer Handel und umweltbewusste Materialbeschaffung gewinnen im Schmuckdesign zunehmend an Bedeutung – ethisches Handeln und Transparenz stärken das Markenprofil und sprechen moderne Kundschaft an.

Die Geschichte des Schmucks

Wichtig

Schmuck ist so alt wie die Menschheit selbst. Schon in der Steinzeit begannen Menschen, ihren Körper mit einfachen Schmuckstücken zu schmücken. Dazu nutzten sie Materialien aus ihrer unmittelbaren Umgebung, etwa Muscheln, Steine oder auch Knochen. Diese ersten Schmuckstücke hatten unterschiedliche Funktionen: Sie dienten nicht nur zur Zierde, sondern auch als Zeichen für Zugehörigkeit, sozialem Status oder spirituelle Überzeugungen. Mit der Zeit spiegelte sich in Schmuck die Entwicklung der Gesellschaft wider. Technologischer Fortschritt, neue Materialien sowie kulturelle Einflüsse prägten und bereicherten stets das Schmuckdesign und verliehen ihm seinen einzigartigen Stellenwert.

Gut zu wissen

Die Geschichte des Schmucks ist geprägt von bedeutenden Epochen, die jeweils eigene Stile, Materialien und Bedeutungen hervorgebracht haben.

- Altes Ägypten: Schmuck diente nicht nur der Zierde, sondern auch als Schutz- und Statussymbol. Prächtige Goldarbeiten und farbige Edelsteine waren Kennzeichen der wohlhabenden Schicht.
- Antike Griechenland und Rom: Neue Techniken und Materialien erweiterten die Möglichkeiten der Schmuckherstellung. Schmuck wurde zum Zeichen von Reichtum, Macht und kultureller Identität.
- Mittelalter: Religiöser Schmuck wie Kreuze und Reliquienanhänger prägten das Bild. Kunstvolle Gold- und Silberschmiedearbeiten waren Ausdruck handwerklicher Meisterschaft und tiefen Glaubens.
- Industrialisierung im 19. Jahrhundert: Durch Maschinenfertigung wurde Schmuck für größere Teile der Bevölkerung erschwinglich. Dies führte zu einer Demokratisierung von Schmuck und neuen, vielfältigen Stilen.
- Moderne und Gegenwart: Heutige Schmuckdesignerinnen vereinen traditionelle Handwerkskunst mit innovativen Technologien und legen immer größeren Wert auf Nachhaltigkeit und Individualität.

Im Alten Ägypten spielte Schmuck eine zentrale Rolle im gesellschaftlichen und religiösen Leben. Er war weit mehr als nur dekorativer Zierrat – Schmuck schützte den Träger vor bösen Mächten und diente als Talismane für Glück und Gesundheit. Die aufwendigen Goldarbeiten, filigranen Amulette und prachtvoll gefassten Edelsteine galten als deutliche Statussymbole der Pharaonen, Priester und Würdenträger. Farben und Motive hatten symbolische Bedeutungen, etwa für Unsterblichkeit oder göttliche Macht. Die hohe handwerkliche Kunstfertigkeit und der Reichtum an Materialien machten ägyptischen Schmuck legendär und bis heute inspirierend für Schmuckdesignerinnen weltweit.

In der griechischen und römischen Antike war Schmuck ein bedeutendes Statussymbol, das Reichtum, Macht und soziale Zugehörigkeit ausdrückte. Vor allem Gold, Silber, Edelsteine und Perlen fanden Verwendung. Gleichzeitig entwickelten Handwerker innovative Bearbeitungstechniken wie Granulation, Filigranarbeit und Steineinfassungen, wodurch raffinierte Designs entstanden. Schmuckstücke wie Armreifen, Ringe, Broschen und Diademe prägten den Stil dieser Epochen. Viele heutige Designs und Motive – von klassischen Lorbeerkränzen bis zu mythologischen Symbolen – finden ihren Ursprung in jener Zeit. Die antiken Materialien und Techniken beeinflussen noch immer das moderne Schmuckdesign.

Im Mittelalter nahm religiöser Schmuck einen zentralen Stellenwert ein. Schmuckstücke wie Kreuze, Reliquienanhänger oder Heiligenmedaillons dienten als sichtbare Zeichen des Glaubens und sollten ihren Träger vor Unheil schützen. Klöster und Kirchen waren wichtige Auftraggeber für Gold- und Silberschmiede, die in dieser Zeit als hoch angesehene Handwerkskünstler galten. Sie perfektionierten aufwendige Techniken wie Emailarbeit, Gravuren und Edelsteinfassungen. Besonders filigrane Arbeiten und prachtvoll verzierte Schmuckstücke belegen die hohe künstlerische und technische Qualität mittelalterlicher Schmuckherstellung, die die Entwicklung europäischer Schmucktradition maßgeblich prägte.

Epoche	Materialien	Techniken
Steinzeit	Muscheln, Steine, Knochen, Holz	Bohren, Schleifen, Schnitzen
Altes Ägypten	Gold, Silber, Edelsteine, Glas, Fayence	Gießen, Gravieren, Einfassen, Emailarbeiten
Griechisch-Römische Antike	Gold, Silber, Bronze, Edelsteine, Perlen	Granulation, Filigran, Steineinfassung, Prägen
Mittelalter	Gold, Silber, Edelsteine, Email	Emailarbeiten, Gravieren, Edelsteinfassung, Ziselieren
19. Jahrhundert/Industrialisierung	Edelmetalle, Glas, Email, Halbedelsteine	Maschinelle Fertigung, Guss, Pressung
Moderne	Edelmetalle, Edelsteine, synthetische Materialien, Recyclingstoffe	3D-Druck, CAD, Handwerkliche Verarbeitung, neue Materialkombinationen

Gut zu wissen

Mit der Industrialisierung im 19. Jahrhundert erlebte das Schmuckdesign einen fundamentalen Wandel. Dank neuer Maschinen und technischer Innovationen konnten nun Schmuckstücke erstmals in großen Stückzahlen und relativ günstig produziert werden. Dadurch wurde Schmuck nicht länger nur den wohlhabenden Oberschichten vorbehalten, sondern auch für das aufstrebende Bürgertum und die breite Bevölkerung erschwinglich. Modeschmuck, gefertigt aus weniger teuren Materialien wie Messing oder Glas, gewann rasant an Beliebtheit. Diese Demokratisierung des Schmucks beeinflusste Geschmack und Trends nachhaltig und eröffnete den Weg für vielfältige Designrichtungen sowie neue Zielgruppen.

Wichtig

Heutige Schmuckdesignerinnen schlagen eine Brücke zwischen bewährter Handwerkskunst und modernen Technologien. Während sie traditionelle Techniken wie Schmieden, Fassen oder Gravieren weiterhin pflegen, nutzen sie gleichzeitig innovative Methoden wie 3D-Druck oder computergestützte Designprogramme. Zeitgenössisches Schmuckdesign ist stark von aktuellen Trends beeinflusst, legt jedoch zunehmend Wert auf Nachhaltigkeit und ethische Materialbeschaffung. Umweltfreundliche Produktionsprozesse und recycelte Materialien werden immer bedeutender. Gesellschaftliche Themen wie Individualität oder Diversität spiegeln sich in kreativen Kollektionen wider und geben dem heutigen Schmuck eine neue kulturelle Dimension und Verantwortung.

Verschiedene Schmuckarten

Wichtig

Schmuck fasziniert seit Jahrhunderten durch seine Vielfalt an Formen, Materialien und Stilrichtungen. Ob klassisch, modern oder extravagant – jedes Schmuckstück erzählt eine eigene Geschichte. Bevor Sie in die Welt des Schmuckdesigns eintauchen, ist es essenziell, die verschiedenen Schmuckarten und deren charakteristische Merkmale kennenzulernen. Dazu zählen Ringe, Ketten, Ohrringe, Armbänder und Broschen, die jeweils unterschiedlich getragen werden und vielfältige Ausdrucksmöglichkeiten bieten. Ein fundiertes Verständnis dieser Grundlagen hilft nicht nur beim Designprozess, sondern auch dabei, individuelle und zeitgemäße Kreationen zu schaffen, die den Bedürfnissen Ihrer Zielgruppe entsprechen.

Im Folgenden erhalten Sie einen Überblick über die wichtigsten Schmuckarten:

- Ringe: Ob Verlobungsring, Siegelring oder modisches Accessoire – Ringe sind vielfältig in Bedeutung und Ausführung.
- Ketten: Sie können schlicht als Collier getragen werden oder mit Anhängern individuell gestaltet sein. Unterschiedliche Längen und Designs eröffnen zahlreiche Kombinationsmöglichkeiten.
- Ohrringe: Von kleinen Steckern bis zu auffälligen Creolen oder Statement-Stücken – Ohrringe setzen Akzente und ergänzen jeden Look.

Ringe gehören zu den ältesten und vielseitigsten Schmuckstücken überhaupt. Sie werden traditionell als Zeichen der Verbundenheit, wie zum Beispiel bei Verlobung und Hochzeit, getragen, dienen aber ebenso als stilvolle Accessoires im Alltag. In ihrer Gestaltung sind Ringe äußerst wandelbar: Sie können schlicht aus Gold oder Silber gefertigt oder mit edlen Steinen besetzt sein. Auch ungewöhnliche Materialien wie Holz, Keramik oder moderne Metalle finden Verwendung. Häufig haben Ringe eine persönliche Bedeutung, sei es als Erinnerungsstück, Ausdruck der Individualität oder als Mode-Statement. Ihre Symbolkraft macht sie zu zeitlosen Klassikern im Schmuckdesign.

Ketten sind äußerst vielseitig und reichen von schlichten Modellen mit kleinen Anhängern bis zu prachtvollen Colliers mit aufwendigen Verzierungen. Sie können aus verschiedensten Materialien wie Gold, Silber, Edelsteinen, Perlen oder sogar unkonventionellen Stoffen wie Leder bestehen. Die Länge einer Kette – ob Halsnah, als Choker oder lange Sautoirkette – beeinflusst maßgeblich ihren Stil. Auch die Form und Kombination der Glieder ermöglichen zahlreiche Designs. Ketten können dezent wirken, einzelne Outfits betonen oder als ausdrucksvolles Statement-Piece fungieren. Dadurch bieten sie Schmuckdesignerinnen eine kreative Spielwiese für individuelle Kreationen.

Gut zu wissen

Ohrringe sind so vielfältig wie ihre Trägerinnen. Sie reichen von dezenten Steckern, die subtilen Glanz verleihen, bis hin zu großen, auffälligen Kreolen oder markanten Statement-Stücken, die sofort ins Auge fallen. Die Wahl der Ohrringe wirkt sich maßgeblich darauf aus, wie das Gesicht wahrgenommen wird: Stecker können die Natürlichkeit unterstreichen und klassische Eleganz vermitteln, während lange, baumelnde Modelle das Gesicht optisch strecken und betonen. Materialien wie Gold, Silber, Perlen, Edelsteine oder moderne Werkstoffe eröffnen zahlreiche Gestaltungsmöglichkeiten. Kreative Formen und innovative Designs machen Ohrringe zu unverwechselbaren Highlights jedes Looks.

Armbänder zählen zu den beliebtesten Schmuckstücken und sind in unzähligen Varianten erhältlich. Sie können als filigranes Band dezent das Handgelenk zieren oder in Form eines auffälligen Armreifs ein echtes Statement setzen. Durch unterschiedliche Materialien wie Edelmetalle, Leder, Textilien oder Perlen lassen sich verschiedenste Designs realisieren. Aufwendige Verzierungen mit Steinen, Gravuren oder Charms verleihen Armbändern eine individuelle Note. Ob einzeln getragen oder kreativ kombiniert – Armbänder bieten vielseitige Möglichkeiten, den persönlichen Stil auszudrücken und jedes Outfit gekonnt abzurunden. Damit sind sie ein zentrales Element im modernen Schmuckdesign.

Gut zu wissen

Broschen erleben derzeit eine wahre Renaissance in der Modewelt. Sie sind weit mehr als bloße Schmuckstücke und eröffnen zahlreiche Möglichkeiten zur individuellen Gestaltung von Kleidung. Ob dezent als kleiner Akzent am Revers getragen oder als auffälliges Statement auf Blusen und Jacken – Broschen verleihen jedem Outfit eine persönliche Note. Viele Modelle sind echte Sammlerstücke, reich an Geschichte und oft mit besonderen Bedeutungen verbunden. Moderne Designs kombinieren traditionelle Handwerkskunst mit innovativen Materialien und Formen. So werden Broschen sowohl zur Ausdrucksform des eigenen Stils als auch zu begehrten Schmuckobjekten mit Charakter und Charme.

In der Praxis

Schmuckart	Gängige Materialien	Besonderheiten
Ringe	Gold, Silber, Platin, Edelsteine, Keramik, Holz	Vielfältige Designs möglich; oft Symbolcharakter; langlebige Materialien bevorzugt
Ketten	Gold, Silber, Perlen, Edelsteine, Leder, Edelstahl	Große Bandbreite an Längen & Formen; individuelle Anhänger; Materialwahl beeinflusst Wirkung
Ohrringe	Gold, Silber, Perlen, Edelsteine, Kunststoff, Titan	Hautverträglichkeit ist wichtig; Leichtigkeit für Tragekomfort; modische Vielfalt
Armbänder	Edelmetalle, Leder, Textil, Perlen, Edelsteine	Flexibles Design; oft Kombination verschiedener Materialien; Personalisierung durch Charms
Broschen	Silber, Gold, Emaille, Edelsteine, Stoff, Holz	Reiche Verzierung; häufig Unikate oder Sammlerstücke; dekorative und funktionale Aspekte

Stile und Trends im Schmuckdesign

Einführung

Das Schmuckdesign blickt auf eine jahrtausendealte Geschichte zurück, die von Kulturen, Materialien, Technologien und gesellschaftlichen Bewegungen geprägt wurde. Die Vielfalt der Schmuckstile ist daher enorm, und sie entwickelt sich ständig weiter. In diesem Abschnitt werden die wichtigsten Stile im Schmuckdesign vorgestellt, gefolgt von einer ausführlichen Betrachtung der aktuellen Trends und zukünftigen Entwicklungen. Ziel ist es, ein tiefes Verständnis für Stilrichtungen zu vermitteln und das Bewusstsein für die Mode- und Designströmungen zu schärfen, die das Berufsbild der Schmuckdesignerin prägen.

1. Klassische Schmuckstile

Antiker Schmuckstil

Historischer und antiker Schmuck – etwa aus dem alten Ägypten, Griechenland, Rom oder auch der Renaissance – zeichnet sich durch charakteristische Formen, Motive und Fertigungstechniken aus. Zu den berühmten Motiven gehören ägyptische Skarabäen, griechische Mäanderbänder, römische Mosaiken oder florale Renaissance-Ornamente. Antiker Schmuck wird heute vielfach reproduziert oder als Inspirationsquelle genutzt und steht für Zeitlosigkeit und Wertbeständigkeit.

Viktorianischer Schmuck

Der viktorianische Schmuckstil (ca. 1837-1901) ist üppig verziert, oft symbolisch aufgeladen und von rührvollen bis düsteren Motiven geprägt (z.B. Blumen, Herzen, Mourning-Schmuck). typische Merkmale sind Perlen, filigrane Goldarbeiten und feinste Gravuren.

Jugendstil und Art Déco

Jugendstil (ca. 1890-1910) besticht durch fließende, organische Linien, florale Motive und den Einsatz von Glas, Email und Halbedelsteinen. Art Déco (ca. 1920-1940) steht im Kontrast dazu: Geradlinige, geometrische Formen, starke Farbkontraste und Opulenz, oft unter Verwendung neuer Materialien wie Platin oder Bakelit.

Moderne und Minimalismus

Ab der Mitte des 20. Jahrhunderts dominieren reduzierte Formen, neue Materialien (Kunststoffe, Edelstahl) und experimentelle Herangehensweisen. Minimalistischer Schmuck zeichnet sich durch Schlichtheit und zeitlose Eleganz aus – ein Gegenpol zur Detailverliebtheit vergangener Epochen.

2. Zeitgenössische und innovative Stile

Statement-Schmuck

Große, auffällige Stücke, die als eigenständige Kunstwerke fungieren, bestimmen den Statement-Style. Typisch sind übergroße Colliers, extravagante Ohrringe oder spannende Materialkombinationen. Der Fokus liegt auf Individualität, künstlerischem Ausdruck und oft auch auf gesellschaftspolitischen Botschaften.

Boho- und Ethno-Schmuck

Der Bohemian Stil greift Elemente und Techniken traditioneller Volkskunst weltweit auf. Natürliche Materialien wie Leder, Holz, Muscheln, Federn kombiniert mit bunten Perlen und Fransen sind charakteristisch. Ethno-Schmuck würdigt spezifische kulturelle Ursprünge und Symbole und betont oft handwerkliche Authentizität.

Nachhaltiger und Upcycling-Schmuck

Mit dem steigenden Bewusstsein für Umwelt und soziale Verantwortung setzen viele Designerinnen auf nachhaltige Materialien wie recyceltes Gold, Altmetalle, gebrauchte Edelsteine oder neue Biowerkstoffe. Das Upcycling alter Schmuckstücke wird ebenso immer populärer und erzeugt Unikate mit Geschichte.

Tech-Schmuck (Wearables)

Das Smartphone am Handgelenk oder die Fitness-Kette: Moderne Technologien ziehen zunehmend in die Schmuckwelt ein. Wearables vereinen Funktion (z.B. Fitness-Tracking) mit Ästhetik durch ansprechendes Design. Die Herausforderungen liegen darin, moderne Technik harmonisch in Schmuck zu integrieren.

3. Die Farb- und Formensprache im Schmucktrend

Farbtrends im Schmuckdesign variieren je nach Saison, beeinflusst durch die Mode-, Interior- und Kunstszene. Die „Pantone Color of the Year" ist ein bekannter Impulsgeber. Als Schmuckdesignerin lohnt es sich, Farbkombinationen und Symbolik der verwendeten Edelsteine im Auge zu behalten. Auch geometrische Formen und modulare Designs sind aktuell gefragt – sie erlauben persönliches Kombinieren und Ausleben des eigenen Stils.

4. Der Einfluss von Modeströmungen

Schmuck ist eng mit der Mode verflochten. Was auf den Laufstegen und in den Modemagazinen gezeigt wird, beeinflusst auch die Schmucktrends. Überdimensionierte Ohrringe, längere Ketten, Layer-Looks, mehrere Piercings oder der Mix von Gold und Silber sind periodisch wiederkehrende und weiterentwickelte Modetrends. Auch Vintage- und Retro-Revival prägen immer wieder aktuelle Kollektionen.

5. Individuelle Trends – Personalisierung

Ein starker Trend ist die Personalisierung: Gravuren, Initialen, Geburtssteine, Sternzeichen oder individuell gefertigte Stücke, die symbolische Bedeutungen für Träger:innen besitzen, erfreuen sich großer Beliebtheit. Schmuck wird dadurch zum persönlichen Begleiter und Ausdruck individueller Lebensereignisse.

6. Nachhaltigkeit und Ethik als Trend

Nachhaltigkeit ist kein kurzfristiger Modetrend, sondern ein langfristiger Wertewandel. Zertifizierte, konfliktfreie Edelsteine, faires Gold, Transparenz bei Lieferketten und soziales Engagement prägen die Arbeit vieler junger und etablierter Marken. Schmuckdesignerinnen, die hier Verantwortung übernehmen, setzen echte Zeichen und differenzieren sich deutlich am Markt.

7. Digitale Trends und Social Media

Die Präsentation von Schmuck hat sich radikal verändert: Instagram, Pinterest und Tiktok inspirieren Trends und ermöglichen Marken, schnell auf Tendenzen zu reagieren. Digitale Kollektionen, Schmuckdesigns als NFTs oder Virtual Reality-Anproben sind auf dem Vormarsch und prägen die Branche nachhaltig.

8. Einfluss kultureller Diversität

In der globalisierten Welt greifen Designerinnen mehr denn je kulturelle Elemente aus aller Welt auf – von indischen Hochzeitsornamenten über afrikanische Tribal-Art bis hin zu japanischem Minimalismus. Der respektvolle Umgang mit Herkunft und Bedeutung solcher Motive gewinnt an Bedeutung (Stichwort: kulturelle Aneignung vs. kulturelle Wertschätzung).

9. Die Rolle von Schmuck in der Selbstinszenierung

Aktuell wird Schmuck oft bewusst inszeniert – als Teil von Selfies, Social Media Posts, im Rahmen künstlerischer Performances. Die Grenze zwischen Alltags- und Event-Schmuck verschwimmt. Auch Gender ist kein Stil-Tabu mehr: Männerschmuck erlebt ein starkes Revival, und viele Designs sind explizit genderneutral.

10. Wie du als Schmuckdesignerin mit Trends umgehst

Trends erkennen: Eine wache Beobachtungsgabe, Modebewusstsein, internationale Inspirationen und der Blick auf Insiderformate (z.B. Schmuckmessen, Fachzeitschriften) sind wichtig.

Trends umsetzen: Entscheidend ist, ob und wie ein Trend zur eigenen Markenidentität und Zielkundschaft passt. Nicht jeder Trend ist für jede Marke sinnvoll.

Eigene Stilsicherheit entwickeln: Während Trends nützlich sind, um zeitgemäß zu bleiben, ist die Entwicklung eines eigenen, unverkennbaren Stils als Designerin essentiell für nachhaltigen Erfolg.

Fazit

Stile und Trends im Schmuckdesign sind vielfältig, dynamisch und untrennbar mit gesellschaftlichen, technologischen und kulturellen Entwicklungen verbunden. Als Schmuckdesignerin ist es deine Aufgabe, Stile zu erkennen, Trends zu interpretieren und dabei deinen eigenen Ausdruck zu finden. Ein Bewusstsein für Geschichte, Materialität, Zeitgeist und Zukunft ist die Grundlage für erfolgreichen Schmuck, der berührt und inspiriert.

Materialien im Schmuckdesign

Wichtig

Im Schmuckdesign ist die Wahl der Materialien von zentraler Bedeutung. Sie prägt nicht nur die Ästhetik eines Schmuckstücks, sondern bestimmt auch dessen Wertigkeit und Haltbarkeit. Jedes Material – von Gold über Silber bis hin zu alternativen Werkstoffen wie Holz oder Keramik – besitzt einzigartige Eigenschaften und eine eigene Symbolik. Wer erfolgreich Schmuck entwerfen möchte, sollte sich intensiv mit den jeweiligen Stoffen auseinandersetzen: Wie lassen sie sich bearbeiten, wie wirken sie am Körper, welche Emotionen und Bedeutungen werden transportiert? Ein fundiertes Materialverständnis ist somit die Basis für unverwechselbares und ausdrucksstarkes Schmuckdesign.

Zu den zentralen Werkstoffen im Schmuckdesign zählen verschiedene Materialgruppen, die jeweils besondere Eigenschaften und Gestaltungsmöglichkeiten bieten:

- Edelmetalle (Gold, Silber, Platin): Diese Metalle sind besonders wegen ihrer Wertbeständigkeit, Langlebigkeit und Bearbeitbarkeit beliebt. Gold und Silber werden traditionell für hochwertigen Schmuck verwendet, während Platin oft exklusiven Kreationen vorbehalten bleibt.
- Unedle Metalle (Kupfer, Messing, Bronze): Sie bieten eine große Bandbreite an Farben und Oberflächenstrukturen und werden häufig für moderneres, experimentelles Design eingesetzt. Ihr Preis ist meist geringer als der von Edelmetallen, was sie vielseitig einsetzbar macht.
- Edelsteine und Halbedelsteine: Ob als funkelnder Akzent oder zentrales Element – Edelsteine bringen Farbe, Lichtspiel und Symbolik in jedes Schmuckstück. Halbedelsteine bieten darüber hinaus eine breite Auswahl für individuelle Designs.
- Perlen: Perlen stehen für Eleganz und Zeitlosigkeit. Sie können sowohl in klassischem als auch in modernem Schmuckdesign eingesetzt werden.
- Holz: Als natürliches Material bringt Holz Wärme, Struktur und oft eine organische Ausstrahlung ins Schmuckdesign.
- Kunststoff und Acryl: Diese modernen Werkstoffe ermöglichen große gestalterische Freiheit durch Farben, Formen und Leichtigkeit.

- Glas: Glas lässt sich vielfältig formen, färben und kombiniert oft filigrane Techniken mit außergewöhnlichen Effekten.
- Keramik: Mit Keramik können Designerinnen individuelle, oft farbenfrohe Schmuckstücke schaffen, die durch eine Kombination aus Tradition und Innovation überzeugen.

Gut zu wissen

Edelmetalle spielen im klassischen Schmuckdesign eine herausragende Rolle. Gold und Silber zählen zu den beliebtesten Materialien, da sie nicht nur besonders edel wirken, sondern auch durch ihre Langlebigkeit und ihren bleibenden Wert überzeugen. Zudem lassen sich diese Metalle hervorragend bearbeiten, was sie vielfältig einsetzbar macht – für filigrane sowie robuste Schmuckstücke gleichermaßen. Silber ist dabei besonders wegen seiner Leichtigkeit und Vielseitigkeit gefragt, während Gold mit seiner warmen Farbe und zeitlosen Eleganz besticht. Für besonders exklusive Kreationen wird oft auf Platin zurückgegriffen, da es äußerst widerstandsfähig ist und eine außergewöhnliche Wertigkeit besitzt.

Tipp

Neben den traditionellen Edelmetallen erleben alternative Materialien im Schmuckdesign einen regelrechten Aufschwung. Holz, Acryl und Keramik bieten faszinierende neue Möglichkeiten, individuelle und moderne Schmuckstücke zu gestalten. Aber auch außergewöhnliche Stoffe wie Textil, Beton oder recycelte Materialien eröffnen kreative Wege für innovative Designs und setzen spannende Akzente. Durch den bewussten Einsatz solcher Materialien können Schmuckdesignerinnen nicht nur aktuelle Trends aufgreifen, sondern auch gezielt neue Zielgruppen ansprechen, die Wert auf Originalität, Nachhaltigkeit oder ausgefallene Optik legen. So entstehen Schmuckkreationen, die die Vielfalt und Zukunftsfähigkeit der Branche verdeutlichen.

Material	Härte	Bearbeitbarkeit	Gewicht	Allergieverträglichkeit	Wertigkeit	Nachhaltigkeit
Gold	weich bis mittelhart	sehr gut	mittel	sehr gut	hoch	abhängig von Zertifizierung
Silber	weich	sehr gut	leicht	gut	hoch	abhängig von Herkunft
Platin	sehr hart	mittel	schwer	sehr gut	sehr hoch	begrenzt verfügbar
Kupfer	weich	gut	mittel	mässig (kann Allergien auslösen)	niedrig bis mittel	recyclebar
Messing	mittelhart	gut	mittel	mässig (kann Allergien auslösen)	mittel	recyclebar
Holz	weich bis hart	gut bis eingeschränkt	sehr leicht	sehr gut	variabel	nachhaltig (bei FSC-Zertifizierung)
Acryl/Kunststoff	weich bis mittelhart	sehr gut	sehr leicht	sehr gut	niedrig	abhängig vom Kunststoff
Glas	hart	schwer zu bearbeiten	mittel bis schwer	sehr gut	mittel	recyclebar
Keramik	hart	eingeschränkt	leicht bis mittel	sehr gut	mittel	nachhaltig

Warnung

Die Herkunft und Nachhaltigkeit der verwendeten Materialien gewinnen im modernen Schmuckdesign zunehmend an Bedeutung. Immer mehr Designerinnen und Konsumenten legen Wert darauf, dass Metalle wie Gold oder Silber sowie Edel- und Halbedelsteine aus verantwortungsvollen Quellen stammen. Dabei spielen Umweltstandards, faire Arbeitsbedingungen und die Transparenz der Lieferketten eine große Rolle. Zertifizierungen wie Fairtrade-Gold oder konfliktfreie Diamanten bieten Orientierungshilfen und schaffen Vertrauen. Wer auf Nachhaltigkeit achtet, präsentiert nicht nur ethisch vertretbare Schmuckstücke, sondern stärkt darüber hinaus das eigene Markenprofil und spricht umweltbewusste Kunden gezielt an.

In der Praxis

Nicht jedes Material eignet sich für jede Technik im Schmuckdesign. Für besonders filigrane und detaillierte Arbeiten werden bevorzugt weiche Metalle wie Silber oder Gold verwendet, da sie leicht formbar und gut zu bearbeiten sind. Diese Metalle ermöglichen feine Gravuren, Ziselierungen oder Drahtarbeiten. Im Gegensatz dazu kommen für stabile, massive Schmuckstücke eher härtere Materialien wie Bronze oder Stahl infrage. Sie bieten die nötige Festigkeit für robuste Formen und moderne Designs, etwa beim Schmieden oder Gießen. Die gezielte Materialwahl eröffnet somit vielfältige technische Möglichkeiten und beeinflusst maßgeblich Stil und Tragekomfort des Schmucks.

Bei der Auswahl der Materialien im Schmuckdesign gibt es verschiedene wichtige Aspekte zu beachten:

- Verfügbarkeit und Preis: Nicht jedes Material ist jederzeit in gewünschter Menge oder zu einem akzeptablen Preis erhältlich. Daher sollte die Designerin immer auch Marktsituation und Lieferketten im Blick behalten.
- Allergieverträglichkeit: Vor allem Metalle können bei empfindlichen Personen Hautreaktionen hervorrufen. Es empfiehlt sich daher, allergiefreundliche Alternativen – etwa nickelfreie Legierungen – zu bevorzugen.
- Pflege und Reinigung: Unterschiedliche Materialien erfordern unterschiedliche Pflege. Während Gold und Silber regelmäßig poliert werden sollten, sind Holz oder Perlen empfindlicher gegenüber Feuchtigkeit und benötigen eine schonende Behandlung.
- Kombinationsmöglichkeiten: Die Wahl der Materialien beeinflusst, wie gut sie sich mit anderen Stoffen, Farben oder Designelementen kombinieren lassen. Experimentieren und ein geschultes Auge für Harmonien sind gefragt.
- Optische Wirkung: Jedes Material hat eine eigene Ausstrahlung und beeinflusst die Wirkung des Schmuckstücks – von glänzend-elegant bis zu natürlich-rustikal. Die bewusste Auswahl trägt entscheidend zur Gesamtwirkung bei.

Die einzigartige Kombination aus traditionellen und innovativen Materialien verleiht Schmuckstücken eine besondere Individualität. Durch das geschickte Zusammenspiel von Edelmetallen wie Gold oder Silber mit ungewöhnlichen Werkstoffen wie Holz, Acryl oder recycelten Materialien entstehen unverwechselbare Kreationen. Dieser Materialmix erlaubt es Schmuckdesignerinnen, ihre persönliche Handschrift auszudrücken und Trends mitzugestalten. Individuelle Vorlieben, experimentelle Techniken und kreative Kombinationen spiegeln sich in jedem einzelnen Stück wider. So wird Schmuck nicht nur zum modischen Accessoire, sondern auch zu einem Ausdruck der Persönlichkeit der Designerin – und spricht unterschiedliche Kundengruppen gezielt an.

Testen Sie Ihr Wissen mit einem Quiz.

Scannen Sie diesen QR-Code

Praktische Übungen

1

Analysiere die Schmuckgeschichte: Beschreiben Sie die Entwicklung des Schmucks von der Steinzeit bis zur Moderne. Gehen Sie dabei auf typische Materialien, Herstellungsarten und die gesellschaftliche Bedeutung des Schmucks in den jeweiligen Epochen ein. Nutzen Sie dafür mindestens drei verschiedene historische Abschnitte und ordnen Sie jedem Abschnitt ein Beispielschmuckstück oder charakteristisches Design zu.

Die Schmuckentwicklung beginnt in der Steinzeit, wo vor allem Muscheln, Knochen oder Steine als Materialien dienten. Diese frühesten Schmuckstücke waren Symbole für Zugehörigkeit, Status oder Spiritualität. Im Alten Ägypten wurde Schmuck zum Statussymbol, war aber auch Talisman – Gold und Edelsteine sowie Amulette mit religiösen Motiven waren typisch (z.B. Skarabäen-Amulett). In der griechisch-römischen Antike kam es zu neuen Handwerkstechniken wie Granulation und Filigranarbeit; Schmuckstücke wie Lorbeerkränze oder gravierte Siegelringe symbolisierten Macht und Identität. In der Moderne verschmolzen traditionelle Metalle wie Gold mit neuen Materialien und Techniken wie dem 3D-Druck. So steht heutiger Schmuck oft für Individualität und Nachhaltigkeit (z.B. Ringe aus recyceltem Silber).

2

Materialkunde im Schmuckdesign: Stellen Sie sich vor, Sie möchten einen neuen Ring entwerfen. Erläutern Sie drei unterschiedliche Materialkombinationen (zum Beispiel Edelmetall plus weiteres Material) und gehen Sie auf die gestalterischen, technischen und emotionalen Wirkungen ein, die diese Materialwahl jeweils hätte. Begründen Sie, warum Sie eine dieser Kombinationen für Ihr Design bevorzugen würden.

Möglichkeit 1: Gold und Perlen – Gold steht für Eleganz und Wertigkeit, Perlen für Zeitlosigkeit und Weiblichkeit. Diese Kombination wirkt klassisch und luxuriös, verlangt jedoch präzise Fassungen. Möglichkeit 2: Silber und Holz – Silber ist modern, glänzend und hautfreundlich, Holz bringt Wärme und organische Strukturen ins Design; technisch ist eine gute Verbindung notwendig, gestalterisch entsteht ein spannender Kontrast. Möglichkeit 3: Edelstahl und Acryl – Edelstahl ist robust und modern, Acryl bietet farbige, leichte Akzente; diese Lösung ist besonders für den Alltag geeignet und spricht jüngeres Publikum an. Ich würde Silber und Holz bevorzugen: Die natürliche Ausstrahlung und die Verbindung von kühlem und warmem Material bieten interessante Möglichkeiten für markante Unikate, die zudem emotional ansprechend sind.

3

Stil- und Trendanalyse: Wählen Sie zwei historische und einen aktuellen Stil im Schmuckdesign aus (z. B. Art Déco, Jugendstil, Statement-Schmuck). Beschreiben Sie die charakteristischen Merkmale, typische Materialien und Motive jedes Stils. Vergleichen Sie abschließend diese Stile im Hinblick auf Zielgruppe, Anmutung und Einsatzmöglichkeiten im modernen Schmuckdesign.

Art Déco (1920-1940) zeichnet sich durch klare, geometrische Formen, starke Farbkontraste und luxuriöse Materialien wie Platin und Edelsteine aus. Typisch sind stilisierte Sonnenstrahlen und abstrahierte Blumen. Jugendstil (ca. 1890-1910) arbeitet mit organischen, schwungvollen Linien, floralen Motiven, Emaille und Halbedelsteinen; der Schmuck wirkt naturverbunden und künstlerisch verspielt. Aktueller Statement-Schmuck setzt auf übergroße, oft extravagante Einzelstücke und vielfältige Materialien, meist im Fokus: Individualität und Ausdrucksstärke. Art Déco spricht Liebhaber klassischer, eleganter Optik an, Jugendstil zieht kunstaffines Publikum an, Statement-Schmuck richtet sich an moderne, modebewusste Zielgruppen. Im heutigen Design bieten diese Stile Inspirationsquellen: Jugendstil für handwerkliche Veredelung, Art Déco für exakte Formen, Statement für Innovation und Mut zu Großem.

4

Nachhaltigkeit und Ethik: Sie möchten eine umweltbewusste Schmuckkollektion entwerfen. Entwickeln Sie drei konkrete Maßnahmen, wie Sie im Designprozess, bei der Materialwahl und in der Produktion Nachhaltigkeit umsetzen würden. Erklären Sie die Vorteile jeder Maßnahme für Umwelt und Kunden.

1. 1. Verantwortungsvolle Materialbeschaffung: Ich würde Fairtrade-Gold und konfliktfreie Edelsteine einsetzen. Das schützt Umweltressourcen und garantiert ethische Arbeitsbedingungen – ein Pluspunkt für das Markenimage und das Vertrauen der Käuferinnen. 2) Einsatz von Recyclingmaterialien: Alte Schmuckstücke oder Bruchgold werden eingeschmolzen und zu neuen Kreationen verarbeitet. Das spart Ressourcen, reduziert Energiebedarf und bietet zudem Unikate mit Geschichte. 3) Kurze Lieferketten & regionale Produktion: Die Arbeiten werden in lokalen Werkstätten gefertigt, Rohstoffe aus möglichst nahen Quellen bezogen. Das minimiert den CO2-Fußabdruck und stärkt die regionale Wirtschaft. Für Kunden bedeutet das Transparenz, Qualität und die Freude an einem nachweislich nachhaltigen Produkt.

5

Analyse von Schmuckarten: Beschreiben Sie vier grundlegende Arten von Schmuckstücken (z. B. Ring, Kette, Ohrring, Brosche) und erläutern Sie jeweils typische Materialien, Designelemente sowie die Symbolik und Besonderheiten. Erklären Sie, wie sich diese Arten kreativ kombinieren lassen, um ein harmonisches Gesamtbild zu schaffen.

Ring: Traditionell aus Gold, Silber oder Platin gefertigt, häufig mit Gravuren oder Edelsteinfassung. Symbol für Verbundenheit (z. B. Ehering) oder Status. Kette: Materialien wie Edelmetall, Perlen, Leder; oft mit Anhängern individualisierbar, verschiedene Längen und Gliederarten. Symbol für Verbindung und Schutz. Ohrring: Reicht von dezent (Stecker) bis extravagant (Creolen), Materialien von Silber über Gold bis zu Acryl. Setzt Akzente und betont das Gesicht. Brosche: Früher Kleidungsverschluss, heute modisches Statement aus Emaille, Edelmetall, Stoff oder Holz, oft kunstvoll verziert. Symbolik reicht von Zugehörigkeit bis Erinnerungsstück. Durch gezieltes Kombinieren – z. B. filigrane Kette mit farblich abgestimmtem Ring und passenden Ohrsteckern, ergänzt durch eine akzentuierende Brosche – entsteht ein stilsicherer und individueller Gesamteindruck.

Kapitel : 2

Kapitel 2: Kreativität entwickeln

IN DIESEM KAPITEL:

- 1. Kreativität im Schmuckdesign entsteht durch vielfältige Inspirationsquellen wie Natur, Kunst, Reisen, Mode und persönliche Erlebnisse, die bewusst wahrgenommen und aufgearbeitet werden sollten.

- 2. Das Skizzieren ist ein zentrales Werkzeug für Schmuckdesignerinnen, um Ideen festzuhalten, zu entwickeln und zu visualisieren – sowohl mit analogen als auch digitalen Techniken.

- 3. Die Farbtheorie ist essentiell im Schmuckdesign, da Farben gezielt eingesetzt werden, um Stimmungen zu erzeugen, Zielgruppen anzusprechen und harmonische, zeitgemäße Schmuckstücke zu kreieren.

- 4. Kreative Blockaden gehören zum Gestaltungprozess und können durch Routinen, Wechsel des Arbeitsumfelds, gezielte Inspiration und das Überwinden von Perfektionismus aktiv bewältigt werden.

- 5. Übung, Reflexion und der gezielte Umgang mit Fehlern und Selbstzweifeln stärken langfristig die eigene Kreativität und führen zu einer individuellen Designhandschrift.

Inspiration finden

Wichtig

Inspiration bildet das Fundament jedes kreativen Prozesses im Schmuckdesign. Sie ist überall zu finden: in der Vielfalt der Natur, in Kunstwerken, alltäglichen Gegenständen oder in unseren eigenen Emotionen. Für eine Schmuckdesignerin ist es entscheidend, mit offenen Augen durch die Welt zu gehen und neugierig für neue Eindrücke zu bleiben. Oft entstehen außergewöhnliche Ideen gerade aus unerwarteten Erfahrungen oder dem bewussten Wahrnehmen der Umgebung. Wer bereit ist, sich auf verschiedene Inspirationsquellen einzulassen und sie zu reflektieren, legt den Grundstein für ein einzigartiges und aktuelles Schmuckdesign.

Hier sind einige mögliche Inspirationsquellen für Ihr Schmuckdesign:

- Natur – Die vielfältigen Farben, Formen und Texturen der Natur liefern unerschöpfliche Inspirationen. Von Blättern über Steine bis hin zu Wasserstrukturen kann alles zum kreativen Ausgangspunkt werden.
- Kunst und Architektur – Historische Meisterwerke, moderne Gemälde oder ausgefallene Bauten eröffnen neue Perspektiven in der Formgebung und Materialauswahl.
- Reisen und Kulturen – Der Kontakt mit unterschiedlichen Kulturen, deren Schmucktraditionen, Muster und Farbkombinationen bringt frische Ideen in die eigene Arbeit.
- Emotionen und persönliche Erlebnisse – Eigene Erfahrungen oder Gefühle können als kreative Impulse dienen und finden oft Ausdruck in symbolhaften Designs.

Tipp

Ein Skizzenbuch ist ein unverzichtbares Werkzeug für jede Schmuckdesignerin. Es bietet die Möglichkeit, spontane Ideen und Eindrücke sofort festzuhalten, sei es durch kurze Notizen, kleine Zeichnungen oder das Einkleben inspirierender Materialien wie Stoffproben oder Fotos. Alles, was im Alltag besonders ins Auge fällt oder eine kreative Idee weckt, sollte darin seinen Platz finden. Gerade wenn der kreative Fluss stockt, lohnt sich der Blick zurück in das Skizzenbuch, um alte Ansätze neu zu interpretieren oder weiterzuentwickeln. So entsteht eine persönliche Sammlung, aus der jederzeit neue Schmuckstücke entstehen können.

Gut zu wissen

Reisen eröffnet Schmuckdesignerinnen einen wahren Schatz an Inspirationen. In fremden Ländern begegnet man einzigartigen Farben, Mustern und Materialien, die in den heimischen Kontexten oft unbekannt sind. Der Kontakt mit anderen Kulturen erweitert den eigenen kreativen Horizont und ermöglicht es, traditionelle Designs neu zu interpretieren oder innovative Materialien und Techniken kennenzulernen. Von architektonischen Besonderheiten über folkloristische Motive bis hin zu ungewöhnlichen Werkstoffen – jede Reise kann neue Impulse für individuelle Schmuckstücke liefern. Dabei prägt nicht nur das Gesehene, sondern auch die Begegnung mit Menschen und deren Geschichten die eigene gestalterische Handschrift.

Tipp

Um Inspiration gezielt zu fördern, eignen sich verschiedene kreative Techniken, die helfen, neue Ideen für das Schmuckdesign zu entwickeln.

- Moodboards erstellen: Sammeln Sie Bilder, Farben, Stoffproben und Materialien auf einem Inspirationsboard, um visuelle Verbindungen herzustellen und ein Thema für Ihre Schmuckkollektion zu finden.
- Mindmapping: Notieren Sie ein zentrales Stichwort, etwa ‚Inspiration', in der Mitte eines Blatts und lassen Sie davon ausgehend freie Assoziationen zu Farben, Formen und Materialien entstehen. Das hilft, Ideen zu strukturieren und neue Verknüpfungen zu entdecken.
- Material-Experimente: Nutzen Sie ungewöhnliche Werkstoffe oder kombinieren Sie verschiedene Materialien. Das experimentelle Arbeiten öffnet den Blick für neue Oberflächen, Formen und Kombinationsmöglichkeiten.

Gut zu wissen

Auch Mode, Architektur und Produktdesign sind wertvolle Quellen der Inspiration für Schmuckdesignerinnen. Die Formenvielfalt moderner Gebäude, innovative Materialkombinationen oder die Farbharmonien aus aktuellen Modetrends eröffnen neue gestalterische Möglichkeiten. Um eigene Designs zeitgemäß zu entwickeln, lohnt sich der regelmäßige Blick auf Veränderungen und Neuerungen dieser kreativen Bereiche. Durch das Studium von Designgeschichte und aktuellen Trends gewinnt man ein tieferes Verständnis für gestalterische Entwicklungen und kann daraus individuelle Schmuckideen ableiten. So gelingt es, eigene Stücke sowohl innovativ als auch stilistisch ansprechend und relevant für den Markt zu gestalten.

Wichtig

Zeit in der Natur zu verbringen, ist für Schmuckdesignerinnen besonders wertvoll, da sie dort neue Kraft schöpfen und ihre Kreativität stimulieren können. Die Formenvielfalt von Blättern, die Farbenpracht von Blumen, die Strukturen von Steinen oder das einzigartige Lichtspiel im Wald bieten unzählige Anregungen für innovative Schmuckstücke. Durch bewusstes Beobachten öffnet man sich für Details, die häufig im hektischen Alltag übersehen werden. Diese natürlichen Eindrücke lassen sich anschließend in neue Designs, organische Formen oder außergewöhnliche Materialkombinationen übersetzen – und geben so dem eigenen Schmuck eine authentische, individuelle Handschrift.

In der Praxis

Inspirationsquelle	**Beispielhafte Umsetzung im Schmuckdesign**
Natur (Pflanzen, Tiere, Landschaften)	Blattförmige Anhänger, organische Strukturen, naturgetreue Farben und Texturen
Kunst (Malerei, Bildhauerei, Fotografie)	Farbenfrohe Emaille-Techniken, abstrakte Formen, künstlerische Gravuren
Reisen und fremde Kulturen	Verwendung traditioneller Muster, Einbindung landestypischer Materialien, ethnische Motive
Mode und aktuelle Trends	Kombination moderner Farben, stilisierte geometrische Formen, minimalistische oder opulente Stilrichtungen
Architektur	Inspirierte Linienführung, bauliche Strukturen als Oberflächengestaltung, cleane und klare Formen
Emotionen und persönliche Erlebnisse	Symbolische Motive, Schmuckstücke als Erinnerungsträger, individuelle Gravuren

Skizzentechniken

Einleitung

Das Skizzieren ist ein grundlegender Bestandteil des Schmuckdesigns. Es bildet die Brücke zwischen einer kreativen Idee und deren Umsetzung in ein fertiges Schmuckstück. Skizzentechniken helfen, Gedanken sichtbar zu machen, verschiedene Entwurfsoptionen schnell zu vergleichen und dem späteren Herstellungsprozess eine solide Basis zu geben. In diesem Kapitel tauchen wir tief in die Welt der Skizzentechniken für Schmuckdesignerinnen ein und erarbeiten, mit welchen Methoden Sie Ihre Kreativität effektiv zu Papier bringen können.

1. Die Bedeutung von Skizzen im Schmuckdesign

Eine Skizze ist nicht einfach nur eine Zeichnung; sie ist der Ausdruck Ihrer Idee, Ihrer Emotionen und Ihres ästhetischen Empfindens. Für Schmuckdesignerinnen ist das Skizzieren ein Prozess des Erforschens, Entwickelns und Kommunizierens. Ob Sie klassische Ohrringe, auffällige Ringe oder moderne Colliers entwerfen – die Skizze ist oft der erste sichtbare Schritt zum fertigen Schmuckstück.

Vorteile von Skizzen:

- **Visualisierung von Ideen:** Sie können abstrakte Gedanken in konkrete Formen bringen.
- **Kommunikation:** Skizzen helfen, Ihre Ideen Kunden, Kollegen und Herstellern zu vermitteln.
- **Experimentieren:** Mit schnellen Skizzen können verschiedene Gestaltungsansätze ausprobiert werden.
- **Effizienz:** Sie sparen Zeit im weiteren Designprozess und vermeiden teure Fehler in der Produktion.
- **Dokumentation:** Skizzen bieten ein Archiv Ihrer Designentwicklung und Inspirationsquellen.

2. Die notwendigen Werkzeuge

Sie benötigen kein teures Equipment, um treffende Skizzen zu fertigen. Allerdings gibt es eine Reihe von Werkzeugen, die Ihnen das Skizzieren erleichtern und Ihre Ausdrucksmöglichkeiten erweitern:

- **Bleistifte:** Verschiedene Härtegrade (HB, 2B, 4B) ermöglichen feine Linien ebenso wie schattierte Partien.
- **Radiergummi:** Zum Korrigieren und Hervorheben von Licht.
- **Fineliner und Tuschestifte:** Für präzise Linien und Details.
- **Papier:** Skizzenblöcke in unterschiedlichen Formaten; lose Blätter ermöglichen Flexibilität.
- **Lineal und Zirkel:** Für geometrische Formen, präzise Kreise oder Symmetrien.
- **Aquarellfarben oder Buntstifte:** Optional für Farbstudien.

Digitale Werkzeuge gewinnen immer mehr an Bedeutung. Programme wie Procreate (iPad), Adobe Fresco, Illustrator oder Tablet-Lösungen bieten digitale Möglichkeiten zur Erstellung, Bearbeitung und

Archivierung von Schmuckskizzen.

3. Grundlegende Skizzentechniken

3.1. Die Konturzeichnung

Die Konturzeichnung ist eine der einfachsten und klarsten Methoden. Linien definieren die äußere Form des Schmuckstücks. Zunächst werden grobe Formen (z. B. Oval für einen Anhänger) gezeichnet, anschließend Details wie Fassungen, Steine oder Gravuren hinzugefügt.

Tipp: Beginnen Sie mit leichten Linien, um Korrekturen zu ermöglichen. Arbeiten Sie dann die finalen Konturen mit mehr Druck oder Fineliner nach.

3.2. Schraffur und Schattierung

Um einem Entwurf Tiefe und Dreidimensionalität zu verleihen, verwenden Sie Schraffurtechniken. Durch parallele, gekreuzte oder punktierte Linien entstehen Licht und Schatten.

- **Einzelstrich-Schraffur:** Linien verlaufen in eine Richtung, erzeugen leichte Schatten.
- **Kreuzschraffur:** Mehrere Schichten in verschiedene Richtungen, für stärkere Schattenbereiche.
- **Punktieren (Stippling):** Kleine Punkte bilden Schattierungen, ideal für detaillierte Metalleffekte.

Durch die Schattierung wird das Material (z. B. Glänzen von Metall, Transparenz von Edelsteinen) realistisch dargestellt.

3.3. Perspektivische Darstellung

Die Schmuckskizze profitiert von einer räumlichen Darstellung. Meist werden Designs in schräger Ansicht (isometrisch) gesketcht, um die Form besser zu erfassen.

- **Frontalperspektive:** Gut für symmetrische Schmuckstücke (Ringe, Ohrringe).
- **Schräge Perspektive:** Zeigt Tiefe und Volumen, ideal für Anhänger, komplexe Ringe.
- **Detailansichten:** Einzelheiten wie Steinfasungen, Verschlüsse oder Gravuren im Großformat.

Übung: Zeichnen Sie ein einfaches Schmuckstück aus mehreren Perspektiven (vorn, schräg, seitlich, von oben), um ein Gefühl für die räumliche Umsetzung zu entwickeln.

3.4. Material- und Strukturdarstellung

Metalle, Edelsteine, Emaille und organische Materialien unterscheiden sich im Aussehen stark. Durch gezielte Schraffuren, Glanzlichter und Texturen können Sie diese Materialien realistisch andeuten.

- **Metall:** Klare Glanzlichter, starke Kontraste.
- **Perlen:** Runde Schattierungen mit einem weißen Reflexpunkt.
- **Edelsteine:** Geometrische Flächen, die unterschiedliche Lichtbrechungen simulieren.

- **Textile Komponenten:** Locker gezeichnete, weiche Linien für Stoffe oder Leder.

4. Fortgeschrittene Skizzentechniken

4.1. Farbige Skizzen

Farbe verleiht Skizzen eine zusätzliche Dimension. Sie können Steine, Emaille oder Anhängerkörper kolorieren, um Material und Wirkung vorzuschlagen. Verschiedene Medien sind geeignet:

- **Aquarell:** Für transparente Effekte, besonders bei Edelsteinen.
- **Buntstifte:** Präzise Farbgebung, ideal für Details.
- **Marker:** Klare, leuchtende Farben, aber schwer korrigierbar.

Tipp: Beginnen Sie mit einer Graustufenzeichnung, bevor Sie Farbe einsetzen. So erhalten Sie ein Gefühl für Licht und Schatten.

4.2. Digitale Skizzentechniken

Digitale Skizzen bieten hohe Flexibilität, Korrekturmöglichkeiten und professionelle Präsentationen. Sie können Layer nutzen, verschiedene Varianten speichern und Ihre Entwürfe leicht versenden oder archivieren.

- **Skizzen-Apps:** Procreate und Fresco ermöglichen das schnelle Zeichnen mit verschiedenen Pinseln.
- **3D-Programme:** Für fortgeschrittene Designerinnen, die exakte Modelle benötigen.
- **Vektorgrafiken:** Mit Illustrator können Sie präzise und skalierbare Skizzen erstellen.

Hinweis: Digitales Skizzieren ersetzt nicht die Grundlagen des freien Zeichnens, sondern ergänzt sie sinnvoll.

5. Kreativität durch Skizzieren fördern

Die wichtigste Funktion des Skizzierens ist, die eigene Kreativität frei fließen zu lassen. Wer die Scheu vor dem weißen Blatt verliert, entdeckt neue Formen und lässt spontane Ideen zu.

- **Schnelle Ideenskizzen:** Zeichnen Sie spontanen Einfälle, ohne sie zu bewerten.
- **Variationsstudien:** Verändern Sie Details (Fassung, Steinform, Oberfläche) und beobachten Sie die Wirkung.
- **Themenspezifische Übungen:** Zeichnen Sie Schmuckstücke zu einem bestimmten Anlass oder mit einem gewählten Material als Fokus.

Inspirationsquellen für Skizzen:

- Natur (Blattformen, Wasser, Steine)

- Kunst und Architektur
- Geschichte des Schmucks
- Aktuelle Modetrends

6. Beispiele aus der Praxis

6.1. Schritt-für-Schritt-Skizze eines Ringes

Schritt 1: Grundform in leichter Bleistiftführung skizzieren (kreisförmiger Ring, Draufsicht und Seitenansicht).
Schritt 2: Fassung und Stein hinzufügen.
Schritt 3: Volumen durch Schraffuren und Linien klar machen.
Schritt 4: Glanzlichter setzen und, falls gewünscht, Farbe einbauen.
Schritt 5: Details wie Gravuren ergänzen.

6.2. Skizzen für eine Schmuckkollektion

Erstellen Sie pro Stück diverse Varianten: mit unterschiedlichen Steinen, Oberflächentexturen oder Größen. Visualisieren Sie zugleich, wie die einzelnen Stücke als Gesamtensemble wirken.

7. Typische Fehler und wie man sie vermeidet

- Zu detailliertes Arbeiten in der frühen Phase – lieber erst grob skizzieren, dann ausarbeiten.
- Angst vor vermeintlich "schlechten" Skizzen – jede Zeichnung ist ein Lernprozess.
- Vergessen von Proportionen: Kontrollieren Sie regelmäßig die Größenverhältnisse zwischen Elementen.
- Zu wenig Licht- und Schatteneinsatz.

8. Fazit und Empfehlung

Gut ausgearbeitete Skizzen sind das Fundament professionellen Schmuckdesigns. Investieren Sie regelmäßig Zeit in freie Skizzen, ohne sich gleich von Perfektionsansprüchen bremsen zu lassen. Üben Sie verschiedene Stile und Techniken. Mit der Zeit werden Sie Ihre ganz persönliche Skizzensprache entwickeln, die Ihre Designs unverwechselbar macht.

Zusammenfassung: Skizzieren ist mehr als das Visualisieren von Ideen – es ist ein kreativer Prozess, der Ihre gestalterischen Fähigkeiten schärft. Durch das gezielte Einsetzen von Skizzentechniken eröffnen Sie sich als Schmuckdesignerin neue Horizonte.

Empfohlene Übung: Führen Sie ein Skizzenbuch, in dem Sie täglich neue Ideen, Formen und Variationen festhalten. Über die Zeit entsteht so ein wertvolles Archiv und ein echter Inspirationsschatz für Ihre Karriere als Schmuckdesignerin.

Farbtheorie für Schmuckdesigner

Einleitung

Die Farbtheorie ist ein zentrales Element im kreativen Prozess des Schmuckdesigns. Die Wahl der Farben beeinflusst nicht nur die Ästhetik eines Schmuckstücks, sondern auch emotionale Wirkungen, Tragekomfort und die Wahrnehmung des Designs durch den Kunden. In diesem Kapitel vertiefen wir uns in die Grundlagen der Farbtheorie, deren Bedeutung im Schmuckdesign und die praktische Anwendung bei der Gestaltung einzigartiger, ansprechender Schmuckstücke.

1. 1. Grundbegriffe der Farbtheorie

1.1 Was ist Farbe?
Farbe ist das Resultat der Interaktion von Licht mit Objekten. Licht wird reflektiert, absorbiert oder durchgelassen, was beim menschlichen Auge unterschiedliche Farbtöne erzeugt. Schmuckdesigner nutzen Farben gezielt, um Wirkung, Harmonie und Kontrast zu schaffen.

1.2 Farbkreis
Der Farbkreis ist die visuelle Darstellung der wichtigsten Farben. Er besteht aus Primärfarben (Rot, Gelb, Blau), Sekundärfarben (Grün, Orange, Violett) sowie Tertiärfarben (Mischungen aus Primär- und Sekundärfarben). Schmuckdesigner nutzen den Farbkreis, um Farben gekonnt zu kombinieren und harmonische, kontrastreiche oder ausdrucksstarke Designs zu entwickeln.

1.3 Farbharmonien

- Monochrome Farbharmonien: Verwendung verschiedener Töne und Schattierungen einer einzigen Farbe.
- Komplementärfarben: Farben, die sich im Farbkreis gegenüberliegen (z.B. Blau und Orange) und starke Kontraste erzeugen.
- Analoge Farben: Farben, die nebeneinander auf dem Farbkreis liegen (z.B. Blau, Blaugrün, Grün) und eine sanfte, harmonische Wirkung erzielen.
- Triadische Farbharmonien: Kombination dreier Farben, die auf dem Farbkreis gleich weit voneinander entfernt sind (z.B. Rot, Gelb, Blau).

1. 2. Psychologie der Farben im Schmuckdesign

2.1 Emotionale Wirkung von Farben
Jede Farbe ruft unterschiedliche Assoziationen und Emotionen hervor. Im Schmuckdesign können diese gezielt eingesetzt werden:

- Rot: Leidenschaft, Energie, Liebe
- Blau: Ruhe, Vertrauen, Gelassenheit
- Grün: Natur, Hoffnung, Ausgeglichenheit
- Gelb: Lebensfreude, Optimismus
- Lila: Luxus, Kreativität, Spiritualität
- Schwarz: Eleganz, Geheimnis, Macht

- Weiß: Reinheit, Klarheit, Unschuld

2.2 Farben und Zielgruppen
Die Farbwahl kann darauf ausgerichtet sein, bestimmte Zielgruppen oder Anlässe (z.B. Trauen, Feiern, Alltag) anzusprechen. So bevorzugen jüngere Kunden oft kräftige, ausgefallene Farbkombinationen, während reifere Kunden eher zeitlose, dezente Farbtöne wählen.

1. 3. Farben in Materialien und Edelsteinen

Schmuckdesigner arbeiten mit einer Vielzahl an Materialien – Edelsteine, Metalle, Perlen, Glas, Textilien. Jedes Material hat sein typisches Farbspektrum und seine spezifische Wirkung.

3.1 Edelsteine
Jeder Edelstein besitzt eine eigene Farbwirkung, oft verstärkt durch den Schliff und das Zusammenspiel mit dem gewählten Metall. Beispielsweise bringt ein Saphir in Platin gefasst einen anderen Eindruck als in Gelbgold.

3.2 Metalle
Metalle wie Gold, Silber, Platin oder Kupfer beeinflussen die Farbwahrnehmung der eingesetzten Steine erheblich. Gold verleiht Wärme, Silber kühle Eleganz. Die Kombination aus Metall und Stein ist ein wichtiger Bestandteil der Farbkomposition.

3.3 Perlmutteffekte und Oberflächenbearbeitung
Perlmutteffekte, oxidierte Oberflächen, Email oder Patinierungen eröffnen Schmuckdesignern weitere Möglichkeiten, Farbe gezielt einzusetzen. Die Bearbeitung der Oberfläche kann Licht brechen oder spiegeln und somit Farbeffekte verstärken oder abmildern.

1. 4. Farbtrends und Mode

4.1 Einfluss von Modetrends
Farben unterliegen Moden und Trends, die jährlich von Institutionen wie dem Pantone Color Institute oder internationalen Modeschauen beeinflusst werden. Als Schmuckdesigner ist es sinnvoll, aktuelle Farbtendenzen (wie z.B. „Living Coral" oder „Very Peri") zu beobachten und abzuwägen, sie in die eigenen Kollektionen zu integrieren.

4.2 Zeitlosigkeit vs. Trend
Während einige Kunden trendige, auffällige Farben schätzen, bevorzugt eine andere Zielgruppe zeitlose, dezente Nuancen. Das Bewusstsein für den eigenen Stil und die Markenidentität hilft, die optimale Balance zwischen Zeitlosigkeit und Aktualität zu finden.

1. 5. Kombination von Farben im Schmuckdesign

5.1 Praktische Anwendung
Bevor ein Schmuckstück gefertigt wird, ist es sinnvoll, Farbskizzen oder Moodboards zu erstellen und mit echten Materialien zu experimentieren. Kleine Materialproben oder sogenannte „Farbswatches" helfen bei der Visualisierung des späteren Effekts. Viele Designer nutzen dazu Aquarellfarben, digitale Tools oder Collagen aus Fotos und Magazinen.

5.2 Typische Farbkombinationen im Schmuckdesign

- Klassisch: Schwarz-Weiß, Gold-Weiß, Rubin-Gold

- Modern: Türkis und Rot, Violett und Gelbgrün
- Natürlich: Brauntöne mit erdigen Grüntönen, Blautöne mit sandigem Beige

5.3 Fehlerquellen und Dos and Don'ts

- Zu viele starke Farben können unruhig oder überladen wirken.
- Komplementärfarben sollten ausgewogen eingesetzt werden, da sie sonst miteinander konkurrieren.
- Metallic-Töne wirken oft stärker, wenn sie mit neutralen Tönen kombiniert werden.

1. 6. Funktionalität und Tragekomfort

Die Farbauswahl soll nicht nur ästhetisch, sondern auch funktional sein. Zu grelle Farben können irritieren, während zu dunkle Töne bei kleinen Schmuckstücken nicht richtig zur Geltung kommen. Die Trägerin soll sich mit dem ausgewählten Schmuckstück wohlfühlen.

1. 7. Farbtheorie und kulturelle Bedeutung

Farben haben in verschiedenen Kulturen teils unterschiedliche Bedeutungen. Beispielsweise gilt Weiß in Europa als Farbe für Reinheit und Hochzeit, in einigen asiatischen Ländern hingegen als Farbe der Trauer. Schmuckdesigner sollten sich über kulturelle Kontexte der Farben informieren, besonders bei international tätigen Marken.

1. 8. Digitale Werkzeuge und Farbkonzepte

Moderne Software wie Photoshop, Illustrator oder Online-Tools (z.B. Adobe Color oder Coolors) ermöglichen das schnelle Testen und Visualisieren von Farbkombinationen. Diese helfen, Farbpaletten zielgerichtet zu entwickeln und grundlegende Designentscheidungen abzusichern, bevor der erste Prototyp gefertigt wird.

1. 9. Schritt-für-Schritt-Anleitung: Farbkonzept für ein Schmuckstück entwickeln
2. 10. Zielgruppe bestimmen: Wer soll das Schmuckstück tragen?
3. 11. Anlass wählen: Soll das Schmuckstück alltagstauglich, festlich oder ausgefallen wirken?
4. 12. Hauptfarbe festlegen: z.B. auf Basis eines Edelsteins oder Metalls
5. 13. Harmonierende Nebenfarben bestimmen: Analoge oder komplementäre Farben?
6. 14. Materialien wählen: Mit welchen Materialien wird gearbeitet?
7. 15. Erste Skizzen und Farbmuster ausprobieren.
8. 16. Feedback einholen: Freunde oder potenzielle Kunden befragen.
9. 17. Endgültige Entscheidung treffen und fertigen.
10. 18. Übung: Eigene Farbpalette zusammenstellen

Sammeln Sie Bilder, Stoffproben, Magazin-Ausschnitte und erstellen Sie eine Collage für Ihr nächstes Schmuckstück. Erstellen Sie mit digitalen Tools verschiedene Farbpaletten. Experimentieren Sie mit ungewöhnlichen Farbkombinationen und studieren Sie die Wirkung auf verschiedene Zielgruppen und Anlässe.

Fazit

Die Farbtheorie ist ein kreatives, spielerisches Feld mit klaren Regeln und viel Raum für Intuition. Für Schmuckdesigner ist das Verständnis von Farbe und ihre gezielte Anwendung essentiell für den Erfolg und die Einzigartigkeit der eigenen Entwürfe. Mit solide erlernten Grundlagen der Farbtheorie entstehen Schmuckstücke, die nicht nur ästhetisch begeistern, sondern tiefere emotionale und kulturelle Bedeutungen transportieren.

Weiterführende Literatur und Tools:

- Johannes Itten: "Kunst der Farbe"
- Michael Freeman: "Farblehre für Gestalter"
- Adobe Color, Coolors.co (digitale Farbpaletten)

Übung und ständiges Beobachten von Farben in der Natur, in der Mode und der Kunst schulen das eigene Farbgefühl und machen Sie zu einer kreativen und erfolgreichen Schmuckdesignerin.

Kreative Blockaden überwinden

Kreative Blockaden überwinden

Obwohl viele Menschen glauben, Kreativität sei eine angeborene Fähigkeit, zeigt sich besonders im Bereich des Schmuckdesigns, dass sie auch aktiv gefördert, kultiviert und reaktiviert werden kann. Jeder, selbst erfahrene Schmuckdesignerinnen, erlebt von Zeit zu Zeit kreative Blockaden – Momente, in denen die Ideen ausbleiben und die Inspiration versiegt. In diesem Unterkapitel wollen wir verstehen, wie kreative Blockaden entstehen, wie sie sich äußern und welche Strategien und Methoden hilfreich sind, diese zu überwinden und die eigene Kreativität wieder zum Fließen zu bringen.

1. Was sind kreative Blockaden und wie entstehen sie?

Eine kreative Blockade ist ein Zustand, in dem eine Person Schwierigkeiten hat, neue Ideen zu generieren oder schöpferisch zu arbeiten. Sie kann plötzlich auftreten oder sich schleichend entwickeln. Die Gründe sind vielfältig:

- **Überforderung oder Perfektionismus**: Der Druck, eine perfekte Arbeit abliefern zu müssen, blockiert den freien Fluss der Gedanken.
- **Äußere Einflüsse**: Zeitmangel, Stress, familiäre/berufliche Belastungen können die Konzentration und Kreativität hemmen.
- **Mangel an Inspiration**: Fehlende Impulse oder zu wenig Abwechslung im Alltag führen oft zu ideenlosen Phasen.

- **Vergleich mit anderen**: Das ständige Vergleichen mit der Arbeit anderer Designerinnen kann dazu führen, die eigene Kreativität abzuwerten und zu hemmen.

Typische Symptome sind Prokrastination, Unzufriedenheit mit Entwürfen, Leere im Kopf oder das Gefühl, „ausgebrannt“ zu sein.

2. Methoden zur Überwindung kreativer Blockaden

Es gibt zahlreiche Wege, sich aus einer Blockade zu befreien und wieder Zugang zur eigenen Kreativität zu finden. Wichtig ist, verschiedene Ansätze auszuprobieren und herauszufinden, was am besten zu einem selbst passt.

a) Kreative Routinen etablieren

Viele Designerinnen finden in einer festen Struktur Sicherheit. Dadurch muß das Gehirn nicht ständig überlegen, wann es kreativ sein soll – Kreativität wird zum festen Bestandteil des Tages.

- **Gestalte Dir feste Zeitfenster zum Skizzieren, Materialexperimentieren oder Ideen sammeln.**
- **Arbeite mit kreativen Ritualen:** Eine spezielle Playlist, eine bestimmte Teesorte oder der Lieblingsstift können das kreative Arbeiten in Gang setzen.

b) Den Arbeitsplatz wechseln

Routine kann beruhigend, aber auch einengend sein. Wenn Du immer am selben Ort arbeitest, schleicht sich oft Monotonie ein. Ein Wechsel des Arbeitsumfelds kann neue Impulse bieten.

- **Arbeite einmal im Freien – im Park, im Café oder Atelier einer Freundin.**
- **Gestalte Deinen Arbeitsplatz um, bring neue Farben oder inspirierende Objekte ins Studio.**

c) Inspiration gezielt suchen

Wenn der Kopf scheinbar leer ist, hilft es oft, bewusst neue Reize zu setzen.

- **Suche Museen, Ausstellungen oder Kunsthandwerksmärkte auf.**
- **Recherchiere Modetrends, kulturelle Schmucktraditionen oder hole Dir Bücher über Schmuckgeschichte.**
- **Sammle Fundstücke aus der Natur, Alltagsgegenstände oder interessante Materialien.**

d) Visualisieren und Skizzieren ohne Ziel

Oft entstehen neue Ideen, wenn der Leistungsdruck genommen wird. Setze Dich ans Skizzenbuch und zeichne Formen, Muster, Strukturen, ohne dabei an ein fertiges Schmuckstück zu denken.

- **Probiere Malen, Collagen oder Moodboards.**
- **Mache Blindzeichnungen oder arbeite mit ungewöhnlichen Materialien.**

e) Austausch mit anderen

Dialoge mit anderen Designerinnen, Künstlerinnen oder Freundinnen öffnen den Blick für neue Perspektiven und können helfen, sich aus eingefahrenen Denkmustern zu befreien.

- **Besuche Workshops, Schmuck-Kurse oder Kreativstammtische.**
- **Beteilige Dich an Online-Gruppen, Foren oder sozialen Netzwerken für Schmuckdesignerinnen.**

f) Bewegung und Natur

Ein Spaziergang im Grünen, Sport oder Yoga können helfen, den Kopf freizumachen. Viele Ideen entstehen, wenn das Gehirn nicht aktiv dazu aufgefordert wird, produktiv zu sein.

g) Akzeptanz der Blockade

Blockaden sind normal und kein Zeichen von Unfähigkeit. Akzeptiere sie als Teil des kreativen Prozesses. Manchmal hilft es, eine Pause zu machen und nicht zwanghaft nach Lösungen zu suchen.

3. Übungen zur Förderung der Kreativität

Hier einige konkrete Übungen, die helfen können, kreative Blockaden zu überwinden:

- **Der 30-Minuten-Ideensturm**: Schreibe innerhalb von 30 Minuten so viele Schmuckideen wie möglich auf – Bewertung verboten!
- **Material-Challenge**: Wähle ein Dir unbekanntes oder ungewöhnliches Material aus und versuche ein Schmuckstück daraus zu gestalten.
- **Tagesaufgabe**: Gib Dir eine Aufgabenstellung, z.B. „ein Schmuckstück inspiriert von Kreisformen“, und arbeite ohne Anspruch auf Perfektion.
- **Moodboard-Collage**: Sammle Bilder, Stoffreste, Farben – erstelle daraus ein stimmungsvolles Inspirationsboard.
- **Kreativitäts-Partnerin**: Verabrede Dich mit einer anderen Designerin; gebt Euch gegenseitig Aufgaben oder Themen.

4. Umgang mit Selbstzweifeln

Eine der größten Blockaden ist der eigene innere Kritiker. Die Angst vor Fehlern oder Ablehnung kann lähmend wirken. Versuche folgende Strategien:

- **Trenne die Ideensammlung vom Bewerten.** Bei Brainstormings und Entwurfsphasen gibt es keine schlechten Ideen.
- **Setze Dir erreichbare Ziele, anstatt Perfektion zu fordern.**
- **Reflektiere vergangene Erfolge, um Selbstvertrauen zu gewinnen.**
- **Führe ein Kreativtagebuch:** Notiere Erfolge, Herausforderungen und Fortschritte.
- **Akzeptiere Fehler als Lernchance.** Viele innovative Schmuckdesigns entstehen aus Experimenten, die nicht auf Anhieb funktionieren.

5. Zeitmanagement und Pausen

Kreativität benötigt Freiräume. Wer in zu engem Zeitkorsett arbeitet, riskiert schneller kreative Blockaden. Plane Pausen fest ein:

- **Nutze die Pomodoro-Technik oder andere Zeitmanagement-Methoden.**
- **Lege bewusste Pausen ein, in denen Du abschaltest.**
- **Plane auch Auszeiten für Reisen, Museumsbesuche oder das Lesen inspirierender Bücher.**

6. Die Rolle von Inspiration und Wiederholung

Kreativität entsteht oft an der Schnittstelle zwischen Inspiration und Disziplin. Schmuckdesignerinnen berichten, dass Routine und regelmäßiges Arbeiten helfen, den „Muskel" Kreativität zu trainieren:

- **Führe tägliche Skizzierübungen durch.**
- **Halte Deine Ideen konsequent fest – in Skizzenbüchern, auf Notizzetteln oder digital.**
- **Lass Dich inspirieren, ohne Dich zu kopieren.**
- **Entdecke alte, verworfene Skizzen neu.**

7. Techniken zur Überwindung der Angst vor dem Neuen

Oft blockiert uns die Angst vor Misserfolg oder davor, dass Ideen abgelehnt werden.

- **Erlaube Dir, Fehler zu machen und Entwürfe zu zeigen, auch wenn sie noch unvollständig sind.**
- **Hole Feedback ein und betrachte Kritik als Möglichkeit zum Lernen.**
- **Probiere Techniken wie Mind Mapping, Kreativitätskarten oder die 6-Hüte-Methode zur Ideenfindung.**

8. Professionelle Unterstützung

Wenn die Blockade sehr lange andauert, kann es helfen, Unterstützung von außen zu suchen:

- **Mentoring durch erfahrene Schmuckdesignerinnen.**
- **Künstlerisches Coaching oder Teilnahme an Kreativ-Workshops.**
- **Austausch mit Gleichgesinnten in Kreativgruppen.**
- **Psychologische Unterstützung, wenn der Druck zu groß wird.**

9. Fazit – Blockaden als Freund

Kreative Blockaden sind unangenehm, jedoch auch ein Fingerzeig dafür, dass Veränderung nötig ist. Sie können dazu ermutigen, neue Wege zu gehen, sich auf andere Techniken einzulassen oder das eigene Denken zu hinterfragen. Mit Geduld, Neugier und Bereitschaft zum Ausprobieren lassen sie sich meist überwinden. Entscheidend ist, dranzubleiben und die Blockade nicht als Niederlage, sondern als Teil des kreativen Prozesses zu betrachten.

Mit diesen Strategien, Übungen und Perspektiven ausgestattet, wirst Du in Zukunft leichter durch kreative Flauten navigieren können – und vielleicht zeigen Dir gerade diese Momente die Türe zu ungeahntem gestalterischen Potenzial im Schmuckdesign.

Testen Sie Ihr Wissen mit einem Quiz.

Scannen Sie diesen QR-Code

Praktische Übungen

1

Exercice 1: Natur als Inspirationsquelle
Gehen Sie für mindestens 30 Minuten in einen Park, Garten oder in den Wald. Beobachten Sie Ihre Umgebung ganz bewusst: Welche Formen, Farben oder besonderen Strukturen fallen Ihnen ins Auge? Suchen Sie gezielt nach Details, die Sie spannend finden. Machen Sie anschließend Notizen und schnelle Skizzen Ihrer Eindrücke und überlegen Sie, wie Sie eines der Elemente (z. B. das Muster eines Blattes oder die Farbigkeit eines Steins) in ein Schmuckdesign übertragen könnten.

Lösung: Halten Sie zunächst die markantesten visuellen Impulse fest, z. B. die lineare Struktur eines Blattes, die runde Form eines Taus auf Grashalmen oder das Schimmern eines Steins in der Sonne. Zeichnen Sie diese Motive in Ihr Skizzenbuch – es reichen einfache Skizzen. Überlegen Sie, wie Sie die jeweilige Eigenschaft ins Schmuckdesign übersetzen können: Die Blattstruktur könnte zu einer feinen Gravur auf einem Anhänger werden, die Form eines Tautropfens könnte als Perle oder Cabochon-Edelstein eingesetzt werden. Schreiben Sie neben Ihre Skizze, welches Material und welche Technik Sie wählen würden (beispielsweise Silber für die Blattstruktur mit einer Feingravur um Texturen zu erzeugen). So lernen Sie, Inspirationen aus der Natur gezielt für Ihre Entwürfe zu nutzen.

2

Exercice 2: Moodboard zur Farbtheorie
Stellen Sie ein digitales oder analoges Moodboard mit mindestens 10 Farbinspirationen zusammen, die Sie in einer zukünftigen Schmuckkollektion einsetzen möchten. Nutzen Sie Magazine, Fotos, Stoffproben oder Farbkarten. Ordnen Sie die Farbtöne nach Farbharmonie (z. B. monochrom, Komplementärfarben, analoge Farben) und überlegen Sie sich für jede Farbkombination eine passende Schmuckform oder ein Material.

Lösung: Sie haben beispielsweise Fotos einer blauen Hortensie (blau und grün), eines orangenen Sonnenuntergangs und goldene Stoffproben gesammelt. Im Moodboard arrangieren Sie zunächst alle Blautöne nebeneinander (analog) und fügen Grün dazu. Dann setzen Sie als Komplementärfarbe Orange oder Gold dazu. Bei den monochromen Tönen stapeln Sie verschiedene Nuancen von Blau. Überlegen Sie für jede Farbkombination: Blau und Silber für dezente Ohrringe, Gold und Orange für auffällige Statement-Ketten. Notieren Sie zu jedem Ausschnitt Ihr Schmuckkonzept (Material, Form, Anlass z. B. festlich oder alltagstauglich). So trainieren Sie das bewusste Kombinieren von Farben und den Bezug zur Farbtheorie im Schmuckdesign.

3

Exercice 3: Skizzieren eines Schmuckstücks mit Perspektive
Entwerfen Sie eine Skizze für einen Ring, der einen Edelstein zentral einfängt. Zeichnen Sie den Ring aus mindestens drei verschiedenen Perspektiven (Ansicht von oben, schräg und seitlich). Achten Sie beim Skizzieren besonders darauf, wie der Stein gefasst ist und wie Licht und Schatten wirken.

Lösung: Beginnen Sie mit der Draufsicht: Zeichnen Sie einen Kreis als Ringbasis und mittig die Fassung des Steins. Ergänzen Sie die Details des Steins (z. B. Facetten, Reflexe). Zeichnen Sie anschließend eine schräge Ansicht, bei der Sie den Ring im Dreiviertelprofil darstellen – so ist sowohl der Stein mehrdimensional als auch ein Teil der Ringschiene sichtbar. Zum Schluss zeichnen Sie eine Seitenansicht: Hier zeigt sich die Höhe der Fassung, eventuelle Verzierungen seitlich und die Dicke des Rings. Nutzen Sie zur Andeutung von Licht/Schatten leichte Schraffuren – auf den Flächen, die Licht bekommen, bleibt das Papier weiß, auf den abgewandten Flächen setzen Sie Linien oder Kreuzschraffuren. Wiederholen Sie diesen Prozess, um ein Gefühl für Räumlichkeit und Materialität zu entwickeln.

4

Exercice 4: Material-Experiment – Ungewöhnliche Kombination
Nehmen Sie drei Ihnen vertraute und ein ungewöhnliches oder bisher selten genutztes Material (z. B. Holz, Textil, Kunststoff oder ein Fundstück aus der Natur). Überlegen Sie sich ein Schmuckstück – beispielsweise eine Brosche oder einen Anhänger – bei dem Sie alle vier Materialien kreativ kombinieren. Skizzieren Sie Ihren Entwurf und begründen Sie die Materialwahl und deren Zusammenspiel.

Lösung: Sie entscheiden sich beispielsweise für Silber (vertraut), Glasperle (vertraut), Lederband (vertraut) und als untypisches Element einen kleinen Stein vom letzten Spaziergang. Sie entwerfen eine Brosche: Basis ist eine ovale Silberscheibe, in der Mitte wird der Stein als Eyecatcher eingefasst. Glasperlen verleihen Farbpunkte und das Lederband dient als Schleife oder dekoratives Element. Sie skizzieren die Position jedes Materials und notieren: Silber für die edle Fassung, Stein bringt Einzigartigkeit und Naturbezug, Glasperlen setzen Farbakzente, Lederband sorgt für einen modischen, modernen Touch. So schulen Sie Ihren Mut zur Kombination und entwickeln ein besseres Gefühl für innovative Materialmischungen im Schmuckdesign.

5

Exercice 5: Kreativblockade bewusst überwinden
Verspüren Sie gerade eine Blockade oder fühlen Sie sich wenig inspiriert? Setzen Sie sich für 15–20 Minuten mit Ihrem Skizzenbuch an einen anderen Ort als üblich (z. B. Café, Parkbank, Fensterplatz). Erlauben Sie sich, ohne Wertung oder Ziel beliebige Linien, Muster oder Formen zu zeichnen – gern auch mit der „falschen" Hand. Versuchen Sie, die Lust am Prozess zu spüren, unabhängig vom Ergebnis. Notieren Sie danach, welches Gefühl sich einstellt und ob neue Ideen entstanden sind.

Lösung: Die Übung stellt Disziplin und Leistungsdruck bewusst zurück. Durch den Ortswechsel und das freie Zeichnen (evtl. mit der ungewohnten Hand) verlassen Sie gewohnte Denkmuster. Sie zeichnen Kreise, Linien, vielleicht spontane Ornamente oder wiederholen Muster. Im Anschluss reflektieren Sie: Sind neue Assoziationen entstanden? Haben Sie Lust verspürt, bestimmte Formen weiter zu verfolgen? Vielleicht taucht durch eine Zeichnung eine Idee für einen Ohrring mit organischen Mustern auf. Alternativ werden Sie feststellen, wie sich der Kopf entspannt und Sie weniger streng mit sich selbst sind. Das Ziel ist nicht das perfekte Design, sondern der Abbau von Blockaden und das Wiederfinden kreativer Freude.

Kapitel : 3

Kapitel 3: Werkzeuge und Materialien

IN DIESEM KAPITEL:

- Im Kapitel lernt man, welche grundlegenden Werkzeuge wie Säge, Feilen und Zangen für die Arbeit als Schmuckdesignerin unentbehrlich sind.
- Die Auswahl verschiedener Materialien – von Edelmetallen bis hin zu Naturstoffen – beeinflusst nicht nur das Design, sondern auch Bearbeitbarkeit, Preis und Zielgruppe der Schmuckstücke.
- Gezielte Kostenplanung für Materialien ist essenziell, um profitabel zu arbeiten – dies umfasst Materialrecherche, Einkaufsstrategien, Kalkulationen und die Nutzung digitaler Tools.
- Nachhaltigkeit im Schmuckdesign bedeutet, umweltfreundliche und fair gewonnene Materialien einzusetzen, transparente Lieferketten zu schaffen und langlebige Produkte zu fertigen.
- Durch nachhaltige Unternehmensführung und bewusste Materialwahl können sich Designerinnen differenzieren, Kundenvertrauen aufbauen und langfristigen Unternehmenserfolg sichern.

Wichtige Werkzeuge für Schmuckdesigner

Wichtig

Als angehende Schmuckdesignerin ist die Auswahl und der Umgang mit den passenden Werkzeugen von grundlegender Bedeutung. Nur mit hochwertigem und funktionalem Equipment gelingt es, individuelle und professionelle Schmuckstücke zu entwerfen und herzustellen. Jeder Arbeitsschritt – vom Skizzieren über das Sägen, Feilen und Löten bis hin zur abschließenden Politur – erfordert spezielles Werkzeug, das auf die jeweiligen Materialien und Techniken abgestimmt ist. In diesem Abschnitt werden die unverzichtbaren Basiswerkzeuge vorgestellt, die eine solide Grundlage für jede Werkstatt schaffen und Kreativität sowie Präzision optimal unterstützen. Mit der richtigen Ausrüstung steht dem Erfolg nichts im Weg.

Um als Schmuckdesignerin professionell arbeiten zu können, empfiehlt sich eine solide Grundausstattung an Werkzeugen. Diese Basisausstattung bildet das Fundament für sämtliche Arbeitsschritte und lässt sich mit zunehmender Erfahrung ergänzen.

- Goldschmiedesäge: Die Goldschmiedesäge ist das wichtigste Werkzeug für präzise Schnitte und filigrane Durchbrüche in Metallplatten. Sie ermöglicht es, exakte Formen und Konturen zu gestalten.
- Feilen: Verschiedene Feilen sind unerlässlich, um Kanten zu glätten, Oberflächen zu formen und Details auszuarbeiten. Sie gibt es in vielen Formen und Körnungen für unterschiedliche Aufgaben.
- Zangen: Ob Rundzange, Flachzange oder Spitzzange – Zangen sind ideal zum Biegen, Greifen und Halten von Drähten oder kleinen Werkstücken und daher elementar in jeder Werkstatt.

In der Praxis

Die Feile zählt zu den grundlegenden Werkzeugen einer Schmuckdesignerin und ist vielseitig einsetzbar. Sie ermöglicht es, Metall gezielt zu formen, scharfe Kanten abzurunden und gleichmäßige Oberflächenstrukturen zu schaffen. Dabei gibt es Feilen in unterschiedlichen Formen wie flach, halbrund oder rund, jeweils geeignet für bestimmte Aufgaben und schwer zugängliche Stellen. Auch die Körnung variiert von grob für das Entfernen von viel Material bis fein für das präzise Glätten. Die sorgfältige Auswahl der richtigen Feile für jeden Arbeitsschritt ist entscheidend, um detailreiche, hochwertige Schmuckstücke zu fertigen.

Gut zu wissen

Die Säge ist für Schmuckdesignerinnen ein unerlässliches Werkzeug, insbesondere wenn es darum geht, feine Konturen oder filigrane Durchbrüche im Metall präzise herauszuarbeiten. Mit einer hochwertigen Goldschmiedesäge lassen sich sowohl gerade als auch kurvige Linien exakt schneiden, wodurch der Kreativität beim Entwurf individueller Schmuckstücke kaum Grenzen gesetzt sind. Verschiedene Sägeblätter mit unterschiedlichen Stärken bieten die Möglichkeit, das Werkzeug optimal auf das verwendete Material und die gewünschte Form anzupassen. Sorgfältiges Sägen garantiert saubere Kanten und ist ein entscheidender Schritt für hochwertige Ergebnisse im Schmuckdesign.

Um präzise und professionell arbeiten zu können, sind zuverlässige Mess- und Markierwerkzeuge für Schmuckdesignerinnen unerlässlich.

- Stahllineal – Für exaktes Messen von Längen und das Anzeichnen gerader Linien auf Metall und anderen Materialien.

- Schieblehre – Ermöglicht präzise Messungen von Innen- und Außendurchmessern sowie Materialstärken, was besonders bei der Herstellung von Ringen oder Fassungen wichtig ist.
- Reißnadel – Mit ihr lassen sich feine Markierungen und Linien direkt auf dem Werkstück anbringen, ohne das Material zu beschädigen.
- Schmucklineal mit verschiedenen Formen – Speziell für Schmuckdesignerinnen entwickelt, um Kurven, Kreise oder spezielle Motive exakt zu übertragen.

Wichtig

Löten ist ein essenzieller Arbeitsschritt im Schmuckdesign, um verschiedene Metallelemente stabil und nahezu unsichtbar miteinander zu verbinden. Dafür benötigt man ein hochwertiges Lötset, bestehend aus einem Brenner oder einer Lötlampe, passenden Loten, Flussmittel sowie einer feuerfesten Lötunterlage. Nur mit präziser Hitzeeinwirkung können die Verbindungspunkte sauber hergestellt werden, die später kaum noch sichtbar sind. Das Erlernen der richtigen Löttechnik ist entscheidend für die Festigkeit und die Optik eines Schmuckstücks. Sorgfältiges Arbeiten beim Löten bildet somit die Grundlage für hochwertige und langlebige Schmuckkreationen.

In der Praxis

Zangen sind vielseitige und unverzichtbare Werkzeuge im Schmuckdesign. Je nach Form und Funktion ermöglichen sie es, Drähte und Metallteile präzise zu biegen, zu formen oder sicher zu fixieren. Die Rundzange eignet sich besonders für das Anfertigen von Ösen und runden Elementen, während die Flachzange ideal ist, um flache Stücke zu greifen und zu justieren. Die Spitzzange wiederum ermöglicht das Arbeiten an schwer zugänglichen Stellen und das Halten besonders feiner Teile. Für ein professionelles Arbeiten empfiehlt es sich, alle drei Zangentypen griffbereit zu haben, um den vielfältigen Anforderungen gerecht zu werden.

Gut zu wissen

Material	Geeignete Werkzeuge	Besondere Hinweise
Silber	Feilen, Sägen, Zangen, Lötset	Gut formbar und lötbar, auch für Anfänger geeignet
Gold	Feilen, Sägen, Zangen, Lötset (speziell für höhere Temperaturen)	Erfordert Erfahrung beim Löten, da sehr wertvoll
Kupfer	Feilen, Sägen, Zangen, Lötset	Weich, gut geeignet zum Üben, oxidiert leicht
Messing	Feilen, Sägen, Zangen, Lötset	Härter als Kupfer, kann zu Verfärbungen neigen
Edelstahl	Speziell gehärtete Feilen, Sägeblätter, Lötset für höhere Temperaturen	Sehr hart, benötigt robustere Werkzeuge und spezielle Löttechnik
Aluminium	Feilen, Sägen, Zangen	Nicht zum herkömmlichen Löten geeignet, leicht und weich

Auswahl der richtigen Materialien

Wichtig

Die Wahl des richtigen Materials bildet das Fundament für erfolgreiches Schmuckdesign. Jedes Material bringt einzigartige Eigenschaften mit, die das Aussehen und die Haptik des Schmuckstücks wesentlich prägen. Darüber hinaus entscheidet die Materialauswahl maßgeblich über dessen

Robustheit und Langlebigkeit. Auch der Wert eines Schmuckstücks variiert, je nachdem, ob beispielsweise edle Metalle oder einfache Naturmaterialien verwendet werden. Ebenso beeinflussen die verwendeten Materialien, welche Kundengruppe angesprochen wird – Luxusliebhaber, Naturfreunde oder Trendsetter. Ein bewusster Umgang mit der Materialwahl ermöglicht es Designerinnen, ihren individuellen Stil zu finden und gezielt auf ihre Wunschkundschaft einzugehen.

Gut zu wissen

Material	Preis	Bearbeitbarkeit	Allergiefreundlichkeit
Gold	hoch	mittel (weich, aber anspruchsvoll in der Verarbeitung)	hoch (sehr seltene Allergien)
Silber	mittel	gut (leicht zu bearbeiten)	mittel bis hoch (gelegentlich allergische Reaktionen möglich)
Platin	sehr hoch	schwierig (sehr hart, erfordert Spezialwerkzeug)	hoch (kaum Allergien)
Edelstahl	niedrig bis mittel	gut (sehr widerstandsfähig, etwas schwieriger)	mittel (Nickel kann Allergien auslösen)
Kupfer	niedrig	gut	niedrig (häufig allergische Reaktionen möglich)
Holz	niedrig	einfach (mit passenden Werkzeugen)	hoch (in der Regel allergiefrei)
Kunststoff/Resin	niedrig	einfach bis mittel	hoch (wenn hochwertig, selten Allergien)
Leder	mittel	mittel (abhängig von der Qualität)	hoch (Naturleder meist allergiefrei)
Glas	niedrig bis mittel	schwierig (bruchempfindlich, spezielle Techniken nötig)	hoch (ungiftig, keine Allergien)
Edelsteine	sehr hoch bis hoch	schwierig (fachgerechtes Fassen notwendig)	hoch

Die Materialauswahl ist ein entscheidender Schritt im Gestaltungsprozess und hängt von verschiedenen Kriterien ab, die Schmuckdesignerinnen unbedingt beachten sollten.

- Verwendungszweck des Schmuckstücks: Wird das Schmuckstück täglich getragen oder handelt es sich um ein besonderes Sammlerstück? Je nach Nutzung sind unterschiedliche Materialien hinsichtlich Robustheit und Pflege geeignet.
- Budget und Kostenstruktur: Die Wahl des Materials beeinflusst maßgeblich die Produktionskosten und damit auch den späteren Verkaufspreis. Designerinnen sollten stets die eigenen finanziellen Rahmenbedingungen sowie die Preissensibilität ihrer Zielgruppe im Blick behalten.
- Bearbeitbarkeit und technische Anforderungen: Nicht jedes Material lässt sich gleich gut formen, löten oder kombinieren. Es ist wichtig, die eigenen handwerklichen Fähigkeiten und verfügbaren Werkzeuge mit den Anforderungen der jeweiligen Materialien abzustimmen.

Metalle wie Gold, Silber und Platin zählen zu den beliebtesten und traditionsreichsten Werkstoffen im Schmuckdesign. Gold ist bekannt für seinen luxuriösen Glanz und seine Korrosionsbeständigkeit, aber auch für seinen hohen Preis. Silber überzeugt durch seinen kühlen Schimmer und ist preisgünstiger, neigt jedoch schneller zu Anlaufen und benötigt regelmäßige Pflege. Platin besticht durch seine Härte, Langlebigkeit und hochwertige Erscheinung, was sich ebenfalls im Preis widerspiegelt. Die Verarbeitung dieser Metalle erfordert unterschiedliche Techniken und Werkzeuge, weshalb das gewählte Metall Einfluss auf den Herstellungsprozess und den Endpreis hat.

Gut zu wissen

Naturmaterialien wie Holz, Leder oder Steine eröffnen Schmuckdesignerinnen spannende kreative Möglichkeiten und verleihen jedem Stück einen individuellen Charakter. Die Bearbeitung dieser Materialien verlangt jedoch spezielles Know-how sowie ein Gespür für ihre natürlichen Eigenschaften. Holz muss beispielsweise sorgfältig behandelt werden, um es widerstandsfähig und langlebig zu machen. Leder benötigt besondere Techniken, um flexibel und formstabil zu bleiben. Steine wiederum erfordern präzise Bearbeitung, um Brüche zu vermeiden. Durch die gekonnte Kombination solcher Naturmaterialien entstehen einzigartige Schmuckstücke, die die Schönheit und Unverwechselbarkeit der Natur widerspiegeln und eine besondere Zielgruppe ansprechen.

Tipp

Die umweltfreundliche und faire Beschaffung von Schmuckmaterialien hat in den letzten Jahren zunehmend an Bedeutung gewonnen. Kundinnen legen immer mehr Wert darauf, dass die Herkunft der Rohstoffe nachvollziehbar und die Gewinnung sozialverträglich ist. Materialien wie zertifiziertes Fairtrade-Gold oder recycelte Edelmetalle sind nicht nur ethisch vertretbar, sondern unterstreichen auch ein zukunftsorientiertes Markenkonzept. Designerinnen, die bewusst auf nachhaltige Materialien setzen, heben sich positiv von der Konkurrenz ab und können einen wesentlichen Beitrag zum Umweltschutz und zu fairen Arbeitsbedingungen in der gesamten Lieferkette leisten.

Bei der Materialwahl im Schmuckdesign sollten Designerinnen die jeweiligen Vor- und Nachteile der einzelnen Materialien sorgfältig abwägen.

- Edelsteine: Sie verleihen Schmuckstücken einen hohen Wert und außergewöhnlichen Glanz, erfordern jedoch oft eine aufwändige Bearbeitung und sind kostenintensiv.
- Glas: Glas bietet vielseitige Gestaltungsmöglichkeiten und intensive Farben, ist jedoch im Vergleich zu anderen Materialien weniger robust und kann leicht brechen.
- Kunststoffe: Sie sind leicht, günstig und erlauben kreative Formen und Farben, wirken aber häufig weniger hochwertig und können unter Nachhaltigkeitsaspekten kritisch betrachtet werden.
- Textilien: Textilien ermöglichen individuelle, moderne Designs und sind angenehm zu tragen, jedoch anfälliger für Abnutzung und Verschmutzung.

In der Praxis

Im Laufe der Zeit entdecken viele Schmuckdesignerinnen ihre Vorlieben für bestimmte Materialien und vertiefen ihr Wissen sowie ihre Fertigkeiten in deren Verarbeitung. Diese Spezialisierung ermöglicht es, einen ganz persönlichen Stil zu entwickeln und sich im Markt von anderen Designerinnen abzuheben. Die bewusste Auswahl und kreative Kombination spezieller Werkstoffe verleiht den Schmuckstücken eine klare Handschrift und fördert die Wiedererkennbarkeit der eigenen Marke. Kundinnen schätzen diese unverwechselbare, individuelle Note und suchen gezielt nach einzigartigen Designs, die die Handschrift der Designerin tragen und ihren Anspruch nach Originalität erfüllen.

Kostenplanung für Materialien

Einführung: Die Bedeutung der Kostenplanung für Materialien

Die Grundlage eines erfolgreichen Schmuckdesigns ist nicht nur die kreative Idee, sondern auch eine durchdachte Kostenplanung bei der Beschaffung der notwendigen Materialien. Wer sich als

Schmuckdesignerin etablieren möchte, muss ein tiefes Verständnis dafür entwickeln, wie Materialwahl und deren finanzielle Aspekte miteinander verwoben sind. In diesem Kapitel erklären wir, wie Sie Ihre Materialkosten präzise kalkulieren, günstige und hochwertige Quellen finden und durch strategische Planung Ihre Rentabilität sichern.

1. Schritt: Die verschiedenen Materialien kennen und beurteilen

Bevor Sie mit der Kostenplanung beginnen, ist es essenziell, die gängigen Materialien im Schmuckdesign zu kennen und deren Eigenschaften zu verstehen. Dazu zählen:

- Edelmetalle: Gold, Silber, Platin
- Halbmetalle und Legierungen: Messing, Kupfer, Bronze
- Edelsteine und Halbedelsteine: Diamanten, Saphire, Quarze, Amethyste, usw.
- Perlen, Glas, Kunststoff, Harz
- Textilien, Leder, Holz und andere organische Materialien

Die Materialauswahl beeinflusst nicht nur die Designsprache Ihrer Kollektion, sondern auch maßgeblich Ihre Kostenstruktur.

2. Preisbildung und Wertschöpfung der Materialien

Die Preise für Schmuckmaterialien unterliegen oft Schwankungen – insbesondere bei Edelmetallen und Edelsteinen. Diese werden am Weltmarkt gehandelt, weshalb ihre Preise von Tageskursen abhängig sind. Beachten Sie folgende Faktoren, die den Preis maßgeblich beeinflussen:

- Reinheit und Qualität
- Herkunft der Materialien
- Einkaufsmengen und Rabatte
- Nachhaltigkeit/Siegel (z. B. Fairtrade-Gold)
- Verarbeitung und Vorveredelung (z. B. gefasste Steine statt loser Rohware)

Vor dem Einkauf ist ein regelmäßiger Vergleich aktueller Marktpreise empfehlenswert.

3. Erstellung einer detaillierten Materialliste

Für jedes Schmuckstück oder jede Kollektion sollten Sie eine Materialliste anfertigen. Diese sollte enthalten:

- Benötigte Mengen je Material (in Gramm, Karat, Stückzahl, etc.)
- Bezugsquellen
- Lieferzeiten und Mindestabnahmen

- Ersatzmaterialien für Notfälle

Ein Beispiel:

Material	Menge	Einzelpreis	Gesamtpreis
Sterlingsilber	20 g	1,50 €/g	30,00 €
Amethyst	4 Stück	5,00 €/Stück	20,00 €
Federring	10 Stück	0,50 €/Stück	5,00 €

Damit haben Sie jederzeit die volle Kontrolle über Ihre Kosten.

4. Auswahl der Bezugsquellen und Verhandlung

Die Wahl der Lieferanten beeinflusst die Kosten ganz erheblich. Es gibt:

- Großhändler: große Abnahmemengen, dafür Rabatte
- Fachgeschäfte: breites Sortiment, oft höhere Preise
- Online-Shops: Flexibilität, Versandkosten & Lieferzeiten achten
- Direkter Einkauf bei Minen/Bauern (für Edelsteine oder Perlen)
- Messen: Direkter Kontakt, Möglichkeit zu Sonderkonditionen

Vergleichen Sie die Angebote und prüfen Sie, ob Qualität und Preis stimmen. Verhandeln Sie Mengenrabatte, vor allem, wenn Sie planen größere Mengen regelmäßig abzunehmen.

5. Strategien für effizientes Kostenmanagement

a) Großeinkauf und Lagerhaltung

Ein Großeinkauf senkt den Preis pro Einheit, bindet jedoch Kapital. Lagern Sie Materialien fachgerecht, um Wertverluste oder Beschädigungen zu vermeiden.

b) Produktionsplanung und Minimierung von Verschnitt

Planen Sie Ihre Stückzahlen vorab und kalkulieren Sie den Materialverbrauch exakt, um unnötigen Verschnitt und Abfall zu minimieren.

c) Resteverwertung und Upcycling

Verwenden Sie Verschnittmaterialien kreativ weiter. Zum Beispiel aus Resten von Silber Drähte oder feine Plättchen herstellen.

d) Kooperationen mit anderen Designern

Gemeinsame Bestellungen bedeuten oft attraktiver Preise durch Mengenrabatte.

6. Berücksichtigung von Zusatzkosten

Die Materialkosten umfassen mehr als nur den reinen Einkaufspreis. Kalkulieren Sie zusätzlich ein:

- Versandkosten
- Versicherung bei wertvollen Materialien
- Einfuhrzölle, falls aus dem Ausland bezogen
- Lager- und Aufbewahrungskosten
- Verarbeitungskosten (z. B. Schleifen, Polieren durch Dritte)

All diese Aspekte beeinflussen Ihre Gesamtkalkulation.

7. Preiskalkulation im Verhältnis zum Verkaufspreis

Nach dem Erfassen und Optimieren Ihrer Materialkosten müssen Sie diese im späteren Verkaufspreis Ihrer Schmuckstücke einrechnen. Eine grobe Faustregel:

- Die Materialkosten machen bei hochwertigen Stücken etwa 20-40 % des Verkaufspreises aus

Beachten Sie aber, dass auch Arbeitszeit, Marketing und weitere Kosten einfließen.

8. Budgetierung für Ihre ersten Projekte

Gerade zu Beginn ist es ratsam, ein realistisches Startbudget zu kalkulieren. Erstellen Sie ein monatliches oder projektbezogenes Budget. Beispiel:

- Maximales Materialbudget für eine Mini-Kollektion: 500 €
- Priorisieren Sie die wichtigsten Stücke
- Planen Sie eine Reserve für unerwartete Ausgaben ein (ca. 10 %)

9. Kostenkontrolle durch Software und Tools

Nutzen Sie digitale Hilfsmittel:

- Tabellenkalkulation (Excel, Google Sheets), um Materiallisten und Preise zu organisieren
- Finanz-Apps und Buchhaltungssoftware für Einnahmen, Ausgaben und Lagerbestand

Diese Tools helfen Ihnen, Ihre Kosten kontinuierlich im Blick zu behalten und über die Zeit zu optimieren.

10. Nachhaltige und ethische Materialbeschaffung – ein Kostenfaktor?

Bewusst nachhaltige Materialien auszuwählen, kann die Kosten erhöhen (z. B. Fairtrade-Gold, recycelte Metalle). Allerdings steigern ethisch produzierte Materialien den Wert Ihrer Marke und ermöglichen, höhere Preise am Markt zu erzielen. Kalkulieren Sie hier genau und überprüfen Sie, ob und wie Sie diese Mehrkosten auf Ihre Kunden umlegen können.

11. Förderung, Finanzierungsmöglichkeiten und steuerliche Aspekte

- Prüfen Sie Förderprogramme für Kreativschaffende (z. B. Existenzgründungszuschüsse, Mikrokredite)
- Beachten Sie steuerliche Regelungen für Materialeinkauf (Umsatzsteuer, absetzbare Kosten)

Fazit: Sorgfältige Planung als Schlüssel zum Erfolg

Die Kostenplanung für Materialien bildet einen der wichtigsten Pfeiler für die erfolgreiche Tätigkeit als Schmuckdesignerin. Wer Kosten kennt, kontrolliert und optimiert, legt das Fundament für Profitabilität und nachhaltiges Wachstum. Mit einer strukturierten Vorgehensweise behalten Sie stets den Überblick, handeln klug und sichern sich so Ihren langanhaltenden Erfolg im Schmuckdesign.

Nachhaltigkeit im Schmuckdesign

Einleitung

Nachhaltigkeit ist in der heutigen Schmuckbranche ein zentrales Thema, das weit über einen kurzfristigen Trend hinausgeht. Verbraucherinnen und Verbraucher legen zunehmend Wert auf umweltfreundliche, sozial verantwortliche und ethisch hergestellte Produkte. Deshalb ist nachhaltiges Handeln für Schmuckdesignerinnen nicht nur eine moralische, sondern auch eine unternehmerische Pflicht, die Wettbewerbsfähigkeit stärkt und das Vertrauen der Kundschaft sichert. In diesem Abschnitt betrachten wir ausführlich, wie Nachhaltigkeit im Schmuckdesign umgesetzt werden kann, von der Rohstoffauswahl über die Produktion bis hin zur Vermarktung.

---

1. Was bedeutet Nachhaltigkeit im Schmuckdesign?

Nachhaltigkeit im Schmuckdesign umfasst verschiedene Aspekte:

- **Umweltfreundliche Gewinnung und Verarbeitung von Materialien**
- **Sozial gerechte Arbeitsbedingungen entlang der Lieferkette**
- **Transparenz gegenüber Kunden und Partnern**
- **Langlebigkeit und Reparierbarkeit der Schmuckstücke**
- **Wertschätzung und Minimierung von Abfällen**

Nachhaltiges Schmuckdesign erfordert also ein ganzheitliches Denken, bei dem jedes Glied der Produktions- und Lieferkette betrachtet wird.

---

2. Auswahl nachhaltiger Materialien

2.1. Edelmetalle

- **Recyceltes Gold und Silber:** Die Förderung von neuem Gold und Silber verbraucht viel Energie, verursacht Umweltzerstörungen und geht häufig mit sozialen Problemen wie Kinderarbeit einher. Recycelte Edelmetalle stammen aus alten Schmuckstücken, elektronischen Geräten oder

Industriegütern, wodurch eine erneute Förderung vermieden wird.

- **Fairtrade-Gold:** Es stammt aus zertifizierten Minen, in denen Sozial- und Umweltstandards eingehalten werden. Das Fairtrade-Siegel garantiert faire Löhne, sichere Arbeitsbedingungen und Maßnahmen gegen Umweltverschmutzung.

2.2. Edelsteine

- **Konfliktfreie Steine:** Der Handel mit "Blutdiamanten" finanziert Kriege und Menschenrechtsverletzungen. Im nachhaltigen Schmuckdesign werden zertifizierte Steine mit lückenloser Herkunft bevorzugt (z. B. durch das Kimberley-Prozess-Zertifikat für Diamanten).

- **Synthetische und Laborsteine:** Moderne Technik ermöglicht die Herstellung von Diamanten, Saphiren oder Rubinen im Labor. Diese Steine sind chemisch identisch mit natürlichen Edelsteinen, verursachen aber keine Umweltschäden oder Menschenrechtsverstöße.

2.3. Alternative Materialien

- **Wiederverwertung:** Upcycling von Alt- oder Bruchschmuck, aber auch ungewöhnlichen Materialien wie Holz, Glas, Keramik oder Textilien, gibt neue kreative Möglichkeiten und reduziert den Ressourcenverbrauch.

- **Bio-basierte Materialien:** Naturmaterialien wie Perlen, Muscheln, Herstellung aus FSC-zertifiziertem Holz oder pflanzlichen Kunststoffen können eine nachhaltige Option darstellen, sofern sie verantwortungsvoll bezogen werden.

---

3. Umweltfreundliche Produktionstechniken

3.1. Energieeffizienz

- **Einsatz von erneuerbaren Energien:** Werkstätten können mit Solarstrom arbeiten, um die Umweltbilanz zu verbessern.

- **Reduzierter Energieverbrauch:** Optimierte Prozesse und moderne Techniken wie Laser statt herkömmlicher Schneide- oder Schweißmethoden können die Energiekosten und Emissionen verringern.

3.2. Verzicht auf gefährliche Chemikalien

- **Schonende Oberflächenbehandlung:** Cyanide und andere Chemikalien aus der Galvanik können durch umweltschonende Alternativen ersetzt werden.

- **Wasserrecycling:** Reinigung und Wiederverwendung von Wasser im Produktionsprozess sind wichtig, insbesondere bei der Edelmetallverarbeitung.

3.3. Abfallmanagement

- **Kreislaufwirtschaft:** Materialien wie Gold- oder Silberspäne werden gesammelt und erneut eingeschmolzen.

- **Vermeidung von Mikroplastik:** Kunststofflose oder Mikroplastik-freie Verpackungen und

Schmuckteile fördern nachhaltiges Design.

---

4. Soziale Verantwortung und ethische Produktion

4.1. Faire Arbeitsbedingungen

Ein nachhaltiger Schmuckdesigner achtet darauf, dass entlang der gesamten Wertschöpfungskette faire Arbeitsbedingungen herrschen, etwa durch die Auswahl zertifizierter Lieferanten oder Kooperativen.

4.2. Transparenz

- **Offene Kommunikation gegenüber den Kunden:** Ein transparenter Umgang mit der Herkunft der verwendeten Materialien schafft Vertrauen.
- **Zertifikate und Labels:** Die Kommunikation von Zertifizierungen (wie Fairmined, Responsible Jewellery Council) sollte aktiv genutzt werden.

---

5. Nachhaltiges Design: Langlebigkeit und Reparierbarkeit

Ein wichtiger Aspekt nachhaltigen Designs ist die Herstellung von Produkten, die langlebig und reparierbar sind, statt schnell zu verschleißen. Dies kann erreicht werden durch:

- **Zeitloses Design statt kurzlebiger Modetrends.**
- **Gute Verarbeitung und hochwertige Materialien.**
- **Angebot von Reparatur- und Pflegeservices.**

---

6. Verpackung und Versand

- **Recycelbare und biologisch abbaubare Verpackungen** sollten bevorzugt werden. Viele Hersteller bieten ECO-Labels, zertifizierte Kartonagen oder "Plastic Free"-Optionen an.
- **CO_2-neutraler Versand:** Klimafreundliche Versandoptionen und Anbieter, Kompensation von CO_2-Emissionen.
- **Minimierung von Verpackungsmaterialien** zur Ressourcenschonung.

---

7. Geschäftsethik und Konsumentenaufklärung

7.1. Aufklärung der Konsumenten

Viele Verbraucher wissen nicht, welche Auswirkungen konventioneller Schmuck auf Umwelt und Gesellschaft hat. Nachhaltige Schmuckdesignerinnen nehmen eine Vorbildfunktion ein und klären auf, etwa über:

- Herkunft der Materialien
- Vorteile von Recycling und Laborsteinen

- Wert der Handarbeit

7.2. Geschäftsmodelle

Neue Geschäftsmodelle wie "Jewellery as a Service" (Leihen statt Kaufen), Kreislaufwirtschaft (Einschmelzen und Neugestalten alter Schmuckstücke), oder die Möglichkeit zum Upcycling fördern nachhaltigen Konsum.

---

8. Herausforderungen und Grenzen der Nachhaltigkeit

Trotz aller Bemühungen ist 100%ige Nachhaltigkeit kaum erreichbar. Es gibt Herausforderungen wie:

- Begrenzte Verfügbarkeit nachhaltiger Rohstoffe
- Kosten für Zertifizierungen
- Transparenz in komplexen Lieferketten

Ein wichtiger Ansatz ist daher, offen mit diesen Herausforderungen umzugehen und kontinuierlich nach Verbesserungen zu streben.

---

9. Best-Practice-Beispiele

Viele Schmuckdesignerinnen und Unternehmen gehen mit gutem Beispiel voran:

- **Vieri**: Arbeitet ausschließlich mit Fairtrade-Gold und setzt sich für Frauen in Goldabbaugebieten ein.
- **Jan 'N June Jewellery**: Schwerpunkt auf recycelten Materialien und minimalen Verpackungen.
- **Bruno da Rocha**: Gibt Altgold ein neues Leben in modernen Designs.

Diese Beispiele zeigen, wie vielfältig nachhaltiges Schmuckdesign ist und wie individuell die Umsetzung gelingen kann.

---

10. Fazit

Nachhaltigkeit ist im modernen Schmuckdesign ein zentrales Element, das Kreativität, Verantwortung und Innovation voraussetzt. Jede Designerin kann durch bewusste Materialwahl, faire Produktion und transparente Kommunikation einen positiven Einfluss auf die Branche und die Welt ausüben. Die Investition in nachhaltige Prinzipien zahlt sich nicht nur ethisch, sondern auch wirtschaftlich aus, denn immer mehr Konsumenten bevorzugen verantwortungsvoll hergestellten Schmuck.

Nur wer Nachhaltigkeit ganzheitlich lebt, wird langfristig erfolgreich und glaubwürdig sein. Schmuckdesign erhält auf diese Weise eine neue, zeitgemäße Wertigkeit und Bedeutung.

Testen Sie Ihr Wissen mit einem Quiz.

Scannen Sie diesen QR-Code

Praktische Übungen

1

Stellen Sie eine vollständige Materialliste für ein selbst entworfenes Armband zusammen. Überlegen Sie sich zuerst, aus welchen Materialien (Metallarten, Steine, Verschlüsse, evtl. Leder/Kordeln etc.) Ihr Schmuckstück bestehen soll. Listen Sie jedes Material einzeln auf, geben Sie die benötigte Menge und mögliche Bezugsquellen an. Erklären Sie zusätzlich, warum Sie gerade diese Materialien wählen und wie deren Eigenschaften die Gestaltung beeinflussen.

Beispiel-Lösung:
Materialliste für ein Armband:

- 15 cm Sterlingsilber-Draht (o,8 mm): Für die Grundstruktur und als Verbindungsmaterial. Lässt sich gut biegen und löten.
- 12 kleine Amethyst-Perlen (6 mm): Farblicher Akzent, symbolisiert Ruhe, robust genug für Alltagsgebrauch.
- 1 Magnetverschluss aus Edelstahl: Sicher und einfach in der Handhabung; allergikerfreundlich.
- 10 cm Textilband (schwarz): Für modernen Look und angenehmen Tragekomfort.
  Bezugsquellen: Großhändler wie Götze Gold oder Online-Shops wie www.beads.de.
  Die Materialwahl ergibt sich durch die Kombination aus Alltagstauglichkeit, Designästhetik und Zielgruppe (junge Modebewusste). Silber lässt sich präzise verarbeiten, Amethyst verleiht Exklusivität, Edelstahl erhöht Robustheit und das Textilband sorgt für Komfort und Individualität.

2

Sie planen, eine kleine Kollektion (fünf Schmuckstücke) mit Fokus auf Nachhaltigkeit zu entwerfen. Recherchieren und wählen Sie jeweils eine nachhaltige Materialoption für Metalle, Steine, organische Komponenten und Verpackung aus. Begründen Sie Ihre Auswahl mit mindestens zwei Argumenten je Kategorie und erläutern Sie, wie sich die Entscheidung auf Produkt und Kundenwahrnehmung auswirken kann.

Beispiel-Lösung:
Nachhaltige Materialoptionen:

- Metalle: Recyceltes Silber – verringert Umweltbelastung, benötigt keine neue Rohstoffförderung.

- Steine: Laborgezüchtete Saphire – keine Ausbeutung oder Umweltzerstörung in Minen, gleichbleibende Qualität.
- Organische Komponenten: FSC-zertifiziertes Holz – nachhaltige Forstwirtschaft, bei Kunden beliebt wegen Umweltbewusstsein.
- Verpackung: Recycelter Karton mit pflanzenbasierter Farbe – vermeidet Abfall, leicht zu recyceln. Diese Entscheidungen tragen zu einer positiven Markenwahrnehmung bei, sprechen umweltbewusste Kunden an und heben die Kollektion als verantwortungsbewusst hervor. Gleichzeitig können sie einen höheren Verkaufspreis rechtfertigen.

3

Berechnen Sie die realistischen Materialkosten für ein selbst gestaltetes Collier aus Messing und Halbedelsteinen. Entwerfen Sie eine Kostenaufstellung, die folgende Punkte beinhaltet: (a) Mengen der verarbeiteten Materialien, (b) Einzelpreise, (c) Zusatzkosten (Versand, Verpackung). Machen Sie eine detaillierte Gesamtrechnung und erläutern Sie, wie sich die einzelnen Positionen auf den Endpreis auswirken.

Beispiel-Lösung:
(a) Materialien:

- Messingdraht: 40 g
- Halbedelsteine (z. B. Achat): 10 Stück
- Magnetverschluss: 1 Stück
  (b) Einzelpreise:
- Messingdraht: 0,40 €/g □ 16 €
- Achat: 1,50 €/Stück □ 15 €
- Magnetverschluss: 2 €
  (c) Zusatzkosten:
- Versand: 4 €
- Verpackung: 2 €
  Gesamtkosten: 16 + 15 + 2 + 4 + 2 = 39 €
  Diese Kalkulation zeigt, dass der Messingdraht einen großen Anteil an den Materialkosten hat. Versand und Verpackung sind Fixkosten pro Stück und müssen in die Preisgestaltung einfließen, sonst wird der Gewinn geschmälert. Der Endpreis sollte diese Kosten sowie Arbeitszeit und Marge reflektieren.

4

Sie möchten ein Paar Ohrringe konzipieren, das sowohl für Allergiker als auch nachhaltig produziert ist. Wählen Sie geeignete Materialien aus dem Kapitel und beschreiben Sie die nötigen Verarbeitungs- und Prüfmethoden, um sicherzustellen, dass das Endprodukt hautverträglich und umweltfreundlich ist. Erläutern Sie dabei Ihre Auswahl und den konkreten Herstellungsprozess.

Beispiel-Lösung:
Materialien:

- Metalle: Recyceltes 925er Silber, garantiert nickelfrei – hohe Hautverträglichkeit, nachhaltig bezogen.
- Steine: Kleine im Labor gewachsene Zirkonia – keine Umweltbelastung durch Bergbau.
- Anhänger: FSC-zertifiziertes Holz, sorgsam behandelt.
  Verarbeitung:
- Kein Einsatz von allergenen Klebstoffen oder Beschichtungen.
- Politur mit biologisch abbaubarem Poliermittel.
  Prüfung: Leitfähigkeitstest und Nickel-Test, um nachzuweisen, dass das Silber nickelfrei ist.
  Zertifikat von Lieferanten verlangen.
  So wird sichergestellt, dass die Ohrringe sowohl ökologisch als auch gesundheitlich unbedenklich sind.

5

Erstellen Sie eine Übersicht, wie Sie den Materialeinsatz und -verschnitt bei der Herstellung einer Ringserie optimieren und dabei nachhaltige, wirtschaftliche Prinzipien berücksichtigen. Erklären Sie mindestens drei konkrete Maßnahmen und begründen Sie deren jeweilige Vorteile bezogen auf Ressourcenschonung und Wirtschaftlichkeit.

Beispiel-Lösung:

1. 1. Präzise Vorplanung und Zuschnitt: Mithilfe exakter Skizzen und der Schieblehre kann der Materialbedarf exakt ermittelt und zugeschnitten werden. Vorteil: Minimierung von Verschnitt und Materialverlust.
2. 2. Resteverwertung und Upcycling: Anfallende Reststücke von Draht oder Blechen werden gesammelt und für neue Schmuckstücke oder als Lötzusatz weiterverwendet. Vorteil: Spart

Materialkosten und reduziert Abfall.

3. 3. Großeinkauf und gemeinschaftliche Bestellung mit anderen Designern: Mengenrabatte senken den Stückpreis, Überproduktion und ungenutzte Lagerbestände werden vermieden. Vorteil: Kostenersparnis, bessere Auslastung des Materials.
   Diese Strategien fördern nachhaltige Arbeitsweise und erhöhen die Wirtschaftlichkeit der Produktion.

Kapitel : 4

Kapitel 4: Techniken des Schmuckdesigns

IN DIESEM KAPITEL:

- Im Kapitel werden die grundlegenden handwerklichen Techniken wie Sägen, Feilen, Löten und Polieren als Basis für individuelles Schmuckdesign detailliert vorgestellt.
- Moderne Technologien wie CAD, 3D-Druck und Lasertechnik revolutionieren heutzutage den Entwurfs- und Fertigungsprozess von Schmuck.
- CAD-Software ermöglicht präzise und vielseitige 3D-Modelle, die sich einfach visualisieren, anpassen und direkt zur Produktion weiterverarbeiten lassen.
- Die Prototypenerstellung mit unterschiedlichen Materialien – von Wachs über Ton bis zum 3D-Druck – ist essenziell, um Entwürfe praktisch zu testen und zu optimieren.
- Traditionelles Handwerk und digitale Techniken ergänzen sich ideal: Wer beide Welten beherrscht, kann besonders innovative und qualitativ hochwertige Schmuckstücke erschaffen.

Handwerkliche Techniken

Wichtig

Handwerkliche Techniken bilden das unverzichtbare Fundament im Schmuckdesign. Wer Schmuckdesignerin werden möchte, sollte die klassischen Methoden wie Sägen, Feilen, Löten und Polieren sicher beherrschen. Diese traditionellen Arbeitsschritte sind notwendig, um aus einfachen Metallstücken oder anderen Materialien raffinierte Schmuckstücke zu kreieren. Durch Geduld, Präzision und handwerkliches Geschick entstehen so individuelle Formen, Oberflächen und Verbindungen. Erst ein solides Verständnis dieser Basistechniken bildet die Grundlage dafür, eigene kreative Ideen zu realisieren und sich im Bereich des künstlerischen Schmuckschaffens weiterzuentwickeln. Traditionelles Handwerk bleibt somit essenziell – auch in modernen Designs.

Um erfolgreich als Schmuckdesignerin arbeiten zu können, sollte man sich mit den wichtigsten handwerklichen Basistechniken vertraut machen.

- Sägen: Mit einer Bügelsäge werden feine Formen und Muster präzise aus Metall ausgesägt.
- Feilen: Durch unterschiedliche Feilenarten werden Kanten geglättet und Konturen sauber herausgearbeitet.
- Löten: Einzelteile werden durch Erhitzen und Zuführen von Lot dauerhaft verbunden, was vielfältige und stabile Designs ermöglicht.
- Polieren: Durch verschiedene Poliermethoden erhalten Schmuckstücke ihren charakteristischen Glanz und eine edle Oberfläche.
- Einfassen von Steinen: Edelsteine werden sicher in Fassungen eingesetzt und bleiben dabei gut sichtbar sowie geschützt.

Gut zu wissen

Das Sägen von Metall ist eine der grundlegenden Techniken im Schmuckdesign und eröffnet zahlreiche kreative Möglichkeiten zur Gestaltung filigraner Formen und Muster. Mit einer feinen Säge lassen sich präzise Linien und komplexe Strukturen aus Metallplatten ausschneiden. Dabei sind vor allem Geduld, eine ruhige Hand und Genauigkeit entscheidend, um saubere Schnitte und detailreiche Designs zu erzielen. Durch diese Technik können individuelle Ornamente, durchbrochene Flächen oder sogar Schriftzüge geschaffen werden, die jedem Schmuckstück einen einzigartigen Charakter verleihen. Sorgfältiges Sägen bildet die Basis für anspruchsvolle Designs im handwerklichen Schmuckbereich.

Warnung

Beim Arbeiten mit Werkzeugen im Schmuckdesign ist besondere Vorsicht geboten, um Verletzungen zu vermeiden und ein sicheres Arbeitsumfeld zu gewährleisten. Daher sollten folgende Sicherheitsregeln stets beachtet werden:

- Vor dem Arbeiten sollten alle Werkzeuge auf ihre Unversehrtheit überprüft und richtig eingestellt werden.
- Schmuckdesigner sollten immer geeignete Schutzausrüstung wie eine Schutzbrille und gegebenenfalls Handschuhe tragen, um sich vor Metallspänen, Funken oder Chemikalien zu schützen.
- Der Arbeitsplatz sollte stets sauber und aufgeräumt gehalten werden, damit keine Stolperfallen

entstehen und Werkzeuge leicht zugänglich sind.

Das Löten ist eine fundamentale Technik im Schmuckdesign, um einzelne Metallteile präzise und dauerhaft zu verbinden. Diese Methode erlaubt eine große gestalterische Vielfalt, da so filigrane wie auch robuste Schmuckstücke realisiert werden können. Beim Schmuckdesign werden vor allem Weich- und Hartlötungen eingesetzt: Während das Weichlöten niedrigere Temperaturen nutzt und sich für leicht belastete Verbindungen eignet, sorgt das Hartlöten für besonders stabile Verbindungen. Die Wahl der Löttechnik beeinflusst somit das Ergebnis sowie die Haltbarkeit des Schmuckstücks. Sorgfältiges Löten schafft die Basis für flexible, kreative Schmuckdesigns mit hoher Qualität.

Gut zu wissen

Polieren und Oberflächenbehandlungen sind entscheidende Schritte im Schmuckdesign, um einem fertigen Schmuckstück den gewünschten Glanz und Charakter zu verleihen. Durch verschiedene Techniken können unterschiedliche Effekte wie mattierte, glänzende oder strukturierte Oberflächen erzielt werden. Das Polieren mit speziellen Werkzeugen und Pasten sorgt für einen spiegelnden Hochglanz, während Bürsten oder Mattierpads sanfte, seidig-matte Effekte schaffen. Strukturierte Oberflächen lassen sich beispielsweise durch Hämmern, Gravieren oder das Arbeiten mit speziellen Walzen erzeugen. Eine sorgfältige Oberflächenbehandlung hebt Designmerkmale hervor und macht jedes Schmuckstück einzigartig und hochwertig.

In der Praxis

Das Einfassen von Edelsteinen gehört zu den anspruchsvollsten handwerklichen Techniken im Schmuckdesign und verlangt sowohl Präzision als auch viel Erfahrung. Dabei wird der Edelstein sorgfältig in eine dafür vorbereitete Fassung eingelegt und durch verschiedene Methoden, wie Zargen-, Krappen- oder Pavéfassungen, sicher gehalten. Die Wahl der richtigen Fassung ist entscheidend, da sie sowohl die Ästhetik als auch die Stabilität des Schmuckstücks maßgeblich beeinflusst. Eine gelungene Edelsteinfassung schützt den Stein, betont seine Brillanz und sorgt dafür, dass das Schmuckstück lange getragen werden kann, ohne an Qualität zu verlieren.

Tipp

Technik	**Traditionelle Ausführung**	**Moderne Ausführung**	**Vorteile (traditionell)**	**Vorteile (modern)**
Sägen	Manuelle Feinsäge, Handsäge	Laser- oder Wasserstrahlschneider	Hohe Kontrolle, individuell, detailreich, klassische Handarbeit	Sehr präzise, schnelle Ausführung, geeignete komplexe Muster
Löten	Feuer mit Lötlampe, klassische Löttechniken	Induktionslöten, Mikrolöten, Laserschweißen	Künstlerische Kontrolle, Erfahrung mit Materialverhalten	Präzision, Zeitersparnis, feine Verbindungen möglicher
Polieren	Handpolieren mit Polierpaste und Filzscheiben	Maschinelles Polieren, Ultraschallgeräte	Gefühl für Material, gezielte Gestaltung der Oberfläche	Gleichmäßige Ergebnisse, effizient bei Serienproduktion
Oberflächenstruktur	Hämmern, Gravieren, Walzen von Hand	CNC-Gravur, präzise Maschinenmuster	Individuelle, künstlerische Oberfläche, Unikate	Wiederholbarkeit, komplexe Muster, neue Designs möglich
Edelsteinfassung	Von Hand	Fassungen teilweise	Höchste Flexibilität,	Schneller, konsistente

Technik	Traditionelle Ausführung	Moderne Ausführung	Vorteile (traditionell)	Vorteile (modern)
	gefasst (Zarge, Krappen)	vorgefertigt, CAD-gestützte Fertigung	Anpassung an jeden Stein möglich	Ergebnisse, Gestaltung am Computer

Moderne Techniken und Technologien

In den letzten Jahrzehnten hat sich die Welt des Schmuckdesigns rasant weiterentwickelt. Moderne Techniken und Technologien spielen eine immer wichtigere Rolle sowohl bei der Gestaltung als auch bei der Produktion von Schmuck. Dieses Kapitel bietet einen umfassenden Überblick über die aktuellsten Methoden, Werkzeuge und digitalen Hilfsmittel, die die Schmuckbranche revolutioniert haben. Es beleuchtet sowohl den handwerklichen als auch den technologischen Fortschritt und zeigt, wie diese beiden Welten miteinander verschmelzen, um innovativen, einzigartigen Schmuck zu schaffen.

1. Computer Aided Design (CAD)

Computer Aided Design, kurz CAD, ist wohl eine der größten Innovationen im Bereich Schmuckdesign der letzten Jahre. Mit CAD-Software können Designer Schmuckstücke am Computer entwerfen, visualisieren und mit unglaublicher Präzision verändern. Programme wie Rhino, Matrix oder 3Design ermöglichen es, komplexe Formen zu gestalten, die von Hand nur schwer oder gar nicht realisierbar wären.

Mit CAD können Designer ihre Ideen schnell visualisieren, problemlos Varianten erstellen und Änderungen in Echtzeit vornehmen. Die Software bietet Werkzeuge zur Simulation von Materialien, Farben und sogar zu einer virtuellen 3D-Ansicht, um das Schmuckstück aus jedem Winkel zu betrachten. Dies spart nicht nur Zeit, sondern vermeidet auch teure Fehler in der Fertigung.

Vorteile von CAD:

- Präzision bei komplexen Formen und Details
- Möglichkeit der schnellen und einfachen Anpassung von Entwürfen
- Erzeugung von fotorealistischen Renderings für Präsentationen oder Kundenakquise
- Vorbereitung digitaler Daten für die weitere Fertigung, beispielsweise im 3D-Druck oder CNC-Fräsen

2. 3D-Druck (Additive Fertigung)

Der 3D-Druck hat die Schmuckwelt grundlegend verändert. Mit dieser Technologie lassen sich dreidimensionale Modelle Schicht für Schicht aus einem Ausgangsmaterial aufbauen. Im Schmuckbereich kommen üblicherweise zwei Verfahren zum Einsatz:

- **Wachsdruck**: Ein positives Wachsmodell wird mittels eines speziellen 3D-Druckers erzeugt. Dieses Modell dient später als Grundlage für das klassische "Verlorene-Wachs-Verfahren", bei dem das Wachs ausgeschmolzen und durch Metall ersetzt wird.

- **Direkter Metall-3D-Druck**: Hierbei wird das Schmuckstück direkt aus Metall, meist aus Gold, Silber oder speziellen Legierungen, im Sinterverfahren aufgebaut. Diese Methode erlaubt eine bislang unerreichte Freiheit in der Formgebung. Feinste Details, Hohlformen und Gitterstrukturen sind so möglich.

3D-Druck ermöglicht schnelle Prototypenfertigung, individuelle Einzelanfertigungen und komplexe Geometrien, die mit traditionellen Methoden kaum herzustellen wären. Zudem können so auch personalisierte Schmuckstücke nach individuellen Kundenwünschen gefertigt werden.

3. Lasertechnologien

Laser werden im Schmuckdesign sowohl zum Schneiden als auch zum Gravieren und Schweißen eingesetzt.

- **Laserschneiden**: Dünne Bleche aus Edelmetallen oder anderen Materialien können mit hoher Präzision geschnitten werden. So entstehen feine Muster oder sogar filigrane Intarsien.

- **Lasergravur**: Mit hochpräzisen Lasern lassen sich feine Schriftzüge, Muster oder Logos dauerhaft auf Schmuckstücken anbringen – eine beliebte Methode für Personalisierungen.

- **Laserschweißen**: Komplizierte oder hitzeempfindliche Verbindungen, etwa bei Reparaturen oder beim Fassen von Steinen, können mit dem Laser geschweißt werden. Dies sorgt für besonders feine, stabile und kaum sichtbare Lötstellen.

Die Lasertechnologie eröffnet neue Möglichkeiten für komplizierte Designs, präzise Fertigung und individuelle Anpassungen.

4. CNC-Technologie (Computerized Numerical Control)

CNC-Fräsen ist eine weitere digitale Fertigungstechnik, bei der computergesteuerte Maschinen aus einem Block (zum Beispiel aus Metall oder Wachs) ein Schmuckstück herausarbeiten. Im Unterschied zum 3D-Druck wird beim Fräsen Material entfernt (subtraktive Fertigung).

Die Vorteile liegen in der unglaublichen Genauigkeit und Wiederholbarkeit. Gerade bei der Produktion von Kleinserien oder komplexen Einzelteilen ist CNC ein unverzichtbares Werkzeug geworden. Viele Schmuckdesigner kombinieren CNC-Fräsen mit traditioneller Handwerkskunst, um außergewöhnliche Ergebnisse zu erzielen.

5. Hochmoderne Gussverfahren

Neben dem klassischen Feinguss finden heute hochpräzise Gussverfahren Anwendung, die, unterstützt durch digitale Konstruktionen, feinste Details und komplexe Strukturen abbilden können. Die Kombination von CAD-Modellen mit modernen Gießverfahren (wie dem Metallgießen im Vakuum oder dem Schleuderguss) führt zu hochwertigen Endprodukten mit optimaler Materialausnutzung und minimalem Ausschuss.

6. Neue Materialien und Materialkombinationen

Die Entwicklung neuer Materialien hat das Schmuckdesign ebenso revolutioniert. Neben traditionellen Edelmetallen und Steinen werden heute Hightech-Materialien wie Titan, Tantal, Edelstahl, Keramik oder auch Polymere verwendet. Durch neue Verarbeitungstechnologien lassen sich diese Materialien oft erst im Schmuckbereich einsetzen.

Innovativ sind auch Gefüge aus traditionellen und neuen Materialien, wie etwa Gold mit Carbon oder Silber mit Porzellan. Solche Kombinationen eröffnen völlig neue Designmöglichkeiten und sprechen eine jüngere, experimentierfreudige Zielgruppe an.

7. Digitalisierung der Schmuckproduktion

Abgesehen vom Entwurf und der eigentlichen Herstellung hat die Digitalisierung auch Einzug in die gesamte Produktionskette gehalten:

- **Digitale Arbeitsabläufe**: Von der ersten Skizze bis zum fertigen Produkt ist der Workflow heute häufig komplett digitalisiert.
- **Online-Konfiguratoren**: Kunden können sich ihren Schmuck individuell online zusammenstellen, das Design anschließend als 3D-Modell beauftragen und produzieren lassen.
- **Virtual und Augmented Reality (VR/AR)**: VR-Tools ermöglichen es Kunden und Designern, an virtuellen Modellen zu arbeiten oder das Schmuckstück am eigenen Körper zu betrachten, bevor es produziert wird. AR-Apps zeigen, wie ein Ring oder eine Kette am Finger oder Hals aussehen würde, noch bevor der Kauf getätigt wird.

8. Nachhaltigkeit durch Technologie

Moderne Technologien helfen auch dabei, Ressourcen zu schonen und nachhaltiger zu produzieren:

- Mit CAD und 3D-Druck werden nur die tatsächlich benötigten Materialien verbraucht, Überschuss wird minimiert.
- Neue Verfahren ermöglichen das Recycling von Altgold und gebrauchten Edelmetallen mit hoher Ausbeute und Reinheit.
- Blockchain-Technologien sorgen für Transparenz in der Lieferkette und garantieren ethische Herkunft der verwendeten Edelmetalle und Steine.

9. Künstliche Intelligenz (KI) im Schmuckdesign

Der Einsatz künstlicher Intelligenz steckt zwar noch in den Kinderschuhen, gewinnt aber langsam an Bedeutung.

- **Designvorschläge**: KI-gestützte Software kann basierend auf Trends, Kundenwünschen und bisherigen Verkäufen eigene Designvorschläge generieren.
- **Optimierung der Produktion**: KI kann Fertigungsprozesse analysieren und effizienter gestalten.
- **Kundensupport und Beratung**: Chatbots helfen bei der Auswahl oder Personalisierung von Schmuckstücken – online und in Echtzeit.

10. Handwerkliche Techniken im modernen Kontext

Trotz aller Digitalisierung bleiben traditionelle Techniken wie das Fassen von Edelsteinen, das Emaillieren oder die Handgravur wichtige Bestandteile der Schmuckherstellung. Moderne Designer kombinieren häufig neue Technologien mit traditionellen Handwerkskünsten, um einzigartige, hochwertige und individuell gestaltete Stücke zu schaffen. Daraus entsteht eine neue Wertschätzung für das Handwerk im digitalen Zeitalter.

11. Zukunftsausblick

Die Moderne bringt immer neue Technologien hervor. Bereits heute zeichnen sich folgende Trends ab:

- **Wearables**: Schmuck, der mit Elektronik kombiniert wird und Funktionen wie Fitness-Tracking oder Kommunikation übernimmt.
- **Personalisierung und Individualisierung**: Dank Digitalisierung können Kunden ein immer aktiverer Teil des Designprozesses werden.
- **Bio-Schmuck**: Einsatz nachwachsender Materialien wie Bioplastik oder Pilzmyzelien in innovativen Designs.

Fazit

Moderne Techniken und Technologien haben das Schmuckdesign grundlegend verändert. Sie ermöglichen es, Grenzen zu verschieben und bisher Unvorstellbares zu schaffen. Zugleich bleibt das Handwerk eine wichtige Basis. Die cleverste Schmuckdesignerin von morgen vereint beide Welten – sie beherrscht moderne Tools, kennt aber auch das traditionelle Know-how. So gelingen innovative Kreationen, die sowohl technisch als auch künstlerisch überzeugen.

CAD im Schmuckdesign

Einleitung

Mit der fortschreitenden Digitalisierung hat sich auch das Schmuckdesign in den letzten Jahren stark verändert. Computer-Aided Design (CAD) ist inzwischen ein zentrales Werkzeug für professionelle Schmuckdesignerinnen. In diesem Kapitel lernst du, was CAD bedeutet, wie es im Schmuckdesign eingesetzt wird, welche Vor- und Nachteile es mit sich bringt, und wie du selbst den Einstieg findest.

Was ist CAD im Schmuckdesign?

CAD steht für Computer-Aided Design. Es handelt sich dabei um Softwaresysteme, mit denen komplexe 2D- und 3D-Modelle am Computer erstellt werden können. Im Schmuckdesign kommt CAD zum Einsatz, um präzise Entwürfe und Visualisierungen zu erstellen. So kann man den gesamten Gestaltungsprozess – vom ersten Entwurf bis zum fertigen Prototyp – digital abbilden.

Zu den bekanntesten CAD-Programmen für das Schmuckdesign zählen RhinoGold, MatrixGold, ZBrush, Blender und TinkerCAD. Diese Programme unterscheiden sich in ihrer Komplexität, im Funktionsumfang und im Preis.

Der Nutzen von CAD im Schmuckdesign

1. 1. **Präzision:** CAD ermöglicht extrem exaktes Arbeiten. Maße, Proportionen und Details können millimetergenau definiert werden, was bei handgemachten Entwürfen sehr viel schwieriger ist.
2. 2. **Visualisierung:** Mit CAD lassen sich realitätsnahe 3D-Darstellungen eines Schmuckstücks erzeugen. Kunden und Produzenten bekommen so schon vor der eigentlichen Anfertigung eine sehr genaue Vorstellung vom Endprodukt.
3. 3. **Kollaboration:** Die am Computer erzeugten Dateien können leicht mit anderen Designern oder mit der Produktion geteilt werden. Änderungen sind schnell umgesetzt und dokumentiert.
4. 4. **Schnellere Prototypen:** Mithilfe von 3D-Druckern lassen sich aus den CAD-Daten direkt Prototypen erstellen. So wird die Entwicklungszeit deutlich verkürzt.
5. 5. **Vielseitigkeit:** Komplexe Designs, die per Hand schwer umzusetzen wären, sind mit CAD viel leichter realisierbar.

Der Einstieg in CAD

Anforderungen und Hardware

Für das Arbeiten mit CAD benötigst du einen leistungsstarken Computer mit ausreichend Speicher, einer guten Grafikkarte und starkem Prozessor. Je nach Software werden unterschiedliche Systemvoraussetzungen gestellt. Es lohnt sich, vorab zu recherchieren, welche Software deinen Bedürfnissen entspricht und mit deinem Computer kompatibel ist.

Wichtige CAD-Programme für Schmuckdesigner

- **Rhino/RhinoGold:** Eines der beliebtesten Programme, spezialisiert auf Schmuck. Es kombiniert die Funktionen von Rhino (einer allgemeinen 3D-Software) mit auf Schmuckdesign ausgelegten Tools.
- **Matrix/MatrixGold:** Aufbauend auf Rhino, aber mit noch spezifischeren Funktionen für die Schmuckherstellung. Besonders geeignet für fortgeschrittene Nutzer.
- **ZBrush:** Ideal zur Modellierung organischer Formen, etwa bei naturinspirierten Schmuckstücken.
- **Blender:** Kostenlos und vielseitig, allerdings weniger speziell auf Schmuckdesign ausgelegt.
- **TinkerCAD:** Kostenloses Einstiegstool für einfache 3D-Modelle.

Grundprinzipien der CAD-Arbeit

1. 1. **Sketching:** Am Anfang steht meist ein handgezeichneter Entwurf, der danach digitalisiert und als Referenzbild ins CAD-Programm geladen werden kann.
2. 2. **Modellierung:** Hier werden die Grundformen erzeugt (z.B. Ringe, Anhänger, Fassungen), indem man geometrische Grundkörper formt, kombiniert und bearbeitet.
3. 3. **Detailarbeit:** Delikate Verzierungen, Gravuren, Fassungen für Steine und filigrane Durchbrüche werden hinzugefügt.

4. 4. **Rendering:** Das 3D-Modell wird mit Materialien, Farben und Texturen versehen. So entsteht ein fotorealistisches Abbild des Designs.

5. 5. **Prüfung und Anpassung:** Abmessungen werden kontrolliert, Details überprüft und nach Wunsch geändert.

6. 6. **Export:** Die fertige Datei (meist im STL- oder OBJ-Format) kann für die Fertigung an Produktionspartner oder an einen 3D-Drucker weitergegeben werden.

CAD-gestützter Workflow im Schmuckdesign

Ein typischer Workflow im Schmuckdesign mithilfe von CAD könnte wie folgt aussehen:

1. 1. **Ideensammlung und Skizzen:** Zuerst sammelst du Ideen und erstellst grobe Zeichnungen, entweder auf Papier oder bereits digital.

2. 2. **3D-Modellierung:** Wähle passende CAD-Software, importiere ggf. eine Skizze als Vorlage und beginne mit der Modellierung des Schmuckstücks.

3. 3. **Anpassung und Weiterentwicklung:** Passe das Modell immer wieder an, probiere verschiedene Stile, Größen und Details aus.

4. 4. **Simulation:** Mit einigen Programmen kannst du die Stabilität oder das Trageverhalten des Schmucks simulieren.

5. 5. **Rendering:** Erzeuge verschiedene Ansichten und fotorealistische Bilder für Präsentationen, Kataloge oder deine Website.

6. 6. **Fertigungsvorbereitung:** Exportiere das Modell in ein für die Produktion geeignetes Format.

Tipps für den erfolgreichen Einsatz von CAD

- **Zeit zum Üben:** CAD erlernt man nicht über Nacht. Rechne mit einigen Wochen, um die Basics zu beherrschen, und mit Monaten für fortgeschrittene Techniken.

- **Online-Kurse und Tutorials:** Es gibt unzählige Online-Ressourcen – viele Anbieter, aber auch Plattformen wie YouTube bieten kostenlose Tutorials.

- **Eigene Projekte:** Übe an eigenen, kleinen Projekten. Werde mit dem Hinzufügen von Details und dem Realisieren von Variationen vertraut.

- **Community-Nutzung:** Foren und Social Media Gruppen helfen bei Fragen weiter und bieten Inspiration.

Grenzen und Herausforderungen

- **Anschaffungskosten:** Professionelle CAD-Programme sind teuer. Einsteigern empfiehlt es sich, mit Testversionen oder freien Programmen zu starten.

- **Lernkurve:** Es kann frustrierend sein, wenn der gewünschte Effekt nicht gleich eintritt. Geduld ist gefragt!

- **Technische Probleme:** Hardware-Ausfälle oder Kompatibilitätsprobleme können vorkommen.

Beispielszenario: Ein Ring entsteht mit CAD

1. 1. **Inspiration:** Du möchtest einen Ring mit floraler Ornamentik entwerfen.
2. 2. **Skizzieren:** Du zeichnest Blätter und Blütenformen auf Papier oder mit einem Tablet.
3. 3. **CAD-Modellierung:** Die Skizze wird als Hintergrund in Rhino geladen. Der Ringgrundkörper wird erstellt, dann schrittweise die floralen Elemente modelliert.
4. 4. **Detailarbeit:** Die Blätter werden in das Ringprofil integriert, anschließend Fassungen für Schmucksteine eingearbeitet.
5. 5. **Rendering:** Auswahl von Materialien – z.B. Gold, Silber – und Edelsteinen. Export der Ansicht als Präsentationsbild.
6. 6. **Export & Produktion:** Der fertige 3D-Entwurf wird als STL-Datei exportiert und einem 3D-Dienstleister zur Verfügung gestellt, der einen Wachsdruck anfertigt. Der Guss und die Endverarbeitung erfolgen anschließend traditionell.

Kombinieren von Handarbeit und CAD

Viele erfolgreiche Schmuckdesignerinnen nutzen eine Kombination aus klassischer Handarbeit und digitaler Modellierung. So bleibt der besondere handwerkliche Touch erhalten, während gleichzeitig eine präzise Produktion und Reproduktion gewährleistet ist.

Zukunftsperspektiven

Mit dem Einzug von KI (Künstlicher Intelligenz), VR (Virtueller Realität) und AR (Erweiterter Realität) eröffnen sich neue Möglichkeiten für interaktive Designprozesse und Kundenerfahrungen. Schon heute arbeiten führende Schmuckhäuser mit digitalen Prototypen und Augmented Reality-Anwendungen für die Kundenberatung.

Fazit

CAD ist ein mächtiges Werkzeug, das die Arbeit von Schmuckdesignerinnen grundlegend verändert. Wer sich frühzeitig mit den Möglichkeiten digitaler Modellierung vertraut macht, kann seine Kreativität noch besser ausleben, anspruchsvolle Formen umsetzen und sich auf Dauer im Markt behaupten. Lerne die Grundlagen, übe viel und setze CAD gezielt für deine Visionen ein – dann bietet dir die Technologie unzählige Wege zum Erfolg im Schmuckdesign.

Prototypenerstellung

Wichtig

Die Prototypenerstellung bildet das Herzstück im Prozess des Schmuckdesigns. Sie ist der Schlüssel, um kreative Entwürfe aus der Theorie in die Praxis zu überführen. Durch die Entwicklung eines Prototyps erhalten Designerinnen erstmals die Möglichkeit, ihre Ideen als greifbare Objekte zu erleben. Dies bietet nicht nur die Chance, das Aussehen und die Proportionen des Schmuckstücks realistisch zu beurteilen, sondern auch dessen Funktionalität und Tragbarkeit zu testen. Fehler oder Verbesserungspotenziale werden so frühzeitig erkannt, bevor höhere Kosten durch eine Serienproduktion entstehen. Die Prototypenerstellung ist somit ein unverzichtbarer, risikomindernder Schritt im Designprozess.

Zu Beginn der Prototypenerstellung stehen meist einfache Skizzen, die die Grundidee visualisieren. Im nächsten Schritt werden Modelle aus preiswerten Materialien wie Wachs, Ton oder Papier angefertigt. Der Einsatz solcher Werkstoffe bietet die Möglichkeit, Formen, Größenverhältnisse und Proportionen des geplanten Schmuckstücks kostengünstig auszuprobieren. Fehler können schnell korrigiert werden, ohne wertvolle Ressourcen zu verschwenden. So dienen diese Modelle als wichtige Grundlage, um das spätere Erscheinungsbild zu überprüfen und Anpassungen vorzunehmen. Erst danach folgt die Ausarbeitung in hochwertigeren Materialien oder Produktionsprozessen, wenn das Design überzeugend ausgearbeitet ist.

In der Praxis

Im Folgenden werden die typischen Schritte der Prototypenerstellung im Schmuckdesign vorgestellt:

- Ideenfindung und Anfertigung von Skizzen, um die Grundform und das Konzept des Schmuckstücks festzulegen.
- Herstellung eines ersten Modells aus günstigen Materialien wie Wachs, Ton oder Papier zur Überprüfung von Form und Proportionen.
- Anpassung und Optimierung des Modells basierend auf Tests hinsichtlich Tragekomfort, Stabilität und ästhetischer Wirkung.

Gut zu wissen

Material	Kosten	Bearbeitbarkeit	Vorteile	Nachteile
Wachs	Sehr niedrig	Sehr gut (leicht formbar, schnitzen möglich)	Ideal für organische Formen und Feinarbeiten, einfach zu ändern	Empfindlich, kann beim Arbeiten leicht brechen
Ton	Niedrig	Gut (knetbar, modellierbar, brennbar)	Schnelle Umsetzung von Volumen und Formen, vielseitig	Nicht für feine Details geeignet, Schrumpfung beim Brennen möglich
Papier/Karton	Sehr niedrig	Gut (leicht zu schneiden und zu kleben)	Einfach, schnell, sehr preiswert, visualisiert Proportionen	Nicht stabil, keine feine Details möglich
Kunststoff (z.B. Polymerton)	Mittel	Gut (knetbar, später aushärtbar)	Beliebig formbar, kann bemalt und geschliffen werden	Materialkosten höher als Wachs oder Ton
Metall (z.B. Kupfer, Messing)	Höher	Mittel (Sägen, Löten, Biegen nötig)	Echtes Materialgefühl, Test echter Fertigungsschritte möglich	Komplexere Bearbeitung, erfahrene Handhabung nötig
3D-Druck (Kunststoff/Harz)	Abhängig vom Drucker, oft mittel	Sehr gut (digitale Modellierung, präzise Ergebnisse)	Komplexe Geometrien realisierbar, wiederholbar, Digitalisierung möglich	Investition in 3D-Daten/Drucker, Kenntnisse in 3D-Software nötig

Nach der Fertigstellung des ersten Prototyps steht eine kritische Analyse im Vordergrund.

Designerinnen prüfen zunächst, ob Form, Funktionalität und Ästhetik des Schmuckstücks harmonieren. Dabei ist es wichtig, sowohl die technische Umsetzbarkeit als auch den visuellen Eindruck zu beurteilen. Häufig werden bei dieser Überprüfung kleine Schwächen oder Verbesserungsmöglichkeiten erkannt, was zu weiteren Anpassungen führt. Der Idealfall ist ein iterativer Prozess: Nach jeder Anpassung folgt eine erneute Bewertung, bis alle Ansprüche erfüllt sind. Dieser gründliche Zyklus aus Testen, Optimieren und Bewerten ist entscheidend für ein überzeugendes und marktreifes Endprodukt.

Gut zu wissen

Bereits während des Prototypenbaus empfiehlt es sich, die wichtigsten Fertigungstechniken wie Löten, Biegen, das Fassen von Steinen und verschiedene Oberflächenbehandlungen praktisch zu erproben. Durch das gezielte Testen dieser Methoden kann frühzeitig festgestellt werden, ob das gewählte Design technisch umsetzbar ist und wo eventuell Schwierigkeiten auftreten könnten. Gleichzeitig ermöglicht das Ausprobieren der Fertigungsverfahren eine realistische Einschätzung des zeitlichen und materiellen Aufwands. Diese Erfahrungen helfen, potenzielle Probleme in der Produktion zu identifizieren und geben zudem einen zuverlässigen Anhaltspunkt für die spätere Kalkulation der Herstellungskosten des Schmuckstücks.

Warnung

Während der Prototypenerstellung treten häufig Fehler zutage, die auf dem Papier oder in frühen Entwurfsskizzen noch nicht erkennbar waren. Besonders Tragekomfort, Stabilität und Haltbarkeit sind zentrale Aspekte, die gründlich überprüft werden sollten. Erst im Praxistest zeigt sich, ob das Schmuckstück angenehm zu tragen ist, genug Widerstandskraft besitzt und langfristig den Belastungen des Alltags standhält. Diese Sorgfalt zahlt sich aus, denn so können spätere Reklamationen durch Kundinnen minimiert oder ganz vermieden werden. Eine genaue Kontrolle im Prototypenstadium ist daher essentiell für ein hochwertiges Endprodukt.

Tipp

Um den Prozess der Prototypenerstellung effizient und kreativ zu gestalten, gibt es eine Reihe hilfreicher Werkzeuge und Techniken, die Designerinnen unterstützen.

- Knetwachs und Modelliermasse: Diese Materialien ermöglichen schnelle, flexible Modellentwürfe, um Formen und Proportionen realistisch zu überprüfen.
- Feinsäge, Feilen und kleine Handwerkzeuge: Sie sind unentbehrlich, um Modellprototypen präzise nachzuarbeiten und Details herauszuarbeiten.
- 3D-Modellierungssoftware und 3D-Drucker: Digitale Tools eröffnen komplexe Gestaltungsmöglichkeiten und erlauben ein schnelles Erstellen und Anpassen von Prototypen.
- Silikonformen und Gusstechniken: Mit ihnen lassen sich einmal entworfene Modelle einfach vervielfältigen oder für serienmäßige Tests vorbereiten.

Die Entwicklung von der handwerklichen Prototypenerstellung hin zur digitalen Fertigung bietet Schmuckdesignerinnen ganz neue kreative und technische Möglichkeiten. Mit moderner 3D-Modellierungssoftware lassen sich auch ausgefallene und komplexe Formen präzise entwerfen und virtuell testen. Der 3D-Druck ermöglicht es zudem, Prototypen schnell und kostengünstig aus Kunststoff oder sogar Metall zu fertigen. Dies spart Zeit und Ressourcen im Entwicklungsprozess und macht es leichter, mehrere Varianten eines Designs zu realisieren. Gerade bei innovativen

Schmuckstücken erweitert die digitale Prototypenerstellung die gestalterischen Horizonte erheblich und beschleunigt die Marktreife.

Testen Sie Ihr Wissen mit einem Quiz.

Scannen Sie diesen QR-Code

Praktische Übungen

1

Beschreiben Sie ausgehend von einer eigenen Schmuckidee das ideale Material sowie die passende Herstellungstechnik für den Prototypen. Begründen Sie Ihre Auswahl im Hinblick auf Bearbeitbarkeit, Kosten und gewünschte Form. Gehen Sie dabei auch darauf ein, welche Fehlerquellen und Optimierungsmöglichkeiten Sie bei Ihrem Designprozess erwarten.

Sie wählen beispielsweise einen filigranen Fingerring mit floralen Elementen. Dafür empfiehlt sich Wachsknetmasse als Ausgangsmaterial, da Wachs sehr leicht bearbeitbar und günstig ist. Der Ring kann zunächst grob geformt und anschließend mit Feinsäge und Feile präzise ausgearbeitet werden. Vorteil: Änderungen sind einfach umzusetzen, der Prototyp kann mehrfach abgeändert werden. Fehlerquellen können zu dünne Stellen (Bruchgefahr) oder unsaubere Details sein – diese werden im Prototypen-Stadium erkannt und angepasst. Anschließend kann das Modell für die spätere Serienfertigung digitalisiert oder als Gussvorlage verwendet werden.

2

Nennen Sie mindestens drei moderne Technologien, die im Schmuckdesign-Prozess verwendet werden, und erklären Sie an einem Beispiel, wie Sie diese in einem eigenen Designprojekt kombinieren würden. Erläutern Sie dabei Schritt für Schritt, wie der Ablauf von der Idee bis zum fertigen Schmuckstück aussieht.

Beispiel: CAD-Software, 3D-Druck und Lasergravur. Sie skizzieren zunächst Ihr Design auf Papier, scannen die Skizze ein und modellieren sie in einer CAD-Software (z. B. Rhino). Anschließend drucken Sie das Design mit einem 3D-Drucker (Wachsmodell) aus. Danach wird dieses Modell im Wachsausschmelzverfahren in Silber gegossen. Nach dem Guss wird das Stück poliert und zum Schluss mit einer Lasergravur (z. B. Initialen) personalisiert. So vereinen Sie digitale Entwurfsarbeit, rapid prototyping und moderne Personalisierungstechniken.

3

Erklären Sie den Unterschied zwischen traditionellen und modernen Herstellungsmethoden im Schmuckbereich anhand des Beispiels "Sägen einer komplexen Form". Welche Vor- und

Nachteile ergeben sich für Sie als Schmuckdesigner/in?

Traditionell würde man eine komplexe Form (z. B. ein filigranes Ornament) mit einer Feinsäge per Hand aussägen. Vorteil ist die hohe künstlerische Kontrolle und die Möglichkeit, individuell auf das Material zu reagieren. Nachteil ist der hohe Zeitaufwand und die Schwierigkeit, exakt wiederholbare Ergebnisse zu erzielen. Mit modernen Methoden wie dem Laserschneiden kann das gleiche Ornament digital entworfen und in kurzer Zeit mehrfach präzise ausgeschnitten werden. Vorteil: Präzision, Geschwindigkeit, Serienproduktion. Nachteil: Weniger handwerklicher Unikatcharakter, Anschaffungskosten für Technik. Fazit: Je nach Design und Anspruch ist die Wahl situationsabhängig.

4

Sie möchten einen Ring mit eingefasstem Edelstein entwerfen. Beschreiben Sie detailliert, worauf Sie bei der Wahl der Fassung achten müssen, welche Einfassungsarten existieren und wie sich diese auf die Ästhetik und Haltbarkeit des Schmuckstücks auswirken. Geben Sie Empfehlungen für unterschiedliche Edelsteinformen.

Hauptkriterien für die Fassung sind Größe, Schliff und Härte des Steins sowie gewünschtes Design. Es gibt z. B. Zargenfassungen (komplett umlaufend), Krappenfassungen (nur wenige Greifer) und Pavéfassungen (mehrere kleine Steine dicht an dicht). Zargenfassungen schützen den Stein gut und sind für weiche Steine oder starken Beanspruchung zu empfehlen, wirken aber massiver. Krappenfassung eignet sich oft für brillante, runde Steine und betont die Optik des Steins, ist aber anfälliger für Herausrutschen. Pavé eignet sich für kleine Steine und glänzende Oberflächeneffekte. Empfehlenswert: Für runde Brillanten Krappenfassungen, für empfindliche Ovale eher Zargenfassung, für viele kleine Steine Pavé.

5

Entwickeln Sie ein Konzept für einen iterativen Prototypenprozess: Wie gehen Sie vor, um vom ersten Modell bis zum finalen Schmuckstück zu gelangen? Beschreiben Sie mindestens vier Schritte und erläutern Sie jeweils den Nutzen der einzelnen Phase.

1. 1. Schritt: Ideensammlung und Skizzieren. Ziel: Grundideen sichtbar machen, erste Formen und Konzepte festhalten. 2. Schritt: Modellbau mit günstigem Material (z. B. Wachs oder Ton), um Proportionen und Tragbarkeit zu testen. Nutzen: Fehler früh erkennen, unkomplizierte Änderungen. 3. Schritt: Optimierung und weitere Testmodelle (z. B. 3D-Druck oder Metallmodell). Ziel: Detaillierte Prüfung von Funktionalität / Stabilität. 4. Schritt: Bau des Endprototyps in Originalmaterial samt

abschließender Oberflächenbearbeitung und Fassen der Steine. Nutzen: Beurteilung unter realen Bedingungen – letzte Änderungen vor Serienfertigung möglich.

2

Teil 2: Entwicklung einer Marke

Kapitel : 5

Kapitel 5: Markenidentität schaffen

IN DIESEM KAPITEL:

- 1. Eine klare Zielgruppendefinition ist die Basis, um Designs, Marketing und Kommunikation zielgerichtet auf potenzielle Kund:innen abzustimmen und die Marke erfolgreich zu positionieren.

- 2. Der USP (Alleinstellungsmerkmal) macht die Schmuckmarke einzigartig, hebt sie von der Konkurrenz ab und stärkt die emotionale Bindung zur Zielgruppe.

- 3. Ein durchdachtes Logodesign und konsistentes Branding sorgen für einen hohen Wiedererkennungswert und unterstreichen die Persönlichkeit der Marke auf allen Kanälen.

- 4. Die aktiven und authentischen Kommunikation der Markenwerte (wie Nachhaltigkeit, Handarbeit oder Fairness) macht die Marke glaubwürdig und baut Vertrauen bei Kund:innen auf.

- 5. Regelmäßige Überprüfung und Anpassung der Markenstrategie sowie Einbindung von Kundenfeedback helfen, die Marke langfristig an die Bedürfnisse des Marktes und der Zielgruppe anzupassen.

Zielgruppe definieren

Wichtig

Die Zielgruppendefinition ist der Ausgangspunkt beim Aufbau einer starken Markenidentität für Schmuckdesignerinnen. Sie legt fest, welche Kundinnen und Kunden mit den eigenen Produkten erreicht werden sollen, und bildet somit die Basis aller strategischen Entscheidungen. Je genauer die Zielgruppe gefasst ist, desto gezielter können Designs, Marketingmaßnahmen und Kommunikationsstrategien entwickelt werden. Es geht darum, die Bedürfnisse und Wünsche potenzieller Käuferinnen zu verstehen, um ein attraktives und überzeugendes Angebot zu schaffen. Eine klare Zielgruppe erleichtert es, die Marke unverwechselbar zu positionieren und sich erfolgreich im Schmuckmarkt zu etablieren.

Gut zu wissen

Um eine Zielgruppe präzise zu definieren, sollten verschiedene Kriterien berücksichtigt werden.

- Demografische Merkmale wie Alter, Geschlecht und Einkommen helfen, die potenziellen Kundinnen und Kunden einzugrenzen.
- Psychografische Aspekte wie Lebensstil, Werte und Interessen geben Aufschluss darüber, was die Zielgruppe anspricht.
- Das Kaufverhalten, etwa bevorzugte Einkaufskanäle, Preissensibilität und Markenloyalität, sollte analysiert werden, um passende Angebote zu entwickeln.

Eine klar definierte Zielgruppe ermöglicht es, Marketingaktivitäten gezielt und ressourcensparend auszurichten. Wenn bekannt ist, welche Menschen angesprochen werden sollen, lassen sich Werbebotschaften, Angebote und Kommunikationsmittel passgenau gestalten. Dadurch werden Streuverluste minimiert und das Budget effektiver genutzt. Zudem erleichtert es die Auswahl geeigneter Werbekanäle – zum Beispiel Social-Media-Plattformen, Fachzeitschriften oder Events, auf denen sich die Zielgruppe bevorzugt aufhält. Schmuckdesignerinnen können Inhalte, Sprache und Bildsprache exakt auf ihre Zielkundschaft abstimmen und so eine engere Bindung sowie mehr Aufmerksamkeit erzeugen. Dies steigert langfristig die Erfolgschancen der Marke.

In der Praxis

Profilname	Alter	Geschlecht	Lebensstil / Werte	Preisniveau	Bevorzugte Schmuckarten
Junge Trendsetterin	18–28	weiblich	Modebewusst, urban, social media-affin	niedrig – mittel	Modeschmuck, Statement-Ketten, Ohrstecker
Karriereorientierte Frau	29–45	weiblich	Berufstätig, selbstbewusst, hochwertig orientiert	mittel – hoch	Feiner Goldschmuck, Perlen, elegante Ringe
Nachhaltigkeitsbewusste/r Kunde/in	25–40	weiblich/männlich	Umweltbewusst, Wert auf Ethik und Herkunft der Materialien	mittel	Schmuck aus recycelten Materialien, Fair-Trade-Kollektionen
Luxus- und	35–60	weiblich/männlich	Exklusiver	hoch	Unikate,

Profilname	Alter	Geschlecht	Lebensstil / Werte	Preisniveau	Bevorzugte Schmuckarten
Designliebhaber/in			Lebensstil, Kunst- und Designfan, hohe Ansprüche		Designerstücke, Edelsteinschmuck
Geschenkekäufer/in	alle Altersgruppen	weiblich/männlich	Kauf zu besonderen Anlässen, Wert auf Symbolik	unterschiedlich	Anhänger, gravierte Ringe, Geburtssteinschmuck

Neben den grundlegenden demografischen Daten wie Alter, Geschlecht, Einkommen oder Bildungsgrad ist es unerlässlich, die Zielgruppe auch anhand psychografischer Merkmale zu analysieren. Hierzu zählen Werte, Interessen, persönliche Vorlieben, Lebensstil und Einstellungen potenzieller Kundinnen. Während demografische Informationen helfen, die grobe Richtung zu bestimmen, bieten psychografische Kriterien tiefere Einblicke in die Bedürfnisse, Wünsche und Kaufmotive der Zielgruppe. Durch das Zusammenspiel beider Aspekte wird es möglich, zielgerichtete Designs und Marketingbotschaften zu entwickeln, die nicht nur oberflächlich, sondern auch emotional die relevanten Kundinnen ansprechen und nachhaltig binden.

Tipp

Um die eigene Zielgruppe erfolgreich zu definieren, sollten sich Schmuckdesignerinnen folgende Fragen stellen:

- Welches Bedürfnis oder Problem möchte ich mit meinen Schmuckstücken für meine Kundinnen lösen?
- Welche Werte, Interessen oder Persönlichkeitsmerkmale zeichnen meine idealen Kundinnen und Kunden aus?
- Wo und wie erreicht meine Zielgruppe Informationen – bevorzugen sie Social Media, spezielle Events oder persönliche Empfehlungen?
- Wie hoch ist die Zahlungsbereitschaft meiner Zielgruppe – suchen sie nach exklusiven Unikaten oder eher nach modischen und erschwinglichen Accessoires?

Die klar definierte Zielgruppe ist entscheidend für die Auswahl der Designs, der verwendeten Materialien und die Preisgestaltung im Schmuckdesign. Wer etwa junge, trendbewusste Kundinnen ansprechen möchte, setzt auf moderne Trends, erschwingliche Materialien und ein faires Preisniveau. Eine Zielgruppe mit gehobenem Anspruch erwartet hingegen exklusive Designs und hochwertige Edelmetalle, was sich im Preis widerspiegelt. Die Kenntnis der Zielgruppe hilft, das Sortiment optimal auf deren Stil, Qualitätsanforderungen und Zahlungsbereitschaft abzustimmen. So kann die Schmuckdesignerin ein überzeugendes Angebot kreieren, das ihre Kundinnen wirklich begeistert und langfristig an die Marke bindet.

Gut zu wissen

Um sicherzustellen, dass die gewählte Zielgruppe tatsächlich zum eigenen Schmuckdesign passt, sollten regelmäßige Überprüfungen erfolgen. Dies kann durch Marktanalysen und Beobachtung aktueller Trends im Schmuckbereich geschehen. Darüber hinaus liefern Rückmeldungen von Kundinnen wertvolle Hinweise darauf, ob die angebotenen Produkte die Bedürfnisse und Erwartungen der Zielgruppe erfüllen. Auf Grundlage dieser Erkenntnisse kann das Sortiment angepasst oder erweitert werden. Eine laufende Evaluation der Zielgruppe unterstützt Schmuckdesignerinnen dabei, flexibel auf Veränderungen zu reagieren und dauerhaft erfolgreiche, kundenorientierte Kollektionen zu entwickeln.

USP entwickeln

USP entwickeln: Der Weg zur Einzigartigkeit in der Schmuckbranche

Einleitung: Was bedeutet USP?

Der Begriff USP steht für „Unique Selling Proposition" oder „Alleinstellungsmerkmal". Für eine Schmuckdesignerin ist die Entwicklung eines klaren USPs ein entscheidender Schritt auf dem Weg zum Erfolg. Nur wer sich von der Masse abhebt, wird in einer wettbewerbsintensiven Branche wie dem Schmuckdesign wahrgenommen und präferiert. In diesem Abschnitt lernen Sie alle Facetten des USP kennen – von der Bedeutung, über die Analyse Ihrer Alleinstellungsmerkmale, bis hin zur marktreifen Kommunikation Ihres USPs.

1. Warum ist ein USP im Schmuckdesign unverzichtbar?

Der Schmuckmarkt bietet eine breite Vielfalt an Produkten von klassischen Designs bis modernen Trends. Die zunehmende Globalisierung und Digitalisierung ermöglichen es Kundinnen, von überall auf der Welt Schmuck zu kaufen – oft zu sehr günstigen Preisen. Um sich in diesem Meer von Angeboten zu behaupten, reicht es längst nicht mehr aus, schlicht „schönen Schmuck" herzustellen. Ihr Angebot muss einen klaren Mehrwert bieten, der Ihre Zielgruppe emotional und funktional anspricht. Der USP fungiert dabei als Leuchtturm, an dem sich potenzielle Kundinnen orientieren und mit dem sie Ihre Marke identifizieren können.

2. Der USP als Kern Ihrer Markenidentität

Der USP beeinflusst sämtliche Aspekte Ihres Auftretens: vom Design und der Materialauswahl bis zu Ihrer Ansprache im Marketing und Vertrieb. Er ist das zentrale Versprechen, das Sie Ihrer Zielgruppe geben, und das, was Sie ganz klar von Mitbewerbern unterscheidet.

Ein starker USP bedeutet nicht nur, höhere Preise durchsetzen zu können, sondern erleichtert Ihnen auch das Branding, die Gestaltung Ihres Online-Auftritts sowie die Entwicklung starker Marketingbotschaften.

3. Die Analysephase: Was macht SIE als Schmuckdesignerin einzigartig?

Die Entwicklung Ihres USPs beginnt mit einer ehrlichen und gründlichen Analyse. Folgende Fragen sollten Sie sich stellen:

- Welche Werte verkörpere ich als Designerin?
- Habe ich eine besondere Technik, die ich anwende?
- Nutze ich ungewöhnliche Materialien oder Kombinationen?
- Gibt es eine besondere Geschichte hinter meiner Marke?

- Spreche ich eine spezielle Zielgruppe an (z.B. nachhaltigkeitsbewusste Käuferinnen, Design-Liebhaber, Menschen mit Allergien...)?
- Wofür werde ich von meinen bestehenden Kundinnen besonders geschätzt?

Viele Schmuckdesignerinnen erkennen ihren USP in der reflektierten Auseinandersetzung mit eigenen Stärken und Leidenschaften. Das kann zum Beispiel eine bestimmte Verarbeitungstechnik sein, eine starke Inspirationsquelle (z.B. ein kultureller Bezug), oder auch ethische Werte wie Nachhaltigkeit oder lokale Produktion.

4. USP-Entwicklung: Schritt für Schritt

Schritt 1: Zielgruppenanalyse

Bevor Sie Ihren USP formulieren, müssen Sie wissen, wen Sie ansprechen möchten. Gerade im Schmuckdesign gibt es unzählige Subkulturen und ästhetische Präferenzen. Wer sind Ihre Wunschkundinnen? Was bewegt sie? Was fehlt ihnen bei bestehenden Angeboten?

Schritt 2: Wettbewerbsanalyse

Untersuchen Sie, welchen USP Ihre Mitbewerber kommunizieren. Suchen Sie online nach ähnlichen Schmuckmarken und analysieren Sie deren Positionierung.

- Gibt es Nischen, die wenig besetzt sind?
- Welche Bedürfnisse werden (noch) nicht erfüllt?
- Wie könnten Sie bestehende Lösungen anders oder besser anbieten?

Schritt 3: Eigene Stärken und Fähigkeiten analysieren

Listen Sie Ihre Qualifikationen, Stilpräferenzen, technische Fähigkeiten und Leidenschaften auf. Finden Sie ein Thema, das sich wie ein roter Faden durch Ihre bisherigen Arbeiten zieht. Das kann ein visueller Stil, ein Material oder eine Verarbeitungsweise sein.

Schritt 4: USP-Formulierung

Gießen Sie Ihre Erkenntnisse in einen klaren, einprägsamen Satz. Ihr USP sollte spezifisch, glaubwürdig und relevant für Ihre Zielgruppe sein. Beispiele:

- "Ich entwerfe filigranen Schmuck aus recyceltem Silber für umweltbewusste Minimalistinnen."
- "Handgefertigte Statement-Stücke, inspiriert von der Natur, gefertigt aus fair gehandelten Edelsteinen."
- "Persönlicher Schmuck mit individueller Gravur für Menschen, die Erinnerungen am Herzen tragen."

5. USP-Ziele: Differenzierung und emotionale Bindung

Der USP ist viel mehr als nur eine rationale Unterscheidung vom Wettbewerb. Er ist das emotionale Band, das Ihre Kundinnen mit Ihrer Marke verbinden. Setzen Sie auf eine Kombination aus:

- **Produktmerkmalsdifferenzierung:** Einzigartiges Design, besondere Materialien oder Verarbeitung.
- **Soziale Differenzierung:** Einbindung sozialer oder ökologischer Werte.

- **Storytelling:** Erzählen Sie eine authentische Geschichte, die Ihre Kollektionen miteinander verbindet.

- **Kundenerlebnis:** Exklusiver Service, individualisierbare Angebote, Beratung auf Augenhöhe.

6. Beispiele erfolgreicher USPs im Schmuckdesign

Um zu verdeutlichen, wie ein USP in der Praxis aussehen kann, im Folgenden einige Beispiele bekannter Schmuckdesignerinnen und -marken:

Vieri (Deutschland): USP – „Luxuriöser Schmuck mit Verantwortung“: Handgefertigte Stücke aus 18-karätigem recyceltem Gold, vielfach sozial engagiert.

A Beautiful Story (Niederlande): USP – „Schmuck, der Geschichten erzählt“: Jedes Stück wird in Nepal handgefertigt und trägt eine Bedeutung, z.B. durch Symbole oder Edelsteine mit individueller Botschaft.

Wempe (Deutschland): USP – „Qualität und Tradition seit 1878“: Fokus auf handgefertigte, hochwertige Schmuckstücke mit langer Tradition.

Anna Inspiring Jewellery (Österreich): USP – „Make it personal“: Vielseitig personalisierbare Armbänder und Ketten.

Diese USPs helfen den Kundinnen sofort, die jeweilige Marke einzuordnen und sich damit emotional zu verbinden.

7. Die kreative Umsetzung Ihres USPs im Schmuckdesign

Der USP wirkt sich unmittelbar auf alle kreativen Prozesse aus.

- **Designauswahl:** Ihre Entwürfe folgen einer klaren Linie, die Ihren USP spürbar macht.

- **Materialsourcing:** Die Wahl der Materialien reflektiert Ihre Markenbotschaft (z.B. Nachhaltigkeit vs. Luxus).

- **Kollektionen:** Ihre Kollektionen erzählen eine Geschichte – passend zum USP.

8. Kommunikation und Sichtbarmachen des USPs

Ein USP nutzt nur dann, wenn er konsequent kommuniziert wird. Dies sollte in allen Kanälen geschehen:

- **Website:** Platzieren Sie Ihren USP prominent auf der Startseite und in den „Über mich“-Informationen.

- **Social Media:** Erzählen Sie fortlaufend Geschichten, die Ihren USP stützen.

- **Verkaufsunterlagen:** Heben Sie Ihr Alleinstellungsmerkmal auf Flyern, in Präsentationen und bei Kooperationsanfragen hervor.

- **In-Store-Experience / Messestände:** Auch die Ladeneinrichtung sollte Ihren USP widerspiegeln, z.B. durch nachhaltiges Interieur.

9. USP-Test: Kundenfeedback einholen und weiterentwickeln

Ihr USP ist kein starres Konstrukt, sondern darf mit Ihrer Marke wachsen. Holen Sie regelmäßig Feedback ein (z.B. durch Umfragen oder persönliche Gespräche) und evaluieren Sie, ob Ihr USP beim Publikum ankommt und verstanden wird. Bleiben Sie offen für Anpassungen – insbesondere dann, wenn sich Markt oder Zielgruppe verändern.

10. Fallstricke bei der USP-Entwicklung

- **Zu allgemein bleiben:** Vermeiden Sie generische Aussagen wie „hochwertig" oder „handgemacht", die keine Differenzierung ermöglichen.
- **Unrealistische Versprechen:** Ihr USP muss authentisch sein und von Ihnen eingelöst werden können.
- **Gleichzeitig zu viele Merkmale bespielen:** Konzentrieren Sie sich auf EIN klares Alleinstellungsmerkmal, statt beliebig viele Punkte aufzuführen.

11. USP und Zukunftstrends – mit Weitblick differenzieren

Die Schmuckbranche entwickelt sich weiter. Nachhaltigkeit, Individualisierung und technologische Innovationen (wie 3D-Druck) gewinnen an Bedeutung. Versuchen Sie, zukunftsweisende Entwicklungen in Ihren USP einzubauen, ohne dabei Ihre Authentizität zu verlieren.

Zusammenfassung

Die Entwicklung eines USPs gehört zu den wichtigsten Aufgaben auf dem Weg zur erfolgreichen Schmuckdesignerin. Nutzen Sie Ihr Alleinstellungsmerkmal als Kompass für Ihr Design, Ihre Kommunikation und Ihre weiteren unternehmerischen Entscheidungen. Nur so hinterlassen Sie einen bleibenden Eindruck, gewinnen die Herzen Ihrer Zielgruppe – und wachsen zu einer unverwechselbaren Marke heran.

Logodesign und Branding

Einführung

Das Kapitel „Logodesign und Branding" ist ein Schlüsselaspekt der Markenidentität für Schmuckdesignerinnen. Ein starkes Branding hilft, sich am Markt hervorzuheben und eine Wiedererkennbarkeit bei der Zielgruppe zu erzeugen. Im Zentrum jeder Markenidentität stehen das Logo und die damit verbundenen visuellen sowie emotionalen Elemente. In diesem Abschnitt erfährst du Schritt für Schritt, wie du ein wirkungsvolles Logo entwirfst, welches Branding umfasst und wie beides perfekt zusammenspielt, um deine Marke als Schmuckdesignerin zu stärken.

1. Was ist Branding?

Branding bezeichnet den Prozess, das Image einer Marke aktiv zu gestalten und emotional aufzuladen. Es umfasst alle Maßnahmen, die dazu beitragen, wie deine Marke von außen wahrgenommen wird – von der Namensgebung, dem Logo, den Farben und Schriften, bis hin zur Tonalität und zur Markenbotschaft. Branding ist weit mehr als nur Optik – es überträgt Werte, Vision,

Stil und hebt deine Schmuckdesign-Marke von der Konkurrenz ab.

2. Warum ist Branding für Schmuckdesigner wichtig?

Im Schmuckbereich spielt Emotionalität eine tragende Rolle – viele Kund:innen verbinden mit Schmuck bestimmte Gefühle, Erinnerungen oder Status. Ein einzigartiges Branding sorgt dafür, dass du einen bleibenden Eindruck hinterlässt. So werden aus Erstkäufer:innen loyale Fans deiner Kollektion. Außerdem macht ein gutes Branding deine Produkte leichter identifizierbar und verbessert die Chancen auf eine langfristige Positionierung am Markt.

3. Das Fundament des Brandings: Die Markengeschichte

Bevor du ein Logo entwirfst, solltest du definieren, wofür deine Marke steht. Überlege dir:

- Was ist meine Vision und Mission als Schmuckdesignerin?
- Welche Werte verkörpere ich?
- Wer ist meine Zielgruppe (Alter, Stil, Interessen)?
- Was unterscheidet meine Marke von anderen?

Diese Antworten werden das Fundament jeder Branding-Entscheidung sein und später das Design deines Logos effektiv beeinflussen.

4. Das perfekte Logo: Funktion und Eigenschaften

Das Logo ist das visuelle Herzstück deiner Marke. Es sollte:

- Einfach und einprägsam sein
- Selbst im Kleinformat erkennbar bleiben (z. B. auf Schmuckstücken, Verpackungen, Social Media Profilen)
- Zeitlos wirken, aber dennoch modern sein
- Die Persönlichkeit der Marke widerspiegeln (z. B. elegant, wild, verspielt, luxuriös, minimalistisch)

4.1. Arten von Logos

Es gibt verschiedene Logo-Typen, die sich für Schmuckdesignerinnen anbieten:

- **Wortmarke** (z. B. in stilisierter Schrift): Perfekt, wenn dein Name oder ein bestimmtes Wort im Fokus stehen soll.
- **Bildmarke** (ein Symbol oder Icon): Besonders wirkungsvoll bei kleinen Darstellungen.
- **Kombinationsmarke** (Text und Bild): Flexibel einsetzbar.

4.2. Farb- und Schriftwahl

Die Farbwahl ist essenziell. Sie beeinflusst, welche Emotionen deine Marke hervorruft:

- **Gold, Silber, Schwarz:** für Luxus und Exklusivität
- **Pastelltöne:** für Zartheit und Weiblichkeit
- **Kräftige Farben:** für Modernität oder Individualität
  Die Schrift richtet sich ebenfalls nach deiner Markenaussage. Eine verschnörkelte Schrift wirkt feminin und kreativ, eine klare, serifenlose Schrift modern und professionell.

4.3. Einzigartigkeit sicherstellen

Recherchiere, welche Logos es bereits auf dem Markt gibt – besonders im Schmuckbereich. Dein Logo sollte sich klar von Konkurrenzmarken abheben. Nutze Skizzen und Brainstorming, um kreative Ansätze zu finden.

5. Der Prozess des Logo-Designs

5.1. Inspirationsquellen nutzen

Hol dir Inspiration aus Modezeitschriften, Kunst, Architektur, Natur oder sogar der Geschichte des Schmucks. Sammle Moodboards bei Pinterest oder in physischen Collagen.

5.2. Skizzieren und Konzepte entwickeln

Starte mit schnellen Bleistiftskizzen, um Ideen zu testen. Versuche verschiedene Layouts, Symbole und Schriftzüge.

5.3. Auf Feedback setzen

Zeige Entwürfe Freunden, potentiellen Kund:innen oder in Designer-Communities. Feedback hilft, Schwachstellen zu erkennen und das Logo zu optimieren.

5.4. Digitale Umsetzung

Übertrage das favorisierte Design in ein Grafikprogramm (z. B. Adobe Illustrator, Canva, Affinity Designer). Teste verschiedene Größen, Hintergründe und Farbkombinationen.

5.5. Anwendungsbeispiele gestalten

Visualisiere das Logo auf Visitenkarten, Verpackungen, Schmuck-Etiketten, Websites und Social-Media-Profilen. Es muss überall funktionieren!

6. Branding goes beyond Logo: Einheitliches Erscheinungsbild

Branding umfasst mehr als nur das Logo. Entscheidend ist ein durchgängiges Designkonzept;

6.1. Farbpalette definieren

Erstelle 3–5 Hauptfarben und einige Akzentfarben, die in allen Markenelementen verwendet werden.

6.2. Schriftarten festlegen

Verwende maximal 2–3 Schriftarten, um ein stimmiges Bild auf allen Kommunikationsmitteln sicherzustellen.

6.3. Bildsprache entwickeln

Überlege dir, wie deine Fotos und Visuals wirken sollen: Hell und klar? Künstlerisch und verspielt? Entwickle einen eigenen Bildstil, um deine Marke konsequent zu präsentieren.

6.4. Gestaltung von Geschäftspapieren

Deine Visitenkarten, Rechnungsvorlagen, Verpackungen und Geschenkboxen sollten alle aufeinander abgestimmt sein – so entsteht ein unverwechselbarer Wiedererkennungswert.

7. Die Markenbotschaft – Deine Stimme

Neben dem visuellen Auftritt ist die Tonalität deiner Marke wichtig:

- Wie sprichst du auf deiner Website oder in sozialen Medien?
- Wählst du einen informellen, freundlichen, exklusiven oder seriösen Ton?
  Deine Markenstimme sollte zu deiner Zielgruppe passen und Authentizität vermitteln.

8. Storytelling als Teil des Brandings

Geschichten rund um deine Person und deine Schmuckstücke schaffen Bindung. Zeige etwa, wie du entwirfst, welche Inspirationen dich prägen oder welche Werte deinen Herstellungsprozess begleiten (z. B. Nachhaltigkeit, Handarbeit).

9. Konsistenz auf allen Kanälen

Präsentiere dich auf allen Plattformen konsistent – vom Instagram-Account über deine Website bis hin zum Packaging. Wiedererkennbarkeit ist essenziell!

10. Rebranding: Wann und Warum?

Dein Branding sollte regelmäßig überprüft werden. Wächst deine Marke oder ändert sich deine Zielgruppe, kann ein sanftes Rebranding notwendig sein. Achte aber darauf, deine Stammkundschaft nicht zu verlieren, indem du zu abrupt wechselst.

11. Professionelle Unterstützung – ja oder nein?

Je nach Budget kannst du mit kostenlosen Online-Tools arbeiten oder professionellen Designern beauftragen. Gerade am Anfang können auch Designwettbewerbe oder spezialisierte Plattformen hilfreich sein.

12. Rechtliche Aspekte

Überprüfe, ob dein Logo einzigartig ist, und schütze es eventuell als Marke. Recherche beim Deutschen Patent- und Markenamt (DPMA) oder einem Patentanwalt ist ratsam.

13. Praxisbeispiele von erfolgreichen Schmuckmarken

Schau dir Beispiele großer und kleiner Schmucklabels an: Wie ist deren Logo gestaltet? Wie setzen sie Farben und Typografie ein? Was hebt ihre Marke ab? Lerne von Best Practices!

Fazit

Ein durchdachtes Logo und ein konsistentes Branding sind die Basis für den nachhaltigen Erfolg als Schmuckdesignerin. Nimm dir ausreichend Zeit für die Entwicklung, hole Feedback ein, passe gegebenenfalls an und bleibe deiner Linie treu. Mit einem starken visuellen und emotionalen Markenauftritt stellst du die Weichen für eine erfolgreiche Zukunft in der Schmuckbranche.

Markenwerte kommunizieren

Einleitung

Die Markenwerte sind das Fundament jeder erfolgreichen Schmuckmarke. Sie geben Ihrer Marke einen Charakter, definieren, wofür Sie stehen, und unterscheiden Sie vom Wettbewerb. Doch nur Werte zu definieren reicht nicht aus – sie müssen aktiv nach innen und außen kommuniziert werden, um beim Kunden echte Resonanz zu erzeugen. In diesem Kapitel erfahren Sie, wie Sie als Schmuckdesignerin Ihre Markenwerte entdecken, formulieren und gezielt kommunizieren können, sodass Ihre Zielgruppe sich mit Ihrer Marke identifiziert, loyal bleibt und begeistert Ihre Schmuckstücke weiterempfiehlt.

---

1. Was sind Markenwerte?

Markenwerte sind die grundlegenden Prinzipien, die einem Unternehmen oder einer Marke zugrunde liegen. Sie beinhalten ethische Vorstellungen, ästhetische Ansprüche, den Umgang mit Kunden und Geschäftspartnern oder den Umgang mit Ressourcen. Für Schmuckdesignerinnen können Markenwerte beispielsweise „Handwerkskunst", „Nachhaltigkeit", „Innovation", „Zeitlosigkeit", „Einzigartigkeit" oder „Fairness" sein.

Beispiel:
Eine Marke wie „BrilliantNature" könnte Nachhaltigkeit und Fairness als Kernmarkenwerte definieren. Jedes Schmuckstück wird aus recycelten Edelmetallen gefertigt und die Lieferkette ist transparent und ethisch vertretbar gestaltet.

---

2. Die passenden Markenwerte finden

Um glaubwürdige Werte zu kommunizieren, müssen Sie diese gezielt erarbeiten. Fragen Sie sich:

- Was motiviert Sie, Schmuck zu designen?
- Welche Aspekte der Zusammenarbeit und Fertigung sind Ihnen wichtig?
- Für welche Themen und Überzeugungen möchten Sie stehen?
- Wie möchten Sie von Ihren Kunden wahrgenommen werden?

Praxis-Tipp:
Erstellen Sie eine kurze Liste von Eigenschaften, die Ihre künftige Marke prägen sollen – maximal fünf, denn Klarheit bei der Kommunikation ist wichtiger als Quantität. Testen Sie diese Werte im Austausch mit Freunden und ersten Kunden: Womit identifizieren sie sich am meisten?

---

3. Die Markenwerte in Worte fassen – das Markenleitbild

Durch ein Markenleitbild bündeln Sie die wichtigsten Werte und schaffen damit einen internen und externen Kompass. Ein Markenleitbild sollte prägnant und inspirierend sein. Es beantwortet u.a. die Fragen:

- Wofür steht die Marke?
- Was macht sie einzigartig?
- Wie sollen Kunden sich beim Kontakt fühlen?

Muster für ein Markenleitbild:
„Unsere Schmuckstücke werden in höchster Handwerkskunst aus nachhaltigen Materialien gefertigt. Wir stehen für ehrliche Eleganz, Transparenz im Ursprung und die Leidenschaft für zeitloses Design.“

---

4. Externe Markenkommunikation – Ihre Werte sichtbar machen

A. Corporate Design und visuelle Identität

Die Markenwerte spiegeln sich wider im Logo, den Farben, dem Verpackungsdesign und dem Storytelling auf Ihrer Webseite und Ihren Social-Media-Kanälen. Wer z.B. Wert auf Natürlichkeit legt, sollte erdige Farben, nachhaltige Verpackungsmaterialien und ehrliche, authentische Produktfotos nutzen. Innovation lässt sich durch moderne, reduzierte Ästhetik und ausgefallene Designelemente unterstreichen.

B. Sprache und Tonalität

Ihre Werte sollten in allen Texten spürbar sein: Website-Texte, Produktbeschreibungen, E-Mails, Social-Media-Beiträge und Pressemitteilungen. Ist „Handarbeit“ Ihr Kernwert, beschreiben Sie, wie jedes Schmuckstück entsteht. Bei „Fairness“ betonen Sie, wie und wo Sie Materialien beziehen und wie Sie mit Partnern umgehen.

C. Storytelling

Hinter jeder Marke steckt eine Geschichte. Erzählen Sie Ihre – wie hat alles begonnen, wofür begeistern Sie sich, welche Herausforderungen gab es? Durch authentisches Storytelling bieten Sie Identifikationspunkte. Kunden lieben es, wenn eine Marke lebt und echte Menschen hinter ihr stehen.

D. Kundenkommunikation

Reagieren Sie prompt, freundlich und verbindlich auf Anfragen. Betonen Sie in FAQs, E-Mails und persönlichen Beratungsgesprächen, welche Werte Ihr Handeln beeinflussen. Ein Beispiel: Versand erfolgt in recycelten Verpackungen, weil Sie nachhaltigen Konsum ermöglichen wollen.

E. Transparenz

Zeigen Sie Einblicke in Ihre Werkstatt, stellen Sie Partner und Zulieferer vor, erklären Sie, warum Sie bestimmte Edelsteine nicht verwenden. Transparenz schafft Vertrauen – einer der wichtigsten Werte für eine nachhaltige Markenbindung.

---

5. Interne Kommunikation – Team und Partner für Markenwerte begeistern

Nicht nur Kunden, auch Mitarbeiter, Freelancer oder Vertriebspartner sollten Ihre Markenwerte kennen, teilen und mittragen. Binden Sie Ihre Werte in jede Stellenanzeige, ins Onboarding neuer Teammitglieder und in regelmäßige Team-Meetings ein. So entsteht gelebte Unternehmenskultur, die nach außen abstrahlt.

---

6. Beispiele aus der Schmuckbranche

- **Pandora:** Starke Werte wie Individualität und Kreativität. Kommunikation der Werte in Werbeslogans, Schmuckdesigns, emotionalen Storytelling-Kampagnen.
- **Vieri:** Fokus auf Transparenz und ethischen Edelsteinhandel, ausführliche Informationen auf der Homepage über Herkunft und Verarbeitung.

---

7. Herausforderungen bei der Wertekommunikation

- **Glaubwürdigkeit:** Nur Marken, die ihre Werte leben, werden ernst genommen. Social Washing wird schnell durchschaut! Halten Sie, was Sie versprechen.
- **Konsistenz:** Kommunizieren Sie Ihre Werte auf allen Kanälen ähnlich – das schafft Wiedererkennung.
- **Flexibilität:** Markenwerte können sich weiterentwickeln, etwa wenn neue Trends oder gesellschaftliche Erwartungen relevant werden. Kommunikation muss also regelmäßig reflektiert, überprüft und ggf. angepasst werden.

---

8. Messbarkeit: Wie erkennt man, dass Markenwerte ankommen?

- Kundenzuschriften und Feedback (z.B. Lob für nachhaltige Verpackung)
- Presseveröffentlichungen und Branchenpreise
- Social-Media-Interaktionen und Shares
- Wiederholungskäufe und Loyalität

---

9. Praktische Übungen

A. Markenwerte-Workshop

Halten Sie mit Freunden, Kollegen oder ersten Kunden einen Workshop ab. Diskutieren Sie, welche Werte sie Ihrer Marke zuschreiben würden. Die Außenperspektive hilft, blinde Flecken aufzudecken.

B. Brand Audit

Überprüfen Sie Ihre bestehenden Kommunikationsmittel: Wird überall derselbe Markenton getroffen? Gibt es Widersprüche zwischen Ihrem Anspruch und Ihrer Außendarstellung?

C. Kommunikationsplan erstellen

Legen Sie fest, wie und wo Sie Ihre Werte kommunizieren – z.B. jede Woche ein Instagram-Post zu Ihrem Wertestatement, Blogbeiträge zu nachhaltigen Herstellungsmethoden usw.

10. Fazit

Markenwerte sind keine Marketingfloskeln, sondern der Kompass für Ihre gesamte Schmuckmarke. Sie beeinflussen nicht nur, was und wie Sie gestalten, sondern wie Sie von Ihren Kunden wahrgenommen und erinnert werden. Durch glaubwürdige, konsistente und authentische Kommunikation Ihrer Markenwerte schaffen Sie Vertrauen, Identifikation und langfristigen Erfolg. Gerade in der kreativen Branche des Schmuckdesigns, wo Emotionen, Persönlichkeit und Individualität im Vordergrund stehen, sind klar kommunizierte Markenwerte der Schlüssel, um sich von der Masse abzuheben und nachhaltige Kundenbeziehungen zu etablieren.

Testen Sie Ihr Wissen mit einem Quiz.

Scannen Sie diesen QR-Code

Praktische Übungen

1

Analysiere drei existierende Schmuckmarken deiner Wahl im Hinblick auf ihre Zielgruppen. Beschreibe für jede Marke, welche demografischen und psychografischen Merkmale besonders angesprochen werden und wie sich dies im Design und in der Kommunikation widerspiegelt. Fasse deine Erkenntnisse in einer übersichtlichen Tabelle zusammen.

Wähle drei bekannte Schmuckmarken aus, z.B. Swarovski, Pandora und Vieri. Untersuche jede Marke hinsichtlich: Alter der Zielgruppe, Geschlecht, Einkommen, Lebensstil, Werte/Interessen sowie bevorzugte Schmuckarten. Beobachte dazu Logos, Werbeanzeigen, Webseiten und Social-Media-Inhalte. Erstelle dann eine Tabelle (ähnlich der im Kapitel) mit Spalten für Markenname, demografische Merkmale, psychografische Merkmale, bevorzugte Schmuckarten und Besonderheiten im Branding. Ein Beispiel: Pandora spricht junge Frauen (18–35), modisch orientiert, mittleres Einkommen, an. Ihr Design ist personalisierbar, das Branding emotional, Farben sind zart. Schließe die Analyse mit einer kurzen Reflexion, was man daraus für das eigene Business lernen kann.

2

Formuliere für deine eigene Schmuckmarke einen klaren, einzigartigen USP (Unique Selling Proposition). Beginne mit einer Analyse deiner Stärken, deines Designs, deiner Zielgruppe und der Marktposition deiner Mitbewerberinnen. Schreibe deinen USP als einen prägnanten Satz auf.

Analysiere, was dich als Schmuckdesignerin einzigartig macht: Hast du ein spezielles Material, eine besondere handwerkliche Technik, ein nachhaltiges Konzept oder sprichst du eine bestimmte Nische an? Sieh auf die Mitbewerberinnen: Was bieten sie an, was kannst du anders oder besser machen? Bestimme deine Zielgruppe anhand der erwähnten Kriterien (Alter, Werte, Stil). Schreibe danach einen markanten USP, z.B.: „Handgefertigte Schmuckstücke aus fair gehandeltem Gold, individuell für moderne, umweltbewusste Frauen gestaltet." Der Satz soll spezifisch, glaubwürdig und für deine Zielgruppe relevant sein.

3

Gestalte ein Moodboard für das Branding deiner (fiktiven oder realen) Schmuckmarke. Sammle dabei Farben, Schriften, Bildideen und Schlüsselwörter, die zu deinen Markenwerten passen. Erkläre schriftlich, warum du diese Elemente ausgewählt hast und wie sie deinen Markenkern widerspiegeln.

Wähle z.B. vier bis fünf Hauptfarben (Begründung: Gold steht für Luxus, Grün für Nachhaltigkeit etc.), eine oder zwei Schrifttypen (z.B. eine elegante Serifenschrift für Tradition), typische Motive (z.B. Blattmuster für Naturverbundenheit), sowie drei bis vier Schlag- oder Schlüsselwörter (wie 'einzigartig', 'pur', 'nachhaltig', 'verbindend'). Erkläre, wie diese Auswahl die Werte und den Ton deiner Marke ausdrückt – etwa: Das Farbklima wirkt hochwertig und beruhigend, die Bildsprache ist authentisch und handwerklich, die gewählte Schrift vermittelt Modernität und Klasse.

4

Überprüfe anhand einer Checkliste, ob die Markenwerte deiner Schmuckmarke in allen Kommunikationskanälen konsistent kommuniziert werden. Notiere fünf Kanäle (z. B. Website, Instagram, Produktverpackung, Newsletter, Verkaufsgespräch) und analysiere jeweils, wie klar dort deine Werte sichtbar und spürbar sind.

Stelle eine Tabelle mit fünf Spalten zusammen, eine für jeden Kommunikationskanal. Schreibe in jede Zeile, welche Markenwerte (z. B. Nachhaltigkeit, Handarbeit, Luxus) dort konkret wie kommuniziert werden (z. B. auf der Website: Nachhaltigkeit durch Blogbeiträge zum Material; auf der Verpackung: Recycling-Hinweis etc.). Identifiziere Schwachstellen – wo fehlt Klarheit oder gibt es Abweichungen? Entwickle für jeden Kanal Empfehlungen zur Verbesserung, z.B. auf Instagram: gezielt Postings zu nachhaltigen Produktionsschritten einplanen.

5

Führe einen fiktiven Markenwerte-Workshop durch: Lade dir gedanklich zwei Freund:innen ein, die deine Marke beschreiben sollen. Formuliere mind. fünf Eigenschaften, die sie deiner Schmuckmarke zuschreiben würden, und schreibe daraus ein kurzes, inspirierendes Markenleitbild.

Versetze dich in die Perspektive deiner Freunde. Welche Wörter assoziieren sie mit deiner Marke? (z.B. 'elegant', 'persönlich', 'nachhaltig', 'kreativ', 'edgy'). Prüfe, ob diese Eigenschaften zu deiner Markenvision passen. Formuliere daraus ein Markenleitbild, wie: "Unsere Kollektion vereint zeitlose Eleganz, kreative Handarbeit und kompromisslose Nachhaltigkeit. Jedes Schmuckstück erzählt eine persönliche Geschichte und unterstreicht die individuelle Persönlichkeit unserer Kundinnen." Begründe, warum du gerade diese Werte ausgewählt hast, und wie du sie im Alltag deiner Marke umsetzt.

Kapitel : 6

Kapitel 6: Online-Präsenz aufbauen

IN DIESEM KAPITEL:

- 1. Eine professionelle eigene Webseite ist das Fundament einer erfolgreichen Online-Präsenz und stärkt maßgeblich das Vertrauen in die Marke einer Schmuckdesignerin.
- 2. Social Media-Plattformen wie Instagram, Pinterest und Facebook sind essenziell, um Schmuck kunstvoll zu präsentieren, mit potenziellen Kund*innen zu interagieren und eine loyale Community aufzubauen.
- 3. Der Verkauf über E-Commerce-Plattformen wie Etsy, Amazon Handmade oder den eigenen Online-Shop eröffnet Zugang zu neuen Zielgruppen, verlangt jedoch sorgfältige Präsentation und professionelle Kundenkommunikation.
- 4. Suchmaschinenoptimierung (SEO), hochwertige Produktfotos und klare, emotionale Produktbeschreibungen erhöhen die Sichtbarkeit im Netz und erleichtern die Kaufentscheidung.
- 5. Online-Marketing-Strategien wie Social Ads, Influencer-Kooperationen und Newsletter helfen gezielt dabei, die Reichweite zu steigern sowie Kundenbeziehungen und Markenbekanntheit nachhaltig zu stärken.

Eigene Webseite erstellen

Wichtig

Eine eigene Webseite ist für jede Schmuckdesignerin heutzutage unverzichtbar. Sie fungiert als digitales Schaufenster und bietet die Möglichkeit, die eigenen Schmuckstücke wirkungsvoll zu präsentieren. Interessenten und potenzielle Kunden erhalten online einen ersten Eindruck von Stil, Kreativität und Professionalität. Darüber hinaus fungiert die Webseite als zentrale Informationsstelle: Kontaktmöglichkeiten, Öffnungszeiten, Neuigkeiten oder sogar ein integrierter Onlineshop können zentral eingebunden werden. Eine gelungene Webseite kann das Vertrauen in die Marke stärken, den Bekanntheitsgrad steigern und die Kundengewinnung maßgeblich unterstützen. Sie bildet somit das Fundament für eine erfolgreiche Online-Präsenz.

Eine eigene Webseite zu besitzen, bietet Schmuckdesignerinnen zahlreiche Vorteile und ist ein entscheidender Schritt auf dem Weg zum professionellen Auftritt.

- Professionelle Präsentation der eigenen Schmuckkollektionen rund um die Uhr.
- Unabhängigkeit von sozialen Medien und Plattformen: Die volle Kontrolle über Inhalte, Design und Darstellung.
- Direkte Kontaktmöglichkeit und bessere Kundenbindung durch eigene Kontaktformulare oder Newsletter.
- Erhöhung der Glaubwürdigkeit und Sichtbarkeit der eigenen Marke im Internet.

Gut zu wissen

Der erste Schritt zur eigenen Webseite ist die Wahl eines passenden Domainnamens. Idealerweise sollte die Webadresse den eigenen Namen oder den Markennamen enthalten, um den Wiedererkennungswert zu steigern. Ein kurzer und leicht zu merkender Domainname ist von Vorteil, da er Kunden im Gedächtnis bleibt und sich einfach kommunizieren lässt – beispielsweise auf Visitenkarten oder in sozialen Medien. Verzichte möglichst auf komplizierte Schreibweisen, Zahlen oder Sonderzeichen. Beim Domainkauf ist darauf zu achten, dass die gewünschte Adresse noch verfügbar ist. Tools wie domain.de oder checkdomain.de helfen dabei, freie Domains zu finden.

Tipp

Die Entscheidung für das richtige Website-Baukastensystem oder ein Content-Management-System (CMS) wie WordPress ist ein wichtiger Schritt beim Aufbau der eigenen Schmuckdesignerinnen-Webseite. Ein Baukasten wie Wix, Jimdo oder Squarespace ermöglicht eine schnelle und intuitive Gestaltung ohne Programmierkenntnisse. Wer mehr Flexibilität und individuelle Anpassungsmöglichkeiten wünscht, ist mit WordPress gut beraten – allerdings ist hier etwas mehr Einarbeitung nötig. Die spätere Pflege der Inhalte und die Erweiterung der Webseite werden maßgeblich durch die Plattform bestimmt. Überlege, welche Funktionen du langfristig brauchst, und wähle das System entsprechend aus.

System	Vorteile	Nachteile	Kosten
Wix	Intuitive Bedienung, viele Designvorlagen, keine Programmierkenntnisse nötig	Manche Features nur im teureren Tarif, weniger anpassbar als WordPress	ab ca. 10 €/Monat
Jimdo	Sehr einfacher Einstieg, speziell für	Eingeschränkte Designoptionen,	ab ca. 9 €/Monat

System	Vorteile	Nachteile	Kosten
	kleine Unternehmen geeignet, schnelle Einrichtung	weniger flexibel für fortgeschrittene Nutzer	
Squarespace	Schöne, moderne Templates, gute Bilddarstellung, integrierte Shop-Funktionen	Weniger deutschsprachiger Support, eingeschränkte Anpassungsmöglichkeiten	ab ca. 15 €/Monat
WordPress.org	Maximale Flexibilität, riesige Auswahl an Plugins/Themes, volle Kontrolle über Design und Funktionen	Erfordert Webhosting, technische Kenntnisse empfehlenswert, Wartungsaufwand	Hosting ab ca. 5 €/Monat (Software kostenlos)

Wichtig

Damit die eigene Webseite als Schmuckdesignerin professionell und ansprechend wirkt, sollten bestimmte Inhalte auf keinen Fall fehlen.

- Ein aussagekräftiges Portfolio mit hochwertigen Fotografien der eigenen Schmuckstücke, um das handwerkliche Können und die kreative Vielfalt zu zeigen.
- Eine persönliche Über-mich-Seite, die die Designerin sowie ihre Inspirationen und ihre Philosophie vorstellt – das schafft Vertrauen und Transparenz.
- Eine leicht auffindbare Kontaktmöglichkeit, idealerweise mit Kontaktformular oder E-Mail-Adresse, damit Interessenten und Kunden unkompliziert anfragen können.

In der Praxis

Professionelle Fotos deiner Schmuckstücke sind das Herzstück deiner Webseite. Sie präsentieren nicht nur deinen Stil und dein Können, sondern wirken auch verkaufsfördernd. Achte darauf, dass alle Bilder eine hohe Auflösung besitzen, gut ausgeleuchtet sind und einen neutralen, ruhigen Hintergrund haben. Ein einheitlicher Bildstil verleiht deinem Portfolio ein durchdachtes und professionelles Erscheinungsbild. Unterschiedliche Perspektiven – Nahaufnahmen sowie Bilder, auf denen die Stücke getragen werden – geben potenziellen Kunden einen umfassenden Eindruck. Überlege, ob du eine Fotografin engagierst oder dich selbst intensiv mit Schmuckfotografie beschäftigst, um deinem Anspruch gerecht zu werden.

Warnung

Vergiss auf keinen Fall, Impressum und Datenschutzerklärung auf deiner Webseite zu integrieren. In Deutschland ist dies gesetzlich vorgeschrieben: Ein Impressum muss Name, Anschrift und Kontaktmöglichkeiten enthalten, damit die Besucher wissen, an wen sie sich wenden können. Die Datenschutzerklärung informiert darüber, welche persönlichen Daten auf der Webseite erhoben und wie sie verwendet werden, besonders wichtig, wenn Kontaktformulare oder Tracking-Tools eingebunden sind. Nutze idealerweise aktuelle Generatoren, um beide Seiten rechtssicher zu gestalten. So vermeidest du teure Abmahnungen und gibst deinen Besuchern Transparenz und Vertrauen.

Eine benutzerfreundliche Navigation ist essenziell für den Erfolg deiner Webseite als Schmuckdesignerin. Sie sorgt dafür, dass Besucher schnell und unkompliziert die gewünschten Informationen finden – sei es dein Portfolio, Kontaktdaten oder den Onlineshop. Eine klare Menüstruktur mit aussagekräftigen Bezeichnungen und wenigen Hierarchieebenen steigert die Benutzerfreundlichkeit. Mit sichtbaren Buttons für wichtige Seiten wie „Kontakt“ oder „Shop“ leitest du

Interessenten gezielt weiter. Auch ein Suchfeld kann hilfreich sein. Überlade deine Navigation nicht mit zu vielen Menüpunkten – Übersichtlichkeit ist entscheidend und fördert letztlich mehr Interaktionen und Käufe.

Social Media Strategien

Wichtig

Social Media ist heute aus dem Alltag nicht mehr wegzudenken und spielt auch für Schmuckdesignerinnen eine zentrale Rolle. Über Plattformen wie Instagram, Facebook oder Pinterest eröffnet sich die Möglichkeit, die eigenen Kreationen einer großen und vielfältigen Zielgruppe zu präsentieren. Mit ansprechenden Bildern und spannenden Einblicken in den kreativen Prozess kann man potenzielle Kund*innen begeistern und direkt mit ihnen in Kontakt treten. Der Austausch in den sozialen Medien fördert zudem die Bindung zu den Followern und schafft Vertrauen in die Marke. Eine gezielte Social-Media-Präsenz ist dadurch unverzichtbar für den beruflichen Erfolg als Schmuckdesignerin.

Gut zu wissen

Die Wahl der richtigen Social-Media-Plattformen ist entscheidend, um als Schmuckdesignerin Reichweite zu gewinnen und die eigene Marke wirkungsvoll zu präsentieren:

- Instagram – Die visuelle Plattform eignet sich ideal, um hochwertige Fotos und kurze Videos der Schmuckstücke zu präsentieren sowie Einblicke in den Designprozess zu geben.
- Pinterest – Hier können inspirierende Moodboards, kreative Collagen sowie einzelne Designs geteilt werden und die Plattform bietet großes Potenzial für organische Reichweite, da Nutzer gezielt nach Schmucktrends suchen.
- Facebook – Ermöglicht nicht nur das Teilen von Produkten in Gruppen und auf eigenen Seiten, sondern auch den Aufbau einer Community und gezielte Werbekampagnen für ausgewählte Zielgruppen.

Die Auswahl der passenden Social-Media-Plattform richtet sich maßgeblich danach, wen Sie mit Ihrem Schmuck erreichen möchten und welche Ziele Sie verfolgen. Für visuelle Produkte wie Schmuck sind Plattformen wie Instagram besonders empfehlenswert: Hier stehen hochwertige Bilder und ästhetische Gestaltung im Vordergrund, sodass sich Ihre Kollektionen und Kreationen optimal in Szene setzen lassen. Gerade jüngere Zielgruppen lassen sich über Instagram oder auch Pinterest gut erreichen. Facebook eignet sich hingegen, wenn Sie lokale Kund*innen oder eine ältere Zielgruppe ansprechen möchten. Überlegen Sie daher genau, auf welchen Netzwerken Ihre Wunschkunden aktiv sind.

Wichtig

Konsistenz und Qualität sind im Social Media Marketing entscheidend: Posten Sie regelmäßig Beiträge, die Ihre Kreativität und Professionalität widerspiegeln. Präsentieren Sie neue Schmuckstücke in stimmungsvollen Bildern, gewähren Sie Einblicke in Ihren Arbeitsprozess oder zeigen Sie die Entstehung eines Designs Schritt für Schritt. Authentizität wirkt einladend und baut Vertrauen auf – nutzen Sie auch Videos, um Ihre Persönlichkeit und Ihr handwerkliches Können noch besser zu vermitteln. So entsteht nach und nach eine loyale Community, die Ihren Weg begleitet und sich immer wieder auf neue Inspirationen und exklusive Einblicke freut.

Tipp

Damit Ihre Social-Media-Präsenz wirklich überzeugt und Ihre Zielgruppe begeistert, sollten Sie auf bestimmte Gestaltungsprinzipien und Inhalte achten.

- Nutzen Sie hochwertige und ästhetisch ansprechende Fotos, um Ihren Schmuck ins beste Licht zu rücken.
- Teilen Sie regelmäßig Einblicke hinter die Kulissen, zum Beispiel von der Herstellung oder Inspiration für Ihre Designs.
- Setzen Sie auf abwechslungsreiche Formate wie Reels, Stories, Videos oder Slideshows, um Ihr Publikum zu unterhalten und zu informieren.
- Animieren Sie Ihre Follower zur Interaktion, etwa durch Umfragen, Fragen oder Aufrufe zum Kommentieren, damit eine aktive Community entsteht.

In der Praxis

Plattform	Empfohlene Posting-Frequenz	Besonderheiten
Instagram	3-5 Beiträge pro Woche, tägliche Stories	Visuelle Inhalte, Hashtags nutzen, Interaktion in Stories
Facebook	2-4 Beiträge pro Woche	Gemischte Inhalte, Events und Gruppen einbeziehen
Pinterest	5-10 Pins pro Woche	Hochwertige Bildpinwände, Suchfunktion beachten
TikTok	3-7 Videos pro Woche	Kreative Kurzvideos, Trends nutzen
YouTube	1 Video pro Woche oder alle 2 Wochen	Längere Tutorials und Behind-the-Scenes-Videos

Storytelling ist auf Social Media ein mächtiges Werkzeug, um nicht nur Produkte zu zeigen, sondern auch Emotionen zu wecken und Vertrauen aufzubauen. Teilen Sie die Geschichten hinter Ihren Schmuckstücken: Was hat Sie inspiriert, wie entstand die Idee, welche besonderen Materialien wurden verwendet? Zeigen Sie mit persönlichen Einblicken, wie viel Leidenschaft und Handwerkskunst in jedem Ihrer Stücke steckt. Solche authentischen Geschichten machen Ihren Schmuck einzigartig und wecken bei potenziellen Kund*innen das Gefühl, Teil Ihrer kreativen Reise zu sein. So entsteht eine emotionale Verbindung, die Kaufentscheidungen positiv beeinflusst.

Wichtig

Die Interaktion mit Ihren Followern ist essenziell für den erfolgreichen Aufbau einer treuen Community in den sozialen Medien. Reagieren Sie aktiv auf Kommentare, beantworten Sie Nachrichten persönlich und zeigen Sie mit Likes und individuellen Rückmeldungen Wertschätzung für das Interesse Ihrer Community. So fühlen sich Ihre Follower gesehen und ernst genommen, was das Engagement erhöht und das Vertrauen in Ihre Marke stärkt. Nehmen Sie sich bewusst Zeit, um in einen echten Austausch zu treten, Fragen zu beantworten und auf Anregungen einzugehen. Das fördert nicht nur die Verbundenheit, sondern steigert auch Ihre Reichweite und Attraktivität als Schmuckdesignerin.

Warnung

Viele Schmuckdesignerinnen begehen beim Social Media Marketing immer wieder ähnliche Fehler – hier erfahren Sie, wie Sie diese vermeiden können:

- Unregelmäßige Posting-Frequenz: Um sichtbar zu bleiben, ist es wichtig, konsistent und regelmäßig Inhalte zu veröffentlichen. Planen Sie Ihre Beiträge im Voraus, um längere Pausen zu vermeiden.

- Zu wenig Interaktion mit der Community: Ignorieren Sie Follower-Kommentare und Nachrichten nicht! Antworten Sie aktiv und treten Sie in einen echten Dialog, um Ihre Community zu stärken.
- Übermäßige Selbstwerbung: Vermeiden Sie es, ausschließlich Ihre Produkte zu bewerben. Setzen Sie auch auf inspirierende, informative oder persönliche Inhalte, um Mehrwert zu schaffen und Ihre Marke authentisch zu präsentieren.

E-Commerce-Plattformen nutzen

Einleitung

In der heutigen digitalen Welt ist eine starke Online-Präsenz für Schmuckdesignerinnen unerlässlich. Neben einer Website und Social-Media-Kanälen gehören E-Commerce-Plattformen zu den wichtigsten Kanälen, um den eigenen Schmuck einem breiten Publikum zu präsentieren und erfolgreich zu verkaufen. In diesem Unterkapitel erfahren Sie im Detail, wie Sie E-Commerce-Plattformen optimal für Ihr Schmuckdesign-Business nutzen, welche Plattformen es gibt, wie Sie Ihren Shop professionell einrichten und wie Sie sich auf diesen Märkten erfolgreich behaupten.

1. 1. Was sind E-Commerce-Plattformen?

E-Commerce-Plattformen sind digitale Marktplätze, auf denen Sie Produkte online verkaufen können. Sie bieten die technische Infrastruktur, um Produkte zu präsentieren, Zahlungsabwicklungen zu ermöglichen und die Kommunikation mit Kundinnen zu präsentieren.

1. 2. Bekannte E-Commerce-Plattformen für Schmuckdesignerinnen

2.1. Etsy
Etsy gilt als die wichtigste Plattform für kreative Kleinunternehmerinnen. Die Zielgruppe erwartet dort Unikate, Handgemachtes und außergewöhnliches Design – ideale Voraussetzungen für Schmuckdesignerinnen.

2.2. Dawanda (ehemals)
Dawanda war lange Zeit das deutsche Pendant zu Etsy, existiert jedoch nicht mehr. Viele Händler*innen sind zu Etsy gewechselt oder haben ihren eigenen Shop aufgebaut.

2.3. Amazon Handmade
Amazon Handmade ist der Kunsthandwerksbereich des weltgrößten Online-Versandhändlers. Hier können nur handgemachte Produkte angeboten werden. Die Reichweite ist enorm, die Konkurrenz aber auch groß.

2.4. eBay & eBay Kleinanzeigen
Auch über eBay können Schmuckdesignerinnen ihre Produkte verkaufen. Die Plattform ist sehr etabliert, auch wenn die Zielgruppe sich teils von Etsy und Amazon Handmade unterscheidet.

2.5. Eigene Online-Shops (Shopify, WooCommerce, Jimdo, Wix)
Neben den Marktplätzen gibt es die Möglichkeit, einen eigenen Shop zu betreiben. Tools wie Shopify, WooCommerce (für WordPress), Jimdo oder Wix machen das Aufsetzen eines eigenen Shops heute einfach und erschwinglich.

1. 3. Die richtige Plattform wählen

Überlegen Sie sorgfältig, welche Plattform am besten zu Ihrer Marke, Ihren Produkten und Ihrer

Zielgruppe passt. Jede Plattform hat ihre eigene Kundschaft, Stärken und Anforderungen:

- Etsy eignet sich hervorragend für den Einstieg und eine kreative Community.
- Amazon Handmade bietet riesige Reichweite, verlangt aber ein hohes Maß an Professionalität und eine starke Marge aufgrund der Gebühren.
- Der eigene Online-Shop gibt Ihnen volle Kontrolle über Marke und Kunden – ist aber anfangs arbeitsintensiver.

Viele erfolgreiche Designerinnen kombinieren verschiedene Plattformen: Sie nutzen einen Marktplatz als "Schaufenster" und bauen langfristig einen eigenen Shop auf.

1. 4. Vorbereitung: Ihr Produktangebot

Bevor Sie Ihren Shop eröffnen, ist eine umfassende Planung Ihres Sortiments entscheidend:

- Wählen Sie Schmuckstücke aus, die Ihr Können und Ihren Stil repräsentieren.
- Erstellen Sie hochwertige Produktfotos. Gute, detailreiche Bilder sind der Schlüssel zum Online-Verkauf.
- Schreiben Sie ansprechende, ehrliche und informative Produktbeschreibungen. Erzählen Sie auch die Geschichte hinter dem Schmuckstück.
- Bestimmen Sie Preise, die Material- und Zeitaufwand sowie den Marktwert realistisch widerspiegeln.

1. 5. Den Shop einrichten – Schritt für Schritt

5.1. Profilgestaltung
Jede Plattform bietet die Möglichkeit, ein Profil anzulegen. Füllen Sie dieses sorgfältig aus:

- Ein professionelles Logo und ein ansprechendes Bannerbild sorgen für Wiedererkennung.
- Beschreiben Sie Ihre Marke und Ihre Geschichte.
- Geben Sie Kontaktmöglichkeiten an.

5.2. Produkte einstellen

- Laden Sie hochauflösende Fotos hoch. Fotografieren Sie Ihren Schmuck vor neutralem Hintergrund, aber auch getragen. Nutzen Sie möglichst Tageslicht.
- Gliedern Sie Ihre Produkttexte in Material, Größe, Herstellungstechnik und Pflegehinweise.
- Machen Sie Angaben zu Lieferzeiten und Verpackung.

5.3. Zahlungs- und Versandoptionen

- Machen Sie sich mit den Zahlungsarten vertraut, die die jeweilige Plattform anbietet (PayPal, Kreditkarte, Sofortüberweisung, etc.).

- Recherchieren Sie verschiedene Versand-Dienstleister. Ihr Schmuck sollte sicher und ansprechend verpackt werden.

5.4. Rechtliches

- Impressum und Datenschutzerklärung sind Pflicht. Achten Sie auf korrekte Widerrufsbelehrungen, AGB und Preisauszeichnungen.
- Beachten Sie die steuerlichen Anforderungen, wie Kleinunternehmerregelung oder Umsatzsteuerpflicht.

1. 6. Sichtbarkeit und Erfolg auf E-Commerce-Plattformen

6.1. Suchmaschinenoptimierung (SEO)

- Verwenden Sie relevante Stichworte in den Produktnamen, Titeln und Beschreibungen, damit Ihre Produkte gefunden werden.
- Analysieren Sie die Suchbegriffe Ihrer Zielgruppe.

6.2. Bewertungen und Kundenservice

- Eine freundliche, professionelle Kommunikation zahlt sich aus: schnelle Antworten auf Nachrichten und eine zuverlässige Abwicklung bauen Vertrauen auf.
- Bitten Sie Ihre Kund*innen nach dem Kauf aktiv um Bewertungen.

6.3. Aktionen und Rabatte

- Nutzen Sie Angebotsaktionen, saisonale Rabatte oder Bundles (z.B. Set aus Halskette und Ohrringen), um den Verkauf anzukurbeln.

1. 7. Marketing auf E-Commerce-Plattformen

7.1. Social Media Verknüpfung

- Verlinken Sie Ihre Produkte mit Facebook, Instagram oder Pinterest. Viele Plattformen bieten Schnittstellen dafür.

7.2. Newsletter

- Bieten Sie einen Newsletter an, um Kund*innen über neue Produkte oder Aktionen zu informieren (funktioniert besser beim eigenen Shop).

7.3. Analysieren Sie die Performance

- Nutzen Sie die Statistik-Tools der Plattformen, um Ihre Verkäufe zu analysieren, Rennerprodukte zu identifizieren und Ihre Strategie anzupassen.

1. 8. Besondere Herausforderungen beim Schmuckverkauf online

- Produktfotos müssen die Brillanz, Farben und feinen Details des Schmucks einfangen.

- Kunden können die Stücke nicht anfassen – detaillierte Beschreibungen, Nahaufnahmen und vielleicht sogar Videos helfen.
- Erklären Sie Maße und Tragegefühl verständlich und bieten Sie einfache Rückgabemöglichkeiten an.

1. 9. Beispiele erfolgreicher Schmuckshops

- Analysieren Sie erfolgreiche Anbieter auf Ihrer gewählten Plattform. Was machen sie besonders gut? Lernen Sie von Layout, Storytelling, Kundenfokus und Produktpalette.

1. 10. Rechtliches und steuerliches beim Online-Verkauf

- Gewerbeanmeldung: Für regelmäßigen Verkauf ist oft ein Gewerbe erforderlich, auch als Einzelunternehmerin.
- Fernabsatzgesetz: Informieren Sie sich über die gesetzlichen Vorgaben, z.B. Widerrufsrecht, Informationspflichten, Verpackungsgesetz.
- Steuerliche Pflichten: Notieren Sie alle Einnahmen und Ausgaben, führen Sie ggf. Umsatzsteuer ab (besonders beim Verkauf ins EU-Ausland).

Fazit

Die Nutzung von E-Commerce-Plattformen bietet Schmuckdesignerinnen einen exzellenten Weg, Ihre Kreationen einer großen Zielgruppe zu präsentieren und Umsatz zu generieren. Mit einer sorgfältigen Auswahl der passenden Plattform, exzellenter Präsentation Ihrer Produkte, hervorragendem Kundenservice und einer klaren Markenidentität können Sie sich auch in einem umkämpften Markt durchsetzen. Nutzen Sie die vielfältigen Werkzeuge, die Ihnen die moderne Technik zur Verfügung stellt, und machen Sie den ersten Schritt in Richtung eines nachhaltigen und erfolgreichen Online-Business im Schmuckdesign.

Online-Marketing von Schmuck

Wichtig

Online-Marketing ist heute für Schmuckdesignerinnen unerlässlich, um potenzielle Kundinnen gezielt anzusprechen und die Bekanntheit der eigenen Marke gezielt zu steigern. Durch einen professionellen Internetauftritt, beispielsweise eine ansprechende Webseite oder Profile in sozialen Netzwerken, wird ein vertrauenswürdiges und modernes Markenimage vermittelt. Online-Präsenz ermöglicht nicht nur den direkten Dialog mit der Zielgruppe, sondern unterstützt auch den Aufbau langfristiger Kundenbeziehungen. Sichtbarkeit im Internet führt dazu, dass mehr Menschen die eigenen Schmuckkreationen entdecken und erwerben. Letztlich trägt ein gut strukturierter Online-Auftritt entscheidend zum geschäftlichen Erfolg bei.

Im folgenden Abschnitt werden zentrale Online-Marketing-Strategien vorgestellt, die Schmuckdesignerinnen gezielt für ihren Erfolg nutzen können:

- 1. Aufbau einer professionellen und ansprechenden Webseite, die die Marke widerspiegelt und wichtige Informationen sowie eine Übersicht der Schmuckkollektionen bietet.
- 2. Aktive Nutzung von sozialen Medien wie Instagram und Pinterest, um hochwertige Bilder der

Schmuckstücke zu präsentieren und mit interessierten Kundinnen direkt zu kommunizieren.

- 3. Suchmaschinenoptimierung (SEO) für die eigene Webseite und die Produktbeschreibungen, damit potenzielle Kundinnen bei der Suche nach Schmuck auf das eigene Angebot aufmerksam werden.
- 4. Kooperationen mit Influencerinnen oder Bloggerinnen, die zur Markenidentität passen, um Reichweite und Vertrauen zu erhöhen.

In der Praxis

Der gezielte Einsatz von Social Media-Plattformen wie Instagram und Pinterest spielt für Schmuckdesignerinnen eine zentrale Rolle beim Online-Marketing. Diese Kanäle bieten die Möglichkeit, hochwertig fotografierte Schmuckstücke einem breiten Publikum zu präsentieren und die Besonderheiten der eigenen Kollektionen in Szene zu setzen. Durch regelmäßige, inspirierende Beiträge und das Erzählen von Geschichten rund um die Marke entsteht eine enge Verbindung zur Zielgruppe. Der direkte Austausch in Kommentaren und Nachrichten fördert das Vertrauen und baut langfristige Beziehungen auf. So kann Schritt für Schritt eine engagierte und treue Online-Community entstehen, die die Marke aktiv unterstützt.

Tipp

Suchmaschinenoptimierung (SEO) ist für Schmuckdesignerinnen ein zentrales Element im Online-Marketing. Durch gezielte Maßnahmen wie die Verwendung relevanter Schlüsselwörter, optimierte Produktbeschreibungen und hochwertige Bilder wird die eigene Webseite für Suchmaschinen besser auffindbar. So erhöht sich die Chance, dass potenzielle Kundinnen bei der Suche nach individuellen Schmuckstücken direkt auf das eigene Angebot stoßen. Zusätzlich verbessern interne Verlinkungen und userfreundliche Navigation die Sichtbarkeit und das Ranking bei Google & Co. Eine kontinuierliche SEO-Optimierung sorgt langfristig für mehr organische Reichweite und nachhaltigen Kundenzuwachs – ganz ohne zusätzliche Werbekosten.

Gut zu wissen

Die Kooperation mit Influencerinnen oder Bloggerinnen, die den Stil und die Werte Ihrer Marke widerspiegeln, ist im Schmuck-Online-Marketing äußerst wirkungsvoll. Durch authentische Empfehlungen und inspirierende Beiträge stellen diese Multiplikatoren Ihre Schmuckstücke einer großen und engagierten Community vor. Besonders glaubwürdig ist die Zusammenarbeit, wenn der Content und die Persönlichkeit der Influencerin mit dem eigenen Markenauftritt harmonieren. So profitieren Sie vom aufgebauten Vertrauen und der Reichweite der Influencerin, gewinnen neue Kundinnen hinzu und stärken das Image Ihrer Marke nachhaltig. Eine transparente, partnerschaftliche Zusammenarbeit ist dabei besonders wichtig.

Um im Online-Marketing als Schmuckdesignerin erfolgreich zu sein, sind gezielte Werbemaßnahmen besonders effektiv. Hier sind passende Online-Werbeformen:

- 1. Social Media Ads: Schalten Sie gezielte Werbeanzeigen auf Plattformen wie Instagram oder Facebook, um eine größere Reichweite zu erzielen und Ihre Schmuckstücke direkt der relevanten Zielgruppe zu präsentieren.
- 2. Google Ads: Nutzen Sie Suchmaschinenwerbung, um bei Suchanfragen nach Schmuck oder verwandten Themen mit Ihren Produkten gefunden zu werden und den Traffic auf Ihrer Webseite zu erhöhen.
- 3. Influencer-Kooperationen: Setzen Sie auf bezahlte Partnerschaften mit Influencerinnen, die

Ihren Schmuck auf ihren Kanälen präsentieren und so neue Zielgruppen erschließen.

- 4. Newsletter-Kampagnen: Bewerben Sie Kollektionen oder Aktionen gezielt an Ihre E-Mail-Liste, um bestehende sowie potenzielle Kundinnen regelmäßig zu erreichen und zum Kauf zu animieren.

Gut zu wissen

Newsletter-Marketing bietet Schmuckdesignerinnen eine direkte und persönliche Kommunikationsmöglichkeit mit ihrer Zielgruppe. Über einen regelmäßig versendeten Newsletter können Kund:innen unkompliziert über neue Kollektionen, exklusive Aktionen oder besondere Geschichten rund um die Marke informiert werden. Diese direkte Ansprache stärkt die Kundenbindung und erleichtert den Verkauf. Besonders wirkungsvoll ist Newsletter-Marketing, wenn informative Inhalte wie Styling-Tipps oder Einblicke in den Designprozess enthalten sind. Ein ansprechend gestalteter Newsletter mit hochwertigen Bildern sorgt für Aufmerksamkeit und fördert das Interesse am Schmuck. Zudem lassen sich Reaktionen und Erfolg leicht messen.

Soziale Plattform	**Vorteile**	**Nachteile**	**Besonderheiten**
Instagram	Visuelle Präsentation, große Reichweite, Hashtags, Storytelling leicht möglich	Hoher Konkurrenzdruck, aufwändiger Content notwendig	Ideal für Produktfotos, kurze Videos, Stories, Instagram-Shopping
Pinterest	Inspiration & Moodboards, hohe Kaufbereitschaft, langfristige Sichtbarkeit der Pins	Erfordert spezifische Bildformate, algorithmusabhängig	Sehr effektiver Traffic-Lieferant für Webshops, v. a. bei DIY & Ästhetik
Facebook	Breite Zielgruppenansprache, Veranstaltungserstellung, Werbemöglichkeiten	Jüngere Zielgruppe weniger aktiv, algorithmusgesteuert	Gut für längere Beiträge, Events, Community-Aufbau
TikTok	Viralitätspotential, authentische Kurzvideos, junge Zielgruppe	Zeitaufwändig für Trends, kurze Haltbarkeit des Contents	Ideal für Behind-the-Scenes, Challenges, kreative Clips
YouTube	Detaillierte Produktvorstellungen, Tutorials, langlebiger Content	Hoher Produktionsaufwand, regelmäßige Videos nötig	Perfekt für längere Einblicke, Interviews, Workshops

Testen Sie Ihr Wissen mit einem Quiz.

Scannen Sie diesen QR-Code

Praktische Übungen

1

Übung 1: Domainauswahl und Webseitenkonzept. Versetzen Sie sich in die Lage einer angehenden Schmuckdesignerin und wählen Sie einen passenden Domainnamen für Ihre Webseite, der Ihre Markenidentität widerspiegelt und leicht zu merken ist. Begründen Sie Ihre Wahl ausführlich. Erstellen Sie außerdem ein kurzes Konzept (mind. 3 Stichpunkte), welche Hauptseiten Ihre Webseite enthalten sollte und warum.

Möglicher Domainname: schmuckdesign-marie.de. Diese Domain enthält den eigenen Vornamen sowie den Begriff Schmuckdesign. Sie ist kurz, eindeutig, gut merkbar und hat keine Sonderzeichen oder Zahlen, was die Kommunikation und das Branding vereinfacht. Die Verwendung des eigenen Namens erhöht zudem die Authentizität und den Wiedererkennungswert.

Seitenkonzept:

1. 1. Startseite: Präsentiert ein beeindruckendes Foto und ein kurzes Intro zur Designerin, um sofort Stil und Atmosphäre der Marke zu vermitteln.

2. 2. Portfolio: Zeigt professionelle Fotos der wichtigsten Schmuckstücke in verschiedenen Stilen, damit die Besucher die handwerkliche Vielfalt entdecken können.

3. 3. Über mich: Persönliches Porträt, Design-Philosophie und Inspirationsquellen, um Vertrauen aufzubauen.

4. 4. Kontakt/Bestellung: Einfaches Kontaktformular und Bestellhinweise, damit Kunden unkompliziert Fragen stellen oder Aufträge platzieren können.

5. 5. Rechtliches: Impressum und Datenschutzerklärung zur rechtlichen Absicherung.

2

Übung 2: Plattformvergleich. Analysieren Sie die Vor- und Nachteile zweier E-Commerce-Plattformen (z.B. Etsy und ein eigener Shopify-Shop) für den Online-Verkauf von handgefertigtem Schmuck. Gehen Sie dabei auf Zielgruppe, Kosten, Kontrolle über das Marketing und Reichweite ein. Welche Plattform würden Sie für den Start wählen und warum?

Etsy:
Vorteile: Riesige kreative Community, gezielte Ansprache von Kunden, die nach handgefertigtem Schmuck suchen, unkomplizierter Einstieg, geringe Startkosten, einfache Produktpräsentation. Hohe

Reichweite von Tag 1 durch bestehende Nutzerbasis.
Nachteile: Viele Konkurrenten, wenig Kontrolle über das Design und das Marketing, Marktplatz-Gebühren, kaum Möglichkeiten, eigene Marke prominent zu platzieren.

Eigener Shopify-Shop:
Vorteile: Volle Kontrolle über Design, Inhalte und Marketingaktionen, Aufbau einer eigenen Kundendatenbank, bessere Markenbildung möglich, keine Marktplatzgebühren (nur Shop-Kosten), Integration von Blog, Newsletter und individuellen Verkaufsaktionen.
Nachteile: Anfangsaufwand höher (Technik, Inhalte erstellen), geringere Sofort-Reichweite, mehr Investition in Marketing nötig, monatliche Kosten ab ca. 27 €.

Empfehlung für den Start: Etsy, da man dort schneller Verkäufe generieren und Erfahrungen im Online-Handel sammeln kann. Parallel kann der Aufbau eines eigenen Shops langfristig angestrebt werden, um die Marke weiter zu professionalisieren und unabhängig zu werden.

3

Übung 3: Erstellung einer Social-Media-Contentstrategie. Entwickeln Sie eine Wochen-Contentplanung für Instagram, mit Fokus auf den Verkauf und die Community-Bildung rund um Ihre Schmuckmarke. Erstellen Sie einen beispielhaften Wochenplan mit mindestens fünf Posting-Ideen und erklären Sie den Zweck jedes Beitrags.

Wochenplan Instagram:

1. 1. Montag: Hochwertiges Foto eines neuen Schmuckstücks (mit Hashtags und Preis) – Ziel: Produktpräsentation, direkten Verkauf fördern.

2. 2. Dienstag: Behind-the-Scenes-Story beim Schmieden/Edelsteinsetzen – Ziel: Einblicke in den Entstehungsprozess geben, Vertrauen und Interesse schaffen.

3. 3. Mittwoch: Kundenfoto (User-Generated Content) mit Tag der Kundin – Ziel: Social Proof zeigen, Community einbinden und bestehende Kundschaft wertschätzen.

4. 4. Donnerstag: Kurzes Video zur Pflege von Schmuckstücken – Ziel: Mehrwert bieten, Expertise beweisen, Interaktion fördern (z.B. mit Frage zum eigenen Pflegeritual).

5. 5. Freitag: Präsentation eines Moodboards zur Inspirationsquelle der Woche – Ziel: Storytelling, Marke emotional aufladen und Engagement über Kommentare steigern.

Jeder Post hat einen eigenen, auf die Verkaufsförderung oder die Einbindung der Follower abzielenden Zweck; die Mischung sorgt für Abwechslung und Engagement.

4

Übung 4: Produktbeschreibungen optimieren mit SEO. Wählen Sie ein Schmuckstück (z.B. eine Silberkette mit Edelstein) und schreiben Sie eine für Suchmaschinen optimierte Produktbeschreibung. Die Beschreibung sollte ansprechend sein, die Vorteile betonen und relevante Keywords enthalten. Erläutern Sie danach, warum Ihre Beschreibung SEO-freundlich ist.

Beispielbeschreibung:
"Handgefertigte Silberkette mit echtem Amethyst – eleganter Halsschmuck für jeden Anlass. Diese filigrane Halskette besteht aus 925er Silber und ist mit einem funkelnden, lilafarbenen Amethyst-Anhänger versehen. Der edle Amethyst steht für innere Ruhe und Kreativität; die Kette eignet sich ideal als Geschenk oder persönliches Lieblingsstück. Länge individuell wählbar. Schmuckstück wird in einer liebevoll gestalteten Geschenkbox geliefert."

SEO-Freundlichkeit:

- Enthält wichtige Keywords wie „Silberkette", „Amethyst", „Handgefertigt", „Halsschmuck", „Geschenk".
- Klare Struktur und vollständige Informationen (Material, Edelstein, Anlass, Verpackung).
- Emotionaler Mehrwert durch Bedeutung des Steins und Verwendungszweck.
- Aussagekräftige Produktbezeichnung und Beschreibung, die sowohl Suchende als auch Leser ansprechen.

5

Übung 5: Rechtliche Anforderungen erkennen. Listen Sie die wichtigsten rechtlichen Informationspflichten auf, die beim Betreiben eines Onlineshops für Schmuck in Deutschland beachtet werden müssen. Erläutern Sie für jede Pflicht, warum sie gesetzlich wichtig ist und welches Risiko bei Missachtung besteht.

Wichtige rechtliche Pflichten:

1. 1. Impressumspflicht: Muss Name, Anschrift und Kontaktmöglichkeiten enthalten. Wichtig zur Transparenz und Nachverfolgbarkeit, um Rechtsansprüche durchzusetzen. Fehlendes Impressum kann zu teuren Abmahnungen führen.

2. 2. Datenschutzerklärung: Muss informieren, welche personenbezogenen Daten erhoben werden und zu welchem Zweck. Gesetzlich vorgeschrieben wegen DSGVO. Fehlende oder falsche

Erklärung kann Bußgelder nach sich ziehen.

3. 3. Widerrufsbelehrung: Kunden müssen über ihr Recht informiert werden, den Kaufvertrag innerhalb von 14 Tagen zu widerrufen. Wichtig für Verbraucherschutz. Fehlt die Belehrung, verlängert sich das Widerrufsrecht, es drohen Abmahnungen.

4. 4. Allgemeine Geschäftsbedingungen (AGB): Sind zwar freiwillig, aber ratsam zur Regelung von Zahlung, Lieferung, Haftung etc. Sorgen für juristische Klarheit im Streitfall.

5. 5. Preisangabenverordnung: Alle Preise müssen Endpreise sein (inkl. MwSt. und Versandangaben). Wichtig für Preistransparenz. Fehlerhafte Angaben können kostenpflichtige Abmahnungen und Bußgelder verursachen.

6. 6. Verpackungsgesetz: Wer gewerblich Verpackungen in Umlauf bringt, muss sich im Verpackungsregister registrieren. Wichtig für Recycling und Umweltschutz. Missachtung kann hohe Bußgelder nach sich ziehen.

Kapitel : 7

Kapitel 7: Netzwerken und Beziehungen

IN DIESEM KAPITEL:

- Netzwerken ist ein langfristiger Prozess, der auf Vertrauen, Offenheit und regelmäßigem Engagement basiert und für nachhaltigen Erfolg in der Schmuckbranche unerlässlich ist.

- Kollaborationen und Partnerschaften bieten Zugang zu neuen Märkten und Inspirationen, fördern Innovation und helfen dabei, einzigartige Geschäftsmöglichkeiten zu erschließen.

- Die aktive Teilnahme an Messen und Ausstellungen erhöht die Sichtbarkeit, bietet direkten Kontakt zu Kunden und Industrie und ist entscheidend zum Aufbau eines beruflichen Netzwerks.

- Kundenbindung erfordert persönliche Betreuung, zuverlässigen Service und kreative Maßnahmen wie Events, exklusive Angebote oder gezielte Nachfassaktionen, um langfristige Beziehungen zu schaffen.

- Moderne Kundenpflege setzt auf digitale Tools und authentische Kommunikation, wobei Vertrauen, Individualität und ein positives Markenerlebnis im Mittelpunkt stehen.

Etablierung eines Netzwerks

Wichtig

Beim Aufbau eines Netzwerks ist es wichtig, sich bewusst für das Knüpfen von Kontakten und das Pflegen von Beziehungen zu entscheiden. Dieser Prozess ist nicht mit schnellen Ergebnissen verbunden, sondern erfordert ein langfristiges, kontinuierliches Engagement. Erfolgreiches Networking basiert auf Vertrauen, Offenheit und gegenseitiger Unterstützung. Es geht darum, Kontakte nicht nur oberflächlich zu sammeln, sondern echte Beziehungen aufzubauen, die auf Ehrlichkeit, Verlässlichkeit und gegenseitigem Interesse beruhen. Nur wer bereit ist, aktiv und regelmäßig ins Netzwerk zu investieren, profitiert langfristig von wertvollen Verbindungen, Inspirationen und beruflichen Chancen in der Schmuckdesignbranche.

In der Praxis

Es gibt verschiedene Strategien, um als Schmuckdesignerin ein effektives Netzwerk aufzubauen:

- 1. Teilnahme an Fachmessen, Ausstellungen und Branchenevents: Diese bieten Gelegenheit, potenzielle Kundinnen, Geschäftspartner und andere Designerinnen persönlich kennenzulernen und Vertrauen durch den direkten Austausch zu schaffen.
- 2. Nutzung von Online-Plattformen wie LinkedIn, Instagram oder spezialisierten Foren: Über digitale Kanäle lassen sich Menschen mit ähnlichen Interessen finden, Kontakte pflegen und Wissen teilen.
- 3. Aktive Suche nach Mentorinnen und Kooperationspartnerinnen: Durch gezieltes Ansprechen erfahrener Kolleginnen erhält man Zugang zu wichtigen Ressourcen und profitiert von deren Erfahrung und Netzwerk.

Gut zu wissen

Persönliche Treffen sind beim Aufbau eines starken Netzwerks in der Schmuckdesignbranche von großer Bedeutung. Auf Messen, Ausstellungen oder Branchentreffen entstehen oft ungezwungene Gespräche, die das gegenseitige Verständnis fördern und Vertrauen schaffen. Der direkte Kontakt ermöglicht es, Persönlichkeiten kennenzulernen, fachliche Fragen zu stellen und Gemeinsamkeiten zu entdecken. Begegnungen auf Augenhöhe legen den Grundstein für nachhaltige Beziehungen, die weit über einen reinen Informationsaustausch hinausgehen. Zudem verankern sich Gesichter und Namen besser im Gedächtnis, was spätere Kooperationen erleichtert. Authentizität, Offenheit und echtes Interesse sind bei persönlichen Treffen entscheidend für erfolgreiches Networking.

Neben persönlichen Begegnungen spielen Online-Netzwerke eine immer größere Rolle beim Aufbau eines beruflichen Kontaktnetzes. Plattformen wie LinkedIn bieten die Möglichkeit, gezielt mit Branchenprofis in Verbindung zu treten, während Instagram ideale Voraussetzungen bietet, eigene Schmuckkreationen zu präsentieren und direkt mit Interessierten sowie potenziellen Kundinnen und Kollegen zu interagieren. Spezielle Foren und Online-Communitys für Schmuckdesignerinnen fördern den fachlichen Austausch, das Teilen von Erfahrungen und die Suche nach Kooperationspartnern. Regelmäßige Aktivitäten und ein professioneller Auftritt in den sozialen Medien helfen dabei, Beziehungen zu pflegen und die eigene Sichtbarkeit in der Branche nachhaltig zu steigern.

Tipp

Das gezielte Ansprechen von Mentorinnen und potenziellen Kooperationspartnerinnen ist ein entscheidender Schritt für den Ausbau des eigenen Netzwerks im Schmuckdesign. Eine erfahrene Mentorin kann nicht nur wertvolle Einblicke und fachliches Know-how vermitteln, sondern unterstützt auch mit Tipps und Kontakten. Kooperationen eröffnen Zugang zu neuen Kundengruppen, ermöglichen kreative Projekte und bereichern durch gegenseitigen Austausch. Wichtig ist dabei, offen und höflich auf mögliche Mentorinnen oder Geschäftspartnerinnen zuzugehen, klar die eigenen Ziele zu kommunizieren und echtes Interesse an gemeinsamer Entwicklung zu zeigen. Durch aktive Kontaktpflege entstehen langfristig lohnende Beziehungen und Chancen.

Veranstaltung	**Vorteile fürs Netzwerken**
Fachmessen (z.B. Inhorgenta München)	Direkter Kontakt zu Branchenprofis, Trends kennenlernen, persönliche Gespräche
Schmuckausstellungen und Vernissagen	Austausch mit anderen Designern, Zugang zu Galeristen und potenziellen Kunden
Workshops und Seminare	Gemeinsames Lernen, Aufbau persönlicher Beziehungen, Wissens- und Erfahrungsaustausch
Branchentreffen und Networking-Events	Gezieltes Knüpfen neuer Kontakte, Austausch von Visitenkarten, Aufbau eines stabilen Netzwerks
Online-Konferenzen und Webinare	Ortsunabhängige Teilnahme, internationale Kontakte, Erweiterung des eigenen Netzwerkes

Der Aufbau eines stabilen Netzwerks im Schmuckdesign ist ein Prozess, der Zeit und kontinuierliches Engagement erfordert. Es reicht nicht, Kontakte nur einmal zu knüpfen – vielmehr ist es wichtig, diese Beziehungen regelmäßig zu pflegen und echtes Interesse an den Menschen dahinter zu zeigen. Geduld ist hierbei eine Schlüsselkompetenz, denn oft entstehen die wertvollsten Verbindungen erst nach längerer Zeit. Offene Kommunikation, ehrliches Zuhören und gegenseitige Unterstützung sind essenziell, um das Vertrauen und die Loyalität anderer aufzubauen. Wer kontinuierlich investiert und persönliche Beziehungen intensiviert, profitiert langfristig von inspirierenden Partnerschaften und neuen Chancen.

Warnung

Um erfolgreich ein Netzwerk in der Schmuckdesignbranche aufzubauen, gilt es, einige Dos & Don'ts zu beachten:

- Do: Sei authentisch und zeige echtes Interesse an deinen Gesprächspartnern. Ehrliches Interesse öffnet Türen und hilft, langfristige Beziehungen zu festigen.
- Don't: Sammle keine Kontakte nur der Menge wegen. Qualität vor Quantität ist entscheidend im Networking – oberflächliche Beziehungen bringen wenig Mehrwert.
- Do: Pflege deine Kontakte regelmäßig, indem du dich mit Updates meldest, Unterstützung anbietest oder gemeinsame Interessen pflegst.

Regelmäßige Interaktion ist entscheidend, um Beziehungen im beruflichen Netzwerk zu stärken. Dies kann durch das Teilen von eigenen Erfahrungen, das Weitergeben von Wissen oder das aktive Unterstützen anderer erreicht werden. Indem man beispielsweise Tipps zu neuen Schmuckdesign-Techniken gibt, Probleme gemeinsam löst oder auf interessante Ressourcen verweist, entstehen Bindungen, die auf gegenseitigem Mehrwert beruhen. Diese kontinuierliche Präsenz signalisiert Engagement und Zuverlässigkeit. Wer regelmäßig Kontakt hält und sich als hilfsbereit und interessiert zeigt, wird nicht nur als wertvolles Mitglied der Netzwerks wahrgenommen, sondern profitiert auch selbst von einem starken Rückhalt und neuen Möglichkeiten.

Kollaborationen und Partnerschaften

Einleitung

In der Schmuckdesign-Branche sind Kollaborationen und Partnerschaften ein entscheidender Faktor für nachhaltigen Erfolg. Sie ermöglichen nicht nur den Austausch von Ideen, Inspirationen und Ressourcen, sondern eröffnen auch neue Wege für die eigene Kreativität, Reichweite und wirtschaftliches Wachstum. In diesem Kapitel lernen Sie ausführlich, was Kollaborationen und Partnerschaften ausmacht, welche Formen es gibt, wie man die richtigen Partner findet, erfolgreiche Kooperationen gestaltet und mögliche Fallstricke vermeidet.

---

1. Was sind Kollaborationen und Partnerschaften?

Kollaborationen sind zeitlich begrenzte oder projektbezogene Zusammenarbeiten zwischen mindestens zwei Parteien, zugunsten eines gemeinsamen Ziels – zum Beispiel eine Schmuckkollektion, eine Ausstellung oder ein Event.

Partnerschaften sind oft langfristiger angelegt und können sowohl lose als auch vertraglich gefestigt sein. Beide Formen unterscheiden sich in Intensität und Dauer, haben aber das Ziel, Synergieeffekte hervorzurufen.

Vorteile im Schmuckdesign:

- Austausch von Fähigkeiten und Wissen
- Zugang zu neuen Märkten und Kundengruppen
- Geteilte Ressourcen (z. B. Werkstätten, Vertriebswege, Marketing)
- Gemeinsame Entwicklung innovativer Produkte

2. Formen von Kollaborationen und Partnerschaften

Es gibt zahlreiche Formen:

- **Kreative Kooperationen:** Zwei Designer:innen oder Teams entwerfen gemeinsam eine Schmuckkollektion.
- **Cross-Industry-Kollaborationen:** Zusammenarbeit mit Modedesignern, Künstlern, Fotografen oder Marken aus anderen Segmenten (z.B. Kosmetik, Mode, Interior)
- **Vertriebs- & Vermarktungspartnerschaften:** Gemeinsamer Vertrieb über ausgewählte Boutiquen, Online-Plattformen oder Pop-up-Stores.
- **Lieferanten- und Produktionspartnerschaften:** Enge Zusammenarbeit mit Materiallieferanten oder Werkstätten.
- **Branchenübergreifende Events:** Gemeinsame Teilnahme oder Organisation an Ausstellungen,

Märkten oder Fashion Shows.

- **Kooperationen mit sozialen Initiativen:** Gemeinnützige Projekte für Nachhaltigkeit oder Frauenförderung.

3. Warum sind Kollaborationen wichtig?

Der Schmuckmarkt ist stark umkämpft. Durch Networking und Kooperationen entsteht:

- Größere Sichtbarkeit und Reichweite
- Zugang zu neuen Zielgruppen
- Geteiltes Risiko, aber auch geteilte Investitionen
- Innovation durch den kreativen Austausch
- Zugang zu Know-how und neuen Produktionsmethoden

Kollaborationen können helfen, sich von anderen abzuheben und klare Alleinstellungsmerkmale zu entwickeln.

4. Den passenden Partner finden

Ein erfolgreicher Partner ist nicht nur jemand mit ähnlichen Zielen, sondern auch mit ergänzenden Kompetenzen. Kriterien für die richtige Wahl:

- Gemeinsame Werte und Visionen
- Ergänzende Fähigkeiten (z.B. Design-Know-how und Marketingexpertise)
- Vertrauensbasis und Kommunikation
- Ruf und Bekanntheit in der Branche
- Vertragliche Klarheit über Rechte, Pflichten und Gewinnaufteilung

Tipps zur Partnersuche:

- Teilnahme an Messen, Events und Workshops
- Nutzung von Social Media-Kanälen und Online-Communities
- Direktes Ansprechen potenzieller Kollaborationspartner
- Austausch in Verbänden und Netzwerken (zum Beispiel im Bund deutscher Schmuckgestalter:innen)

5. Die Zusammenarbeit planen und strukturieren

Ein klarer, strukturierter Ablauf ist ausschlaggebend für Erfolg:

1. 1. **Zieldefinition:** Was soll mit der Partnerschaft erreicht werden?

2. 2. **Rollenverteilung und Verantwortlichkeiten:** Wer übernimmt was?

3. 3. **Kommunikationsplan:** Regelmäßige Meetings, Updates, Feedback-Schleifen

4. 4. **Ressourcen- und Kostenaufteilung:** Wer bringt welche Mittel ein, wie wird geteilt?

5. 5. **Zeitleiste und Meilensteine:** Projektplan zur Erreichung der Ziele

6. 6. **Vertragliche Basis:** Rechtliche Absicherung (insbes. bei geistigem Eigentum, Markenrechten, Gewinnaufteilung, Haftung)

Praktischer Hinweis:
Sie können eine klassische Kooperationsvereinbarung nutzen, in der alle relevanten Aspekte festgehalten werden. Gerade am Anfang empfiehlt sich eine schriftliche Fixierung. Nutzen Sie hierfür ggf. einen Rechtsbeistand.

6. Erfolgsfaktoren für Kollaborationen

- **Transparente Kommunikation und Offenheit:** Sorgen Sie für klare Absprachen – Missverständnisse vermeiden!
- **Gegenseitiger Respekt:** Unterschiedliche Ansätze bereichern die Zusammenarbeit.
- **Flexibilität und Lernbereitschaft:** Sehen Sie Herausforderungen als Chance.
- **Klare Zielsetzung:** Gemeinsame Vision und Meilensteine geben Orientierung.
- **Konstruktives Feedback:** Ehrliche Rückmeldungen fördern Wachstum.
- **Gemeinsame Erfolgsmessung:** Definieren Sie Parameter zur Bewertung des Erfolgs, z. B. Verkaufszahlen, Medienecho, neue Kontakte.

7. Mögliche Herausforderungen und wie man sie meistert

Typische Stolpersteine:

- Unterschiedliche Erwartungen und Kommunikationsstile
- Streit über Gestaltungshoheit und Urheberrechte
- Aufteilung von Gewinn/Verlust
- Unerwartete Kosten oder Verzögerungen

Lösungsvorschläge:

- Frühzeitige, offene Kommunikation aller Erwartungen
- Klare Verträge
- Konfliktlösungsmechanismen festlegen (z.B. Mediation im Streitfall)
- Flexibilität und Kompromissbereitschaft

8. Erfolgreiche Beispiele aus der Schmuckbranche

- **Schmuckdesignerin x Modedesigner:** Gemeinsame Kollektion, die zur Fashion Week lanciert wird und für beide Marken einen Schub bringt.
- **Designer x NGO:** Entwicklung einer nachhaltigen Kollektion, deren Erlöse teilweise gespendet werden (beispielweise an Frauenförderprojekte).
- **Zwei Schmucklabels:** Gemeinsamer Pop-up-Store, um Standkosten zu reduzieren und beide Kundengruppen zu erreichen.

Solche Projekte werden häufig in Branche, Presse und Social Media aufgegriffen und steigern die Bekanntheit aller Beteiligten.

9. Kollaborationen im digitalen Zeitalter

- **Online-Workshops und Webinare:** Gemeinsame Events mit anderen Kreativen
- **Social Media-Kampagnen:** Instagram-Lives, Reels und Challenges mit anderen Designer:innen
- **Digitale Marktplätze:** Gemeinsame Produktlinien auf Plattformen wie Etsy oder DaWanda
- **Gemeinsame Online-Ausstellungen:** z. B. virtuelle Galerien

Das Internet bietet neue, einfache Zugänge für Kooperationen, auch über Landesgrenzen hinweg.

10. Der Weg zur eigenen Kollaboration

1. 1. Identifizieren Sie Ihre Stärken und Lücken: Wo brauchen Sie Unterstützung, wo können Sie etwas bieten?
2. 2. Recherchieren Sie potenzielle Partner, die einen echten Mehrwert für beide Seiten bringen.
3. 3. Nehmen Sie Kontakt auf, stellen Sie Ihre Idee klar und seien Sie offen für Anregungen.
4. 4. Planen Sie die Kooperation gemeinsam und legen Sie die Eckpfeiler im Vorfeld fest.
5. 5. Starten Sie mit einem kleinen, überschaubaren Projekt, um Erfahrungen zu sammeln.
6. 6. Evaluieren Sie regelmäßig den Status der Zusammenarbeit und feiern Sie gemeinsam Erfolge.

11. Fazit: Kollaboration als Schlüssel zum nachhaltigen Erfolg

Kollaborationen und Partnerschaften sind kein Selbstzweck, sondern eine bewusste Entscheidung für Wachstum, Innovation und Sichtbarkeit in der Schmuckbranche. Sie erfordern Offenheit, klare Kommunikation und den Willen, voneinander zu lernen und miteinander zu wachsen. Wenn Sie diese Grundsätze beherzigen, werden Sie nicht nur als Schmuckdesignerin davon profitieren, sondern können Ihr Netzwerk, Ihre Marke und Ihr Unternehmen über sich hinauswachsen lassen.

Mit den hier bereitgestellten Werkzeugen und Tipps sind Sie in der Lage, gezielt Partnerschaften zu suchen, aufzubauen und nachhaltig erfolgreich zu gestalten. Nutzen Sie das immense Potenzial, das eine kreative Zusammenarbeit bietet!

Beteiligung an Messen und Ausstellungen

Wichtig

Die Teilnahme an Messen und Ausstellungen bietet Schmuckdesignerinnen eine einzigartige Gelegenheit, ihre Kreationen einem breiten Publikum zu präsentieren und wertvolle Kontakte zu knüpfen. Durch die direkte Interaktion mit potenziellen Kunden kann nicht nur sofortiges Feedback eingeholt, sondern auch ein vertrauenswürdiges Image aufgebaut werden. Darüber hinaus profitieren Designerinnen vom Austausch mit Branchenkollegen, sammeln Inspiration und Wissen und können langfristige Kooperationen anbahnen. Diese Events sind ideal, um sich auf dem Markt zu positionieren, Trends frühzeitig zu erkennen und die eigene Bekanntheit stetig zu steigern – ein essenzieller Schritt für den nachhaltigen Erfolg im Schmuckdesign.

Die Teilnahme an Messen und Ausstellungen bringt zahlreiche Vorteile für Schmuckdesignerinnen mit sich.

- Direkter Kontakt zu potenziellen Kunden ermöglicht es, unmittelbares Feedback zu erhalten und Vertrauen aufzubauen.
- Neue Geschäftskontakte mit Branchenkollegen und potenziellen Kooperationspartnern können auf einfache Weise geknüpft werden.
- Die Präsenz auf renommierten Messen erhöht die Glaubwürdigkeit und Sichtbarkeit der eigenen Marke erheblich.
- Trends und Innovationen der Branche werden aus erster Hand beobachtet, was die eigene Weiterentwicklung fördert.

Tipp

Bevor Sie sich zu einer Messe oder Ausstellung anmelden, sollten Sie gründlich recherchieren, welche Veranstaltung am besten zu Ihren Zielen und Ihrer Marke passt. Analysieren Sie die Zielgruppe, die dort vertreten ist: Sind es Fachbesucher, Endkunden oder beides? Berücksichtigen Sie die Kosten für Standmiete, Ausstattung und gegebenenfalls Anreise sowie Übernachtung. Der Standort der Messe beeinflusst sowohl die Besucherfrequenz als auch die logistischen Anforderungen. Informieren Sie sich zudem über das Renommee und die Reichweite der Veranstaltung, um sicherzustellen, dass Ihr Einsatz maximale Wirkung erzielt und den bestmöglichen Mehrwert bringt.

Gut zu wissen

Für einen erfolgreichen Messeauftritt benötigen Sie eine gut durchdachte Ausstattung Ihres Standes. Zu den typischen Ausrüstungsgegenständen zählen:

- Display-Elemente wie Schmuckvitrinen, Aufsteller und Präsentationsflächen, um Ihre Schmuckstücke ansprechend zu präsentieren.
- Beleuchtung, die gezielt eingesetzt wird, um die Brillanz und Besonderheiten Ihrer Schmuckkollektion hervorzuheben.
- Werbematerialien wie Flyer, Visitenkarten und Kataloge, damit interessierte Besucher auch nach der Messe Kontakt zu Ihnen aufnehmen können.

In der Praxis

Eine wirkungsvolle Präsentation Ihres Schmucks ist entscheidend für den Messeerfolg. Achten Sie auf eine professionelle Ausleuchtung: Spotlights oder LED-Lichter setzen Ihre Stücke gezielt in Szene und lassen sie erstrahlen. Wählen Sie einen neutralen, aber stilvollen Hintergrund, der Ihre Designs nicht überlagert, sondern elegant zur Geltung bringt. Durchdachte Dekorationselemente wie Schmuckständer, dezente Stoffe oder thematische Accessoires unterstreichen Ihre Kollektion und vermitteln Ihre Markenidentität. Eine klare, übersichtliche Anordnung erleichtert es Besuchern, einzelne Schmuckstücke zu erfassen und mit ihnen zu interagieren. Der Gesamteindruck sollte einladend und hochwertig sein.

Effektives Netzwerken auf Messen ist entscheidend, um nachhaltige Kontakte zu knüpfen und das eigene berufliche Netzwerk als Schmuckdesignerin gezielt zu erweitern.

- Bereiten Sie sich gezielt vor, indem Sie sich über Aussteller und Besucher informieren und potenzielle Ansprechpartner bereits vorab identifizieren.
- Nutzen Sie Ihre Visitenkarten und professionelle Präsentationsunterlagen, um einen bleibenden Eindruck zu hinterlassen.
- Seien Sie offen und kommunikationsfreudig – suchen Sie aktiv das Gespräch, stellen Sie gezielte Fragen und zeigen Sie ehrliches Interesse am Gegenüber.
- Pflegen Sie nach der Messe die geknüpften Kontakte, indem Sie zeitnah eine persönliche Nachricht senden, um den Dialog aufrechtzuerhalten.

Gut zu wissen

Aspekt	**Regionale Schmuckmessen**	**Internationale Schmuckmessen**
Zielgruppe	Lokale Kunden, kleine Händler und regionale Boutiquen	Große Händler, internationale Einkäufer, Fachpublikum aus aller Welt
Reichweite	Begrenzt auf bestimmte Region oder Land	Weltweit, große mediale Aufmerksamkeit
Kosten	Eher niedrig (Standmiete, Anreise, Übernachtung)	Deutlich höher (Standgebühren, Logistik, internationale Reise- und Unterbringungskosten)
Zugangsmöglichkeiten	Einfacher Zugang, oft weniger bürokratische Hürden	Strenge Auswahl oder Bewerbung, höhere Anforderungen an Aussteller
Vernetzungsmöglichkeiten	Intensive, persönliche Kontakte vor allem auf lokaler Ebene	Große neue Märkte, zahlreiche internationale Kontakte, weniger persönliche Atmosphäre

Wichtig

Nach der Messe beginnt die eigentliche Netzwerkarbeit: Melden Sie sich zeitnah bei den geknüpften Kontakten, beispielsweise mit einer kurzen Dankesnachricht oder einer Zusammenfassung gemeinsamer Gesprächsthemen. Durch gezieltes Nachfassen zeigen Sie Interesse und Professionalität und erhöhen die Chance, im Gedächtnis zu bleiben. Pflegen Sie den Kontakt über soziale Netzwerke oder Newsletter, informieren Sie regelmäßig über Neuigkeiten und exklusive Angebote. Eine persönliche Einladung zu zukünftigen Events oder Präsentationen kann Beziehungen weiter stärken. So verwandeln Sie lose Begegnungen in nachhaltige Kooperationen und bauen ein starkes Netzwerk für den langfristigen Erfolg auf.

Kundenbindung und -pflege

Kapitel 7: Netzwerken und Beziehungen – Unterkapitel: Kundenbindung und -pflege

Die Kunst des Schmuckdesigns endet nicht beim fertigen Schmuckstück. Auch der Aufbau und die Pflege langfristiger Kundenbeziehungen stellt einen essenziellen Bestandteil des unternehmerischen Erfolgs dar. Gerade in kreativen Branchen wie dem Schmuckdesign ist die emotionale Verbindung zwischen Designerin und Kundschaft ausschlaggebend. In diesem Kapitel lernst du daher Methoden und Strategien, um Kunden nicht nur zu gewinnen, sondern sie nachhaltig zu binden und Beziehungen gezielt zu pflegen.

---

1. Bedeutung der Kundenbindung im Schmuckdesign

Kundenbindung – also die Fähigkeit, aus Erstkäufern treue Stammkunden zu machen – ist für Schmuckdesignerinnen aus mehreren Gründen besonders wichtig:

- **Exklusivität und Individualität:** Schmuck steht für Persönlichkeit und Erinnerung; treue Kunden suchen oft individuelle und maßgeschneiderte Kreationen.
- **Empfehlungsmarketing:** Zufriedene, treue Kunden fungieren als Markenbotschafter, indem sie Produkte weiterempfehlen.
- **Verlässlichkeit in unsicheren Märkten:** Stammkundschaft sorgt für ein verlässlicheres Einkommen, was die Planung und Weiterentwicklung des Unternehmens unterstützt.

2. Strategien zur Kundenbindung

Persönlicher Kontakt und Kundenservice

Kunden designtes Schmuckstück zu überreichen ist ein sehr persönlicher Vorgang. Wertschätzung und persönlicher Kontakt sind daher unerlässlich:

- Grüße per E-Mail nach dem Kauf
- Handschriftliche Dankeskarten
- Kleine Geschenke oder Zugaben
- Persönliche Beratung und individuelle Betreuung, z. B. per Telefon, Video oder persönlich im Atelier

After-Sales-Service und Kulanz

Über den Verkauf hinaus ist eine gute Erreichbarkeit wichtig. Dazu gehört:

- Angebot von Politur-, Reparatur- oder Anpassungsservices
- Kulanz bei Reklamationen
- Transparente Kommunikation bei Problemen

Kundenbindungsprogramme

Belohne wiederkehrende Käufer:

- Kundenkarten mit Sammelpunkten

- Exklusive Einladungen zu Events oder Previews neuer Kollektionen
- Sonderaktionen und Rabatte für Bestandskunden
- VIP-Kundengruppen in sozialen Netzwerken

Regelmäßige Kommunikation

Halte Kontakt durch:

- Newsletter mit Einblicken in neue Projekte, Werkstattalltag, Pflegetipps
- Erinnerungs-Mails z. B. vor Feiertagen oder Geburtstagen (personalisierte Wünsche)
- Hinweise auf Workshops, Aktionen oder Schließzeiten

3. Psychologie der Kundenbindung

Kundenbindung ist nicht nur eine Frage guter Angebote, sondern psychologischer Faktoren:

- **Vertrauen:** Ehrliche Beratung, transparente Preise, authentische Markenwerte
- **Wiedererkennung:** Unverwechselbares Design, konsistentes Branding
- **Erlebnis:** Der Kauf wird als Erlebnis inszeniert – z. B. durch Atelierführungen, persönliche Beratung, festliche Verpackung
- **Zugehörigkeit:** Aufbau einer „Community“ aus Schmuckfans, z. B. via Social Media-Gruppen

4. Kundenpflege im digitalen Zeitalter

Gerade bei der Online-Kundenbindung bieten sich vielfältige Möglichkeiten:

- **Schnelle Reaktionszeiten** auf E-Mail-Anfragen oder Social Media-Kommentare
- **Personalisierte Empfehlungen** (z. B. „Weil Sie dieses Armband gekauft haben, empfehlen wir...“)
- **Automatisierte, aber persönliche Geburtstagsgrüße**
- **Ansprechende Social-Media-Profile** als Plattform für Interaktion und Feedback
- **(Video-)Handwerkspräsentationen** zur Bindung an die Marke und die Persönlichkeit dahinter

5. Herausforderungen der Kundenpflege

Die größten Schwierigkeiten für Schmuckdesignerinnen sind:

- **Zeit:** Pflegetätigkeiten kosten Aufwand, der in die Preisgestaltung einkalkuliert werden sollte
- **Datenpflege:** Erfassung und Schutz von Kundendaten
- **Individuelle Ansprache trotz Automatisierung:** Automatisiert heißt nicht unpersönlich; die persönliche Note ist entscheidend

6. Praktische Beispiele und Tools

Kundenpflege-Software und CRM-Systeme

Nutze einfache Kundendatenbanken, z. B.:

- Excel/Google Tabellen bei kleinen Unternehmen
- Spezielle CRM-Tools wie Hubspot, Zoho, oder spezielle Lösungen für Einzelhandel und Handwerk

Events & exklusive Angebote

- Organisation kleiner Atelier-Events für Stammkunden
- Einladung zu exklusiven Previews vor Markteinführungen
- Kreative Workshops, bei denen Kunden eigenen Schmuck designen können

Social Media als Kundenpflegewerkzeug

- Schnelle Beantwortung von Nachrichten und Kommentaren
- Community-Hashtags (z. B. #MeinXYSchmuckstück) für geteilte Bilder
- Veröffentlichung von Kundenfeedback (mit Zustimmung!)

7. Umgang mit schwierigen Kundensituationen

Selten trifft man auf unzufriedene Kunden. Auch hier gilt: Konflikt als Chance zur Bindung nutzen!

- Ruhig und empathisch bleiben
- Vorschläge zur Problemlösung anbieten
- Kulanz zeigen, z. B. kostenlose Nachbesserung oder Austausch
- Feedback nutzen, um Prozesse zu verbessern

8. Messen und analysieren: Kundenbindung messbar machen

Maßnahmen zur Kundenbindung sollten regelmäßig überprüft werden, etwa durch:

- Wiederkaufrate
- Weiterempfehlungen
- Teilnahme an Aktionen/Events
- Offene Feedbackkanäle (Anregungen erwünscht!)

9. Nachhaltige Kundenpflege: Der „Lifecycle“ eines Schmuckkunden

Überlege, wie du Kunden entlang der gesamten „Kundenreise“ begleitest:

- Vom Erstkontakt (Social Media, Website) über den Kauf bis zum After-Sales
- Jahr für Jahr Aufmerksamkeit behalten – z. B. durch saisonale Kollektionen oder Erinnerungen
- Lebenslange Verbindung: Schmuck als Geschenk, Andenken, Erbstück

10. Kundenpflege als Teil der Unternehmensidentität

Deine Werte als Designerin spiegeln sich in deinem Umgang wider. Authentische, respektvolle und wertschätzende Kommunikation ist das Fundament langfristig erfolgreicher Kundenbeziehungen und die beste „Werbung“.

Fazit:

Kundenbindung und -pflege stellen keine einmaligen Maßnahmen dar, sondern einen kontinuierlichen Prozess der Beziehungspflege. Mit Kreativität, persönlicher Note, Ehrlichkeit und einem aufmerksamen Service kannst du eine treue Community aus Schmuckliebhabern aufbauen. Gerade im hochwertigen, individuellen Schmuckdesign ist dies der Schlüssel zum nachhaltigen Erfolg.

Du als Schmuckdesignerin entscheidest, wie deine Kundinnen und Kunden über dich und deine Marke denken – und wie gern sie jederzeit zu dir zurückkehren.

Testen Sie Ihr Wissen mit einem Quiz.

Scannen Sie diesen QR-Code

Praktische Übungen

1

Erstellen Sie einen persönlichen Networking-Plan für die nächsten drei Monate mit mindestens drei spezifischen Maßnahmen, wie Sie neue Kontakte in der Schmuckdesignbranche knüpfen und bestehende Beziehungen aktiv pflegen möchten. Berücksichtigen Sie dabei sowohl analoge (persönliche Treffen, Messen) als auch digitale Methoden (z.B. Social Media, E-Mail). Beschreiben Sie jeweils Ihr Ziel, die gewählte Methode und wie Sie den Erfolg messen wollen.

Beispiel-Lösung:

1. 1. Teilnahme an der regionalen Schmuckmesse im nächsten Monat. Ziel: Mindestens fünf neue Kontakte knüpfen und nach der Messe innerhalb einer Woche per E-Mail Kontakt aufnehmen.
2. 2. Einmal wöchentlich einen Beitrag oder Kommentar in einem Schmuckdesignerinnen-Forum (z.B. Facebook-Gruppe, LinkedIn) hinterlassen und gezielt auf Beiträge anderer reagieren. Ziel: Sichtbarkeit erhöhen und mindestens drei Online-Gespräche initiieren.
3. 3. Bestehende Kontakte pflegen: Zwei ehemalige Kursteilnehmerinnen per E-Mail anschreiben und zu einem Kaffee oder einem gemeinsamen Atelierbesuch einladen. Ziel: Beziehungen auffrischen und Möglichkeiten für Kooperationen ausloten.
   Der Erfolg wird durch die Anzahl der neu geknüpften Kontakte, Antworten und das Zustandekommen konkreter Gespräche gemessen.

2

Simulieren Sie ein Anschreiben an eine potenzielle Kooperationspartnerin (z.B. eine Modedesignerin oder ein Galeriebetreiber), in dem Sie erklären, warum Sie an einer Zusammenarbeit interessiert sind, was Sie selbst einbringen können und wie eine mögliche Kooperation ausgestaltet werden könnte. Das Anschreiben sollte authentisch, persönlich und möglichst überzeugend sein.

Beispiel-Lösung:

Sehr geehrte Frau Müller,

schon lange bewundere ich Ihre Arbeiten und Ihren kreativen Ansatz in der Modewelt. Ich bin Schmuckdesignerin und habe festgestellt, dass unsere Stile hervorragend harmonieren könnten. Mit meiner Expertise in handgefertigten, individuellen Schmuckstücken und Ihrer außergewöhnlichen Mode könnten wir eine einzigartige Capsule-Kollektion für die kommende Saison entwerfen. Ich stelle mir eine Kooperation vor, bei der wir gemeinsam eine kleine Auswahl von Outfits und dazu passenden Schmuck präsentieren – sei es als gemeinsame Ausstellung, Fashion-Event oder Lookbook. Gleichzeitig würde ich meine Netzwerke und Social-Media-Präsenz zur Vermarktung einbringen.

Lassen Sie uns doch telefonisch oder bei einem Kaffee unverbindlich austauschen. Ich freue mich auf Ihre Rückmeldung!

Mit besten Grüßen,
Anna Schmidt

3

Stellen Sie eine Checkliste mit mindestens fünf wichtigen Punkten zusammen, die Sie bei der Auswahl eines geeigneten Events (Messe, Ausstellung, Workshop) für Ihre nächste Präsentation berücksichtigen sollten. Erläutern Sie für jeden Punkt, warum er relevant ist und wie Sie ihn konkret bewerten würden.

Beispiel-Lösung:

1. 1. Zielgruppe des Events – Ist mein Wunschpublikum (Endkunden, Händler, Presse) vertreten? Wichtig, um mein Marketingbudget optimal einzusetzen. Ich prüfe die Besucherstatistik der letzten Events.

2. 2. Renommee und Reichweite des Events – Wie bekannt ist die Veranstaltung in der Branche? Bedeutend für die potenzielle Medienwirkung und meinen Markenaufbau. Recherche über Presseberichterstattung und Ausstellerlisten.

3. 3. Kosten und logistische Machbarkeit – Kann ich die Standgebühr, Anreise und Unterkunft finanzieren? Kalkulation anhand meines Budgets und ggf. Vergleich mit vergangenen Events.

4. 4. Konkurrenzsituation – Sind viele ähnliche Schmuckdesigner vertreten? Ich schaue mir die Ausstellerliste an, um möglichst Alleinstellungsmerkmale zu sichern.

5. 5. Möglichkeiten zur persönlichen Präsentation – Wie viel Raum bekomme ich für meine Marke? Wichtig für die Inszenierung meines Designs. Anfrage beim Veranstalter wegen Standgröße, Präsentationszeiten etc.

4

Entwickeln Sie ein einfaches Kundenbindungsprogramm für Ihr Schmuckatelier, das sowohl neue als auch bestehende Kunden anspricht. Beschreiben Sie mindestens drei Maßnahmen, mit denen Sie Ihre Kunden langfristig binden wollen, und erläutern Sie, wie jede Maßnahme funktioniert und welchen Mehrwert sie bietet.

Beispiel-Lösung:

1. 1. Stammkundenkarte: Für jeden Einkauf ab 50 Euro gibt es einen Stempel. Nach fünf Stempeln erhält der Kunde eine kostenlose Schmuckreinigung oder einen kleinen Rabatt auf den nächsten Einkauf. Vorteil: Ermutigt zu wiederholten Käufen und gibt Wertschätzung für Treue.
2. 2. Exklusive Events: Einladung zu Previews neuer Kollektionen und kleinen Atelierabenden mit persönlicher Beratung. Vorteil: Stärkt die emotionale Bindung und bietet exklusives Kauferlebnis.
3. 3. Geburtstagsservice: Kunden erhalten im Geburtsmonat eine handgeschriebene Karte und einen kleinen Gutschein. Vorteil: Personalisierte Wertschätzung und Aktivierung für einen erneuten Besuch im Atelier.

5

Beschreiben Sie ein angemessenes Vorgehen, wie Sie professionell und kundenorientiert mit einer Reklamation umgehen, wenn ein Kunde mit einem individuell angefertigten Schmuckstück unzufrieden ist. Gehen Sie auf die einzelnen Schritte von der Kontaktaufnahme bis zur Lösungsfindung ein.

Beispiel-Lösung:

1. 1. Ruhig und freundlich auf die Reklamation reagieren, dem Kunden aufmerksam zuhören und Verständnis zeigen, ohne Rechtfertigungen.
2. 2. Genaues Nachfragen, worin die Unzufriedenheit besteht (Design, Größenanpassung, Materialfehler etc.).
3. 3. Vorschlag für eine zeitnahe Lösung machen: kostenlose Nachbesserung, Anpassung oder im Ausnahmefall Austausch anbieten.
4. 4. Transparent über den Zeitrahmen und die nächsten Schritte kommunizieren.
5. 5. Nach Abschluss der Reklamation eine persönliche Nachricht schicken und ggf. einen kleinen Gutschein als Zeichen der Wertschätzung beilegen.
   Dadurch fühlt sich der Kunde ernst genommen und erfährt professionelle Betreuung – das stärkt langfristig Vertrauen und Kundenbindung.

Kapitel : 8

Kapitel 8: Verkaufstechniken

IN DIESEM KAPITEL:

- 1. Die richtige Preissetzung berücksichtigt Materialkosten, Arbeitszeit und Marktpositionierung und ist entscheidend für den wirtschaftlichen Erfolg und das Markenimage.

- 2. Erfolgreiche Verkaufsgespräche basieren auf professioneller Vorbereitung, aktivem Zuhören, authentischer Beratung und gezieltem Eingehen auf Kundenbedürfnisse.

- 3. Unterschiedliche Verkaufskanäle wie direkte Märkte, Online-Shops, Marktplätze und Kooperationen bieten individuelle Chancen und erfordern eine gezielte Auswahl entsprechend der eigenen Ziele und Ressourcen.

- 4. Ein exzellenter After-Sales-Service, bestehend aus Beratung, Garantie, Reparatur, individueller Kundenbetreuung und Zusatzangeboten, fördert nachhaltig die Kundenzufriedenheit und -bindung.

- 5. Die kontinuierliche Optimierung des Verkaufs- und Serviceprozesses sowie der professionelle Umgang mit Reklamationen und Feedback sind entscheidend für langfristigen Erfolg und positives Markenimage.

Preissetzung von Schmuckstücken

Wichtig

Die Preissetzung ist ein entscheidender Bestandteil des kommerziellen Erfolgs im Schmuckdesign. Ein zu niedriger Preis kann Ihre Arbeit entwerten und lässt potenzielle Kund*innen an der Qualität zweifeln, während ein zu hoher Preis abschreckend wirken kann. Durch eine gezielte und wohlüberlegte Preisgestaltung signalisieren Sie Professionalität und Positionierung im Markt. Zudem ermöglicht eine intelligente Preisstrategie nicht nur das Erzielen von Gewinn, sondern auch die Schaffung eines einzigartigen Markenimages, das Ihre Zielkundschaft anspricht. Überlegen Sie daher genau, wie Ihre Preisstruktur sowohl Ihren Aufwand als auch die Wertwahrnehmung Ihrer Schmuckstücke widerspiegelt.

Bei der Preissetzung für Ihre Schmuckstücke spielen verschiedene Faktoren eine Rolle, die Sie sorgfältig abwägen sollten.

- Materialkosten: Die Ausgaben für Edelmetalle, Edelsteine und andere verwendete Komponenten sind die Basis der Preisgestaltung.
- Arbeitszeit und Handwerkskunst: Berücksichtigen Sie die Stunden, die Sie in die Anfertigung investieren, sowie Ihr individuelles Können und Ihre Kreativität.
- Marktanalyse: Vergleichen Sie Ihre Preise mit ähnlichen Produkten auf dem Markt und bestimmen Sie Ihre Positionierung im Wettbewerb.

Wichtig

Die Materialkosten bilden die Grundlage für Ihre Preisberechnung und setzen sich aus allen verwendeten Rohstoffen wie Edelmetallen, Edelsteinen, Perlen und weiteren Elementen zusammen. Auch kleinere Komponenten wie Verschlüsse, Drähte oder spezielle Beschichtungen sollten genau kalkuliert werden. Notieren Sie sämtliche Ausgaben für jedes Schmuckstück detailliert, um eine realistische Kostenübersicht zu erhalten. Verpackungsmaterial und Versandkosten dürfen ebenfalls nicht vernachlässigt werden. Nur so können Sie sicherstellen, dass Ihre Verkaufspreise alle anfallenden Ausgaben abdecken und Ihnen trotzdem einen angemessenen Gewinn ermöglichen. Regelmäßiges Überprüfen der Materialpreise schützt zusätzlich vor Verlusten.

Gut zu wissen

Neben den reinen Materialkosten spielen auch Ihre Arbeitszeit, Kreativität und Ihr handwerkliches Können eine zentrale Rolle bei der Preisfindung. Berücksichtigen Sie genau, wie viele Stunden Sie an einem Schmuckstück gearbeitet haben und bewerten Sie Ihre Arbeitsleistung angemessen – orientieren Sie sich dabei ruhig an branchenüblichen Stundensätzen für Kunsthandwerk. Vergessen Sie nicht, dass Ihre Erfahrung, der Innovationsgrad Ihres Designs und Ihr künstlerisches Know-how einen einzigartigen Mehrwert schaffen, der sich im Preis widerspiegeln sollte. Ihre Kund*innen schätzen die Individualität und das Können, das in jedes Stück einfließt – dies rechtfertigt einen fairen Preis.

Tipp

Wenn Sie Ihre Schmuckstücke bepreisen, stehen Ihnen verschiedene Preisstrategien zur Auswahl, die je nach Markt, Zielgruppe und Unternehmenszielen variieren können.

- Kalkulation basierend auf Kosten (Kosten-Plus-Methode): Der Preis ergibt sich aus den addierten Material-, Arbeits- und Gemeinkosten zuzüglich eines festen Gewinnaufschlags.
- Wertbasierte Preisgestaltung: Hier orientiert sich der Preis an dem wahrgenommenen Wert für die Kund*innen, beispielsweise durch einzigartige Designs, innovative Techniken oder exklusive Materialien.
- Marktorientierte Preissetzung: Dabei richten Sie Ihre Preise an vergleichbaren Produkten auf dem Markt aus und passen sie entsprechend Ihrer Positionierung und Ihrer Zielgruppe an.

In der Praxis

Die Marktanalyse ist ein unverzichtbarer Schritt für eine erfolgreiche Preissetzung. Beobachten Sie genau, wie ähnliche Schmuckstücke auf dem Markt angeboten werden und zu welchen Preisen sie verkauft werden. Analysieren Sie sowohl kleinere Manufakturen als auch etablierte Marken, um ein Gefühl für die Preisspanne und die Kundenerwartungen zu bekommen. Überlegen Sie, wie Sie sich mit Ihrem Stil, Ihren Materialien oder speziellen Fertigungstechniken abheben. Wo möchten Sie sich positionieren – als exklusive Designerin oder eher im Mittelpreissegment? Eine fundierte Marktanalyse ermöglicht es Ihnen, Ihre Preise strategisch und zielgruppengerecht festzulegen.

Kostenfaktor	**Beschreibung**	**Beispielbetrag (EUR)**
Materialkosten	Kosten für Edelmetalle, Steine, Perlen und Komponenten	50
Arbeitszeit	Zeitaufwand für die Herstellung, angesetzt z.B. 20 EUR/Stunde, 2 Stunden	40
Verpackung & Versand	Kosten für Schmuckschachtel und Porto	5
Sonstige Kosten	z.B. Werkzeugverschleiß, Marketinganteil, Miete	10
GESAMTKOSTEN	Summe aller Kostenfaktoren	105
ANGESTREBTE GEWINNMARGE	z.B. 30% auf die Gesamtkosten	31,50
VERKAUFSPREIS (EMPFOHLEN)	Gesamtkosten + Gewinnmarge	136,50

Warnung

Es ist wichtig, Ihre Preise nicht als endgültig zu betrachten. Überprüfen Sie diese regelmäßig und passen Sie sie an aktuelle Marktbedingungen, Ihre eigenen Kostenstrukturen sowie an Wertsteigerungen durch neue Designs und Fertigungstechniken an. Steigen beispielsweise die Preise für Rohmaterialien oder steigen Ihre Fixkosten, sollten Sie dies in Ihrer Kalkulation berücksichtigen, um weiterhin profitabel zu arbeiten. Beobachten Sie auch, wie sich die Nachfrage und Trends innerhalb Ihrer Zielgruppe entwickeln – dies kann Ihnen helfen, rechtzeitig auf Veränderungen zu reagieren und Ihre Preisstrategie nachhaltig erfolgreich auszurichten.

Verkaufsgespräche führen

Einführung

Verkaufsgespräche spielen im erfolgreichen Schmuckdesign eine zentrale Rolle. Nicht nur das kreative Gestalten, sondern auch das geschickte Präsentieren und aktive Verkaufen sind essenziell für den wirtschaftlichen Erfolg. In diesem Kapitel erfährst du, wie du professionelle Verkaufsgespräche führst, welche Vorbereitung erforderlich ist, wie du die Bedürfnisse deiner Kundinnen herausfindest, überzeugend argumentierst und den Abschluss sicherst – sowohl beim Direktverkauf als auch auf Messen, in Boutiquen oder im eigenen Atelier.

1. 1. Die richtige Vorbereitung auf das Verkaufsgespräch

Gute Verkaufsgespräche beginnen lange vor dem eigentlichen Kontakt mit der Kundin. Vorbereitung bedeutet, sich mit dem eigenen Schmucksortiment, den Zielgruppen und deren Bedürfnissen vertraut zu machen.

- Produkte kennen: Kenne deine Materialien, Entstehungsgeschichten, den Herstellungsprozess und Besonderheiten deiner Schmuckstücke.

- Zielgruppe analysieren: Wer sind deine typischen Kundinnen? Welche Wünsche, Werte und Stile sprechen sie an?

- Setting gestalten: Schaffe eine angenehme Atmosphäre durch Licht, Präsentation, Ordnung und eine freundliche Begrüßung.

- Persönliche Einstellung: Gehe offen, positiv und empathisch ins Gespräch. Authentizität schafft Vertrauen.

1. 2. Der Gesprächseinstieg

Der erste Eindruck ist entscheidend. Trete freundlich, gepflegt und aufmerksam auf.

- Begrüße die Kundin mit einem Lächeln und stelle dich, falls nötig, kurz vor.

- Signalisiere Hilfsbereitschaft: „Herzlich willkommen! Was darf ich Ihnen zeigen?“ oder „Suchen Sie etwas Bestimmtes?“. Baue keine Verkaufshürden auf, sondern hilf der Kundin, sich wohlzufühlen.

- Zeige echtes Interesse. Frage: „Was hat Sie an diesem Schmuckstück besonders angesprochen?“ Diese Offenheit erleichtert den Gesprächseinstieg und zeigt Wertschätzung.

1. 3. Aktives Zuhören und Bedarfsermittlung

Aktives Zuhören ist eine Schlüsselkompetenz.

- Lass die Kundin ausreden, stelle offene Fragen und fasse ihre Wünsche zusammen, etwa: „Habe ich Sie richtig verstanden, dass Sie etwas Elegantes für den Alltag suchen?“

- Ermittle Bedürfnisse: Geht es um ein Geschenk, ein Accessoire für ein besonderes Ereignis oder ein individuelles Unikat?

- Notiere ggf. wichtige Anhaltspunkte für die spätere Präsentation.

- Respektiere Unsicherheiten, sei geduldig und beobachte die Körpersprache der Kundin.

1. 4. Produktvorstellung und Argumentation

Jetzt präsentierst du passenden Schmuck aus deinem Sortiment.

- Wähle gezielt Stücke, die zu den genannten Anforderungen passen.
- Beschreibe Design, Material, Herstellungsprozess und Besonderheiten emotional und bildhaft.
- Erkläre den Mehrwert: Handgefertigte Einzelstücke, nachhaltige Materialien, Personalisierbarkeit usw.
- Argumentiere aus Kundensicht: „Mit diesem Ring aus recyceltem Silber setzen Sie ein Zeichen für Nachhaltigkeit und einzigartigen Stil."
- Vermeide zu technische Detailverliebtheit, es sei denn, die Kundin fragt konkret nach.

1. 5. Einwände professionell behandeln

Einwände sind kein Scheitern, sondern Chancen. Sie zeigen Interesse, noch gibt es jedoch offene Fragen oder Unsicherheiten.

- Höre die Bedenken an, frage ggf. nach: „Was genau macht Sie unsicher?"
- Gehe wertschätzend und sachlich auf Einwände ein.
- Schlage Lösungen vor: z.B. Anpassungen beim Design, verschiedene Materialien, flexible Preisgestaltungen oder Serviceleistungen wie Nachbesserungen.
- Oft genannte Einwände: Preis, Allergien, Pflege, Stil – bereite darauf passende Antworten vor.

Beispiel:
Kundin: „Der Preis ist aber hoch – warum?"
Du: „Das verstehe ich. Ich arbeite ausschließlich mit hochwertigen Materialien. Außerdem ist jedes Stück handgefertigt. Sie erwerben also ein Unikat, das viele Jahre Freude bereitet und einen nachhaltigen Wert besitzt."

1. 6. Die wichtigsten Verkaufstechniken

- Bedarfsorientiertes Verkaufen: Passe die Beratung auf die Wünsche deiner Kundin an.
- Empfehlungen: „Dazu würde diese Kette wunderbar harmonieren – möchten Sie sie einmal anprobieren?"
- Storytelling: Erzähle kleine Geschichten von der Entstehung, dem Designprozess oder früheren Kunden.
- Cross Selling: Biete passende Ergänzungen an, bleib dabei dezent und respektvoll.
- Positive Formulierungen: Statt „Das haben wir nicht" □ „Was wir anbieten können, ist..."

1. 7. Körpersprache und nonverbale Kommunikation

- Bleibe offen (z.B. offene Hände, entspanntes Gesicht)
- Blickkontakt und ein freundliches Lächeln schaffen Vertrauen
- Passe deinen Abstand der Gesprächssituation an (nicht zu nah auf die Pelle rücken)

- Achte auch auf die Körpersprache der Kundin als Feedback

1. 8. Die Schmuckanprobe – Erlebnis schaffen

- Ermutige die Kundin, den Schmuck selbst anzuprobieren. Dieser Moment ist emotional und entscheidend für die Kaufentscheidung
- Biete Unterstützung beim Anlegen und einen Spiegel zur Begutachtung an
- Sei ehrlich und berate, wenn ein Stück nicht optimal passt. Das schafft Glaubwürdigkeit
- Bestärke sie, wenn sie sich unsicher ist: „Das steht Ihnen wirklich sehr gut und unterstreicht Ihren Stil."

1. 9. Vom Interesse zum Kaufabschluss

Nicht selten zögern Kundinnen – hier ist Fingerspitzengefühl gefragt.

- Beobachte: Ist die Kundin begeistert oder noch unsicher?
- Stelle Abschlussfragen: „Darf ich Ihnen das Stück einpacken?" oder „Mit welchem Schmuckstück fühlen Sie sich am wohlsten?"
- Biete Serviceleistungen wie Gravuren, spätere Anpassungen oder Geschenkverpackungen von sich aus an
- Bleibe geduldig. Es ist in Ordnung, wenn eine Kundin auch einmal Bedenkzeit braucht
- Notiere Kontaktdaten (mit Zustimmung) für spätere Aktionen oder Beratungstermine

1. 10. Nach dem Verkauf: Service und Kundenbindung

- Bedanke dich herzlich für den Kauf, ggf. mit einer kleinen Beigabe (Pflegehinweis, Dankeskarte)
- Gib Tipps zur Schmuckpflege mit
- Biete Service für spätere Anpassungen oder Reparaturen an
- Halte Kontakt über Mailings, Veranstaltungen oder Social Media, falls die Kundin zustimmt – so förderst du nachhaltige Kundenbindung

1. 11. Verkaufsgespräche auf Messen und Pop-up-Events

- Bereite dich auf kurze, prägnante Verkaufsgespräche vor: Der erste Kontakt zählt, oft bleibt wenig Zeit
- Kommuniziere das Markenerlebnis und die Besonderheiten auf den Punkt
- Sorge für ansprechende Präsentation und Visitenkarten/Flyer
- Halte einprägsame Kernbotschaften parat, z.B. „Handgefertigter Schmuck aus lokalen Materialien" oder „Unikatdesigns mit persönlicher Beratung"

1. 12. Online-Verkaufsgespräche und digitale Beratung

- Bei digitalen Kontakten (z.B. per Mail, Chat, Videocall) ist schnelles, höfliches Antworten wichtig
- Sende Produktfotos, Maßangaben, Pflegehinweise
- Biete virtuelle Anproben (z.B. mit Fotos) an und erkläre Services klar
- Sei besonders transparent und baue Vertrauen auf

Schlussreflexion

Das erfolgreiche Führen von Verkaufsgesprächen ist eine Kunst, die gelernt und kontinuierlich verbessert werden kann. Einfühlungsvermögen, Fachwissen, Überzeugungskraft und Authentizität sind hierbei unverzichtbar. Mit der richtigen Vorbereitung, aktiver und wertschätzender Kommunikation sowie Serviceorientierung wirst du deine Schmuckstücke nicht nur verkaufen, sondern Kundinnen auch nachhaltig für deine Marke begeistern und binden. Übe regelmäßig, reflektiere deine Gespräche und bleibe stets interessiert an den Menschen, denen du begegnest – so wird jedes Verkaufsgespräch zu einer wertvollen Erfahrung auf deinem Weg zur erfolgreichen Schmuckdesignerin.

Verkaufskanäle nutzen

Wichtig

Der Verkauf von Schmuck bietet zahlreiche Vertriebskanäle, die jeweils individuelle Chancen und Herausforderungen beinhalten. Die bewusste Auswahl der passenden Kanäle ist ein entscheidender Faktor auf dem Weg zum Erfolg als Schmuckdesignerin. Während einige Kanäle wie Online-Shops oder Marktplätze eine breite Reichweite ermöglichen, fokussieren andere wie lokale Boutiquen oder Kunsthandwerksmärkte stärker auf persönliche Beratung und Kundenbindung. Jeder Kanal bringt unterschiedliche Anforderungen hinsichtlich Zeitaufwand, Kosten und Kontrolle mit sich. Es ist daher wichtig, die eigenen Ziele sowie Ressourcen realistisch einzuschätzen und die Kanäle gezielt auf die Zielgruppe abzustimmen.

In der Praxis

Schmuckdesignerinnen stehen verschiedene Verkaufskanäle zur Verfügung, über die sie ihre Kreationen erfolgreich vermarkten können. Die Wahl des passenden Kanals hängt von den eigenen Zielen und Ressourcen ab. Zu den wichtigsten Verkaufskanälen zählen:

- Direktverkauf auf Kunsthandwerksmärkten, Messen und Pop-up-Stores: Hier entsteht persönlicher Kontakt mit Kundinnen und Kunden, was das Vertrauen stärkt und direktes Feedback ermöglicht.
- Eigener Online-Shop: Bietet umfassende Kontrolle über Markenauftritt, Preisgestaltung und das gesamte Einkaufserlebnis. Erfordert jedoch technisches Know-how sowie Zeit und finanzielle Ressourcen für den Aufbau und die Pflege.
- Online-Marktplätze wie Etsy oder Amazon Handmade: Sie ermöglichen einen schnellen Markteintritt und Zugang zu einem internationalen Kundenkreis. Allerdings müssen die spezifischen Regeln und Gebühren der jeweiligen Plattformen beachtet werden.
- Kooperationen mit lokalen Boutiquen oder Concept Stores: Durch solche Partnerschaften lassen sich neue Zielgruppen erschließen; es ist jedoch wichtig, auf faire Konditionen und die Auswahl

passender Geschäftspartner zu achten.

Der Direktverkauf spielt für Schmuckdesignerinnen eine wichtige Rolle, da er den direkten Kontakt zu potenziellen Kunden ermöglicht. Auf Kunsthandwerksmärkten, Messen oder in Pop-up-Stores kannst du deine Schmuckstücke persönlich präsentieren, die Geschichte dahinter erzählen und individuelle Beratung bieten. Die direkte Interaktion schafft Vertrauen, erhöht die Wertschätzung für handgefertigte Produkte und ermöglicht es, unmittelbar auf Fragen oder Wünsche der Kundinnen einzugehen. Zudem erhältst du persönliches, unverfälschtes Feedback, das dir hilft, Kollektionen weiterzuentwickeln und gezielt auf Kundenbedürfnisse einzugehen. Diese Erfahrung ist gerade zu Beginn sehr wertvoll.

Wichtig

Ein eigener Online-Shop ist für Schmuckdesignerinnen eine hervorragende Möglichkeit, maximale Kontrolle über den Markenauftritt, die Preisgestaltung und das gesamte Kundenerlebnis zu behalten. Du kannst das Design deines Shops individuell an deine Marke anpassen und die Präsentation deiner Schmuckstücke nach deinen Vorstellungen gestalten. Auch Sonderaktionen, exklusive Produkte und direkter Kundenkontakt lassen sich flexibel umsetzen. Allerdings erfordert der Aufbau und die Pflege eines Online-Shops technisches Grundverständnis, regelmäßige Wartung und die Bereitschaft, Zeit und finanzielle Mittel für die Entwicklung, Suchmaschinenoptimierung und gegebenenfalls Werbemaßnahmen zu investieren.

Gut zu wissen

Online-Marktplätze wie Etsy, Dawanda oder Amazon Handmade eröffnen Schmuckdesignerinnen die Möglichkeit, ihre Produkte schnell und unkompliziert einem internationalen Publikum anzubieten. Besonders für Einsteigerinnen bieten diese Plattformen einen einfachen Zugang ohne umfangreiche technische Vorkenntnisse. Die Registrierung, das Einstellen von Produkten und die Zahlungsabwicklung sind meist benutzerfreundlich gestaltet. Allerdings verlangen die Marktplätze oftmals Gebühren und es gelten bestimmte Regeln bezüglich der Produktpräsentation und des Kundendienstes. Zudem ist der Wettbewerb hoch, weshalb ein ansprechendes Profil, hochwertige Produktfotos und einzigartige Designs essenziell sind, um sich erfolgreich zu positionieren.

Tipp

Die Kooperation mit lokalen Boutiquen, Concept Stores oder Galerien eröffnet dir als Schmuckdesignerin die Möglichkeit, neue und oft exklusive Kundengruppen zu erschließen. Hier kannst du deine Schmuckstücke in einem ausgewählten Umfeld präsentieren und vom bestehenden Kundenstamm der Partner profitieren. Achte bei der Auswahl unbedingt darauf, dass das Image der Boutique oder Galerie zu deiner Marke passt und die Konditionen für beide Seiten transparent und fair gestaltet sind. Gute Kommunikation, klare Vereinbarungen zu Preisen, Provisionen und Rücknahmebedingungen sind dabei essenziell, um eine langfristig erfolgreiche Partnerschaft aufzubauen.

In der Praxis

Verkaufskanal	Reichweite	Kosten	Aufwand	Kontrolle
Direktverkauf (z.B. Märkte, Pop-up-Stores)	Regional/Begrenzt	Gering bis mittel (Standgebühren, Fahrtkosten)	Hoch (Präsenz, Aufbau, Verkauf)	Sehr hoch (persönliches Auftreten, Preisgestaltung)

Verkaufskanal	Reichweite	Kosten	Aufwand	Kontrolle
Eigener Online-Shop	International/unbegrenzt	Mittel bis hoch (Plattform, Pflege, Marketing)	Hoch (technisch, Inhalt, Wartung)	Sehr hoch (vollständige Kontrolle über Marke & Ablauf)
Online-Marktplätze (Etsy, Amazon Handmade)	International/groß	Niedrig bis mittel (Gebühren, Provision)	Mittel (Produkte einstellen, Kundenservice)	Mittel (Plattformregeln, begrenzte Gestaltungsmöglichkeiten)
Kooperation mit Boutiquen/Galerien	Regional/gezielt	Niedrig bis mittel (Provision, ggf. Miete)	Mittel (Pflege der Zusammenarbeit)	Niedrig bis mittel (Abhängigkeit von Partnern)
Soziale Netzwerke (Instagram, Facebook)	International/groß	Gering bis mittel (Zeit für Inhalte, ggf. Werbeanzeigen)	Mittel (Content-Erstellung, Community-Management)	Mittel bis hoch (eigene Inhalte, aber Plattformrichtlinien)
Stationärer Einzelhandel	Lokal/abhängig von Standort	Mittel bis hoch (Miete, Kommission)	Mittel bis hoch (Verhandlungen, Lieferung)	Niedrig (wenig Einfluss auf Präsentation und Verkauf)

Gut zu wissen

Soziale Netzwerke wie Instagram und Facebook sind heutzutage viel mehr als reine Marketinginstrumente. Sie bieten Schmuckdesignerinnen die Möglichkeit, direkt über integrierte Shops oder Produktlinks ihre Kreationen zu verkaufen. Mit ansprechenden Fotos, Stories und Reels erreichst du gezielt deine Community und kannst unmittelbar auf Nachfragen reagieren. Die Verbindung von Inspiration, Storytelling und direkter Kaufoption fördert Spontankäufe und den persönlichen Austausch mit Kundinnen. Da viele Nutzerinnen bereit sind, Produkte direkt über Social Media zu entdecken und zu erwerben, ist die gezielte Nutzung dieser Kanäle ein wichtiger Baustein im modernen Verkaufsmix.

Der stationäre Einzelhandel bleibt auch in Zeiten der Digitalisierung ein relevanter Verkaufskanal für Schmuckdesignerinnen. Besonders in Städten mit hoher Kundenfrequenz oder touristischer Attraktivität kann der Vertrieb über Ladengeschäfte lukrativ sein. Die erzielbaren Margen hängen jedoch stark von der Standortwahl, den jeweiligen Mietkonditionen und der Zielgruppe ab. Während exklusive Fachgeschäfte oft höhere Verkaufspreise erlauben, erfordert der Vertrieb im Massenmarkt meist größere Stückzahlen bei geringeren Margen. Der persönliche Kundenkontakt und die Möglichkeit, Schmuck direkt und haptisch zu erleben, machen den stationären Handel weiterhin besonders wertvoll.

After-Sales-Service optimieren

Einleitung

Der Verkauf eines Schmuckstücks markiert nicht das Ende der Beziehung zwischen Designerin und Kundschaft, sondern vielmehr einen wichtigen Meilenstein innerhalb einer kontinuierlichen Kundenbindung. Die Optimierung des After-Sales-Services im Schmuckdesign ist ein entscheidender Wettbewerbsvorteil für jede moderne Schmuckdesignerin. Ein exzellenter After-Sales-Service erhöht die Kundenzufriedenheit, fördert Wiederholungskäufe, sorgt für positive Mundpropaganda und stärkt die Markenloyalität. In diesem Abschnitt wird ausführlich erläutert, wie Sie Ihren After-Sales-Service professionell auf- und ausbauen können, um Ihr Schmuckdesign-Unternehmen langfristig erfolgreich zu machen.

1. Die Bedeutung von After-Sales-Service im Schmuckdesign

Schmuck ist ein emotionales Produkt, mit dem Kund*innen oft persönliche Geschichten und Erinnerungen verbinden. Ein herausragender After-Sales-Service trägt daher maßgeblich dazu bei, das Einkaufserlebnis abzurunden. Im Gegensatz zu vielen anderen Branchen ist der Service nach dem Kauf bei Schmuck besonders sensibel: Der Wert des Produkts – ideell wie materiell – verlangt professionelle Betreuung und Verantwortung.

2. Ziele eines optimalen After-Sales-Service

Zu den obersten Zielen gehören:

- Langfristige Kundenzufriedenheit sichern
- Vertrauen in die Marke stärken
- Kundenbindung und -loyalität fördern
- Wiederholungskäufe anregen
- Positive Bewertungen und Empfehlungen erzeugen
- Das Risiko von Reklamationen und Rückgaben verringern

3. Die wichtigsten Elemente eines exzellenten After-Sales-Service

a. Umfassende Beratung und Nachbetreuung

Nach dem Kauf sollten Kund*innen das Gefühl haben, jederzeit bei Fragen betreut zu werden. Die Bereitstellung von Pflegehinweisen, Gebrauchsanleitungen und eventuellen Garantieinformationen vermittelt Fachkompetenz und Wertschätzung.

Tipps:

- Erstellen Sie eine gedruckte oder digitale Broschüre über die richtige Pflege und Lagerung der Schmuckstücke.
- Informieren Sie Ihre Kundschaft über regelmäßige Service-Angebote (z.B. jährliche professionelle Reinigung, Kontrolle von Fassungen oder Verschlüssen).
- Bieten Sie einen individuellen Ansprechpartner für Fragen oder Wünsche nach dem Kauf.

b. Garantie- und Reparaturservice

Die klare Kommunikation über Garantiebestimmungen ist unerlässlich. Bieten Sie einen kulanten, unkomplizierten Garantieservice für Herstellungsfehler oder Materialmängel. Stellen Sie einen Reparaturservice bereit, beispielsweise für lose Steine, beschädigte Ketten oder Verschlüsse.

Tipps:

- Kommunizieren Sie Ihre Garantiedauer (z.B. 2 Jahre), Abwicklung und Ausschlüsse transparent auf Rechnung, Website und im Gespräch.
- Schaffen Sie einfache Prozesse für die Einsendung von Defektfällen (klare Anleitung, Rücksendeetiketten, schnelle Bearbeitung).
- Informieren Sie Kund*innen aktiv über die Möglichkeit, Schmuck anpassen oder restaurieren zu lassen.

c. Personalisierte Nachverfolgung und Kundenpflege

Der Kontakt nach dem Kauf kann gezielt vertieft werden. Automatisierte Nachrichten wirken bei Schmuck oft zu unpersönlich – setzen Sie auf echte Wertschätzung.

Tipps:

- Bedanken Sie sich per persönlicher Nachricht oder Karte für den Kauf.
- Fragen Sie nach einigen Wochen nach dem Tragekomfort oder ob es Wünsche gibt.
- Versenden Sie gelegentlich Informationen zu neuen Kollektionen oder besonderen Anlässen (z.B. Geburtstage der Kundin/des Kunden).

d. Pflegeservices und Zusatzleistungen

Viele Kund*innen schätzen einen „Rundum-Service" für ihre Schmuckstücke. Ermöglichen Sie regelmäßige Reinigungen, Auffrischungen von Oberflächen (z.B. Polieren, Nachvergolden) oder Nacharbeiten.

Tipps:

- Bieten Sie ein Service-Abonnement für regelmäßige Pflege zum Festpreis an.
- Informieren Sie offen über Servicekosten und -zeiten.
- Erwähnen Sie Zusatzangebote wie z.B. Umarbeitungen älterer Schmuckstücke, Individualisierungen oder Schmuckexperten-Gespräche.

e. Umgang mit Reklamationen und Beschwerden

Gerade bei Reklamationen zeigt sich die Professionalität eines Schmuckdesign-Unternehmens. Beschwerden sollten empathisch, sachlich und lösungsorientiert behandelt werden.

Tipps:

- Schaffen Sie eine zentrale Anlaufstelle für Reklamationen und schulen Sie sich bzw. Ihr Team im Umgang mit schwierigen Situationen.
- Übernehmen Sie für echte Produktfehler die Verantwortung und kommunizieren Sie offen.
- Nutzen Sie Beschwerden als Feedback-Quelle, um Ihre Produkte und Services zu verbessern.

f. Digitale After-Sales-Prozesse

In Ihrer Online-Präsenz sollten After-Sales-Services einfach zugänglich sein. Digitale Support-Tools vereinfachen viele Vorgänge sowohl für Sie als auch für Ihre Kundschaft.

Tipps:

- Erstellen Sie auf Ihrer Website eine eigene Service-Sektion (FAQ, Reparatur- und Kontaktformulare, Pflegeanleitungen als Download).
- Integrieren Sie ein Live-Chat-Tool oder Messenger-Dienste für schnelle Rückfragen.
- Ermöglichen Sie digitale Service-Benachrichtigungen (z.B. Versandstatus bei Reparaturen).

4. Spezielle After-Sales-Angebote im Schmuckdesign

Schaffen Sie einzigartige Serviceleistungen, die Sie von Mitbewerbern abheben:

- Exklusive Wartungs- und Reinigungswochen für Stammkundschaft
- Event-Einladungen (z.B. Schmuckpflege-Workshops, Vernissagen, exklusive Preview-Events)
- VIP-Programme für treue Kund*innen mit besonderen Vorteilen
- Lebenslange Serviceleistungen für besondere Kollektionen

5. CRM – Kundenbeziehungsmanagement

Moderne CRM-Tools helfen Ihnen, After-Sales-Kontakte zu organisieren. Sie ermöglichen gezielte Ansprache, Verwaltung von Serviceaufträgen, sowie Übersicht über Wert und Servicehistorie einzelner Kund*innen.

Tipps:

- Führen Sie eine digitale Kund*innenkartei (mit Zustimmung!) mit wichtigen Informationen (z.B. gekaufte Stücke, Service-Anfragen, Lebensereignisse).
- Nutzen Sie diese Informationen für individuelle Service-Angebote und persönliches Marketing.

6. After-Sales-Service als Branding-Instrument

Ein herausragender After-Sales-Service stärkt Ihr Image als verlässliche, kompetente und kundenorientierte Schmuckdesignerin.

Vorteile:

- Differenzierung gegenüber Massenanbietern und anonymen Onlineshops
- Förderung von Vertrauen, Wertschätzung und Exklusivität
- Schaffung von Markenerinnerung und Weiterempfehlungen

7. Erfolgsmessung und kontinuierliche Verbesserung

Prüfen Sie fortlaufend, wie zufrieden Ihre Kundschaft mit Ihren After-Sales-Services ist:

- Bitten Sie aktiv um Feedback (Gespräche, kurze Online-Umfragen, Bewertungssysteme)
- Analysieren Sie Reklamations- und Rückgabequoten
- Behalten Sie die Wiederkaufsrate im Blick

Nutzen Sie die Ergebnisse zur stetigen Optimierung Ihrer Serviceangebote.

8. Besonderheiten im Umgang mit B2B-Kundinnen und internationalen Kundinnen

Für Geschäftskundschaft (z.B. Boutiquen) und Auslandskundschaft gelten besondere Anforderungen. Informieren Sie sich über rechtliche Vorgaben, Zollbestimmungen und bieten Sie maßgeschneiderte Servicepakete an (z.B. Express-Reparatur für Geschäftskundschaft).

Fazit

Ein optimierter After-Sales-Service ist nicht „Optional", sondern integraler Bestandteil eines erfolgreichen Schmuckdesign-Unternehmens. Die individuelle und wertschätzende Betreuung nach dem Verkauf stärkt das Vertrauen Ihrer Kund*innen und schafft eine langanhaltende Bindung an Ihre Marke. Investieren Sie in durchdachte Prozesse, persönliche Ansprache und kontinuierliche Verbesserung Ihres After-Sales-Service. Sie werden mit loyaler Kundschaft und nachhaltigem Erfolg belohnt werden.

Mit diesen Werkzeugen und Strategien verwandeln Sie den Service nach dem Schmuck-Verkauf in ein kraftvolles Differenzierungsmerkmal und sichern sich den langfristigen Erfolg als Schmuckdesignerin.

Testen Sie Ihr Wissen mit einem Quiz.

Scannen Sie diesen QR-Code

Praktische Übungen

1

Stellen Sie für eines Ihrer Schmuckstücke eine detaillierte Preiskalkulation gemäß der Kosten-Plus-Methode auf. Listen Sie alle Materialkosten, Ihre geschätzte Arbeitszeit (mit Stundenlohn), Verpackungs- und Versandkosten sowie weitere Gemeinkosten auf. Bestimmen Sie anschließend, welche Gewinnmarge Sie anstreben, berechnen Sie den empfohlenen Verkaufspreis und begründen Sie Ihre Auswahl der Marge.

1. 1. Materialkosten: Silber: 35 EUR, Edelstein: 20 EUR, Verschluss: 5 EUR = 60 EUR. 2. Arbeitszeit: 2,5 Stunden x 20 EUR = 50 EUR. 3. Verpackung & Versand: 6 EUR. 4. Sonstige Kosten: Marketing 6 EUR, Werkzeugverschleiß 3 EUR = 9 EUR. Gesamtkosten: 60 + 50 + 6 + 9 = 125 EUR. Angestrebte Gewinnmarge: 30% = 0,3 x 125 = 37,50 EUR. Empfohlener Verkaufspreis: 125 + 37,50 = 162,50 EUR. Die Marge wurde gewählt, um sowohl Entwicklungszeit als auch mögliche Schwankungen der Materialpreise abzufangen und zugleich einen fairen Gewinn zu erzielen.

2

Beschreiben Sie den Ablauf eines idealen Verkaufsgesprächs bei einem persönlichen Kundentermin in Ihrem Atelier. Gehen Sie dabei auf Gesprächseinstieg, Bedarfsermittlung, Produktpräsentation, Umgang mit Einwänden, Abschluss und After-Sales-Service ein.

1. 1. Gesprächseinstieg: Freundliche Begrüßung, kurze Vorstellung, einladende Atmosphäre schaffen.
2. 2. Bedarfsermittlung: Offene Fragen ("Was suchen Sie?") stellen, Kundin ausreden lassen, Wünsche konkretisieren (z.B. Anlass, Stil, Material).
3. 3. Produktpräsentation: Passende Schmuckstücke zeigen, Design, Besonderheiten und Herstellungsweise verständlich und emotional erklären, Mehrwert betonen (z.B. Unikat, Nachhaltigkeit).
4. 4. Umgang mit Einwänden: Zuhören, Verständnis zeigen, sachlich auf Preis/Material/Designvorbehalte eingehen, Lösungen anbieten (z.B. Anpassungen, Service).
5. 5. Abschluss: Abschlussfrage („Darf ich das Schmuckstück verpacken?“), Serviceleistungen erwähnen (Gravur, Nachbesserungen), Kontaktdaten aufnehmen.
6. 6. After-Sales-Service: Pflegehinweise mitgeben, für spätere Fragen erreichbar sein, ggf. persönlicher Dank und Tipps per E-Mail nach dem Kauf.

3

Erläutern Sie anhand eines Beispiels, wie Sie eine Marktanalyse für eine neue Schmuckkollektion durchführen würden. Welche Schritte gehen Sie, welche Daten erheben Sie und wie nutzen Sie diese Informationen für Ihre Preisstrategie?

Schritte: 1. Analyse des Marktes: Recherche auf Online-Plattformen (z.B. Etsy, Amazon Handmade), in lokalen Boutiquen und auf Messen nach ähnlichen Kollektionen. 2. Erhebung: Notieren der Preisspannen, Materialien, Designmerkmale, Käuferbewertungen. 3. Zielgruppenanalyse: Wer kauft diesen Schmuck und zu welchem Anlass? 4. Eigene Positionierung: Abgleich mit eigenem Design und Zielgruppe. 5. Nutzung der Daten: Wenn vergleichbare Stücke zwischen 80 und 150 EUR verkauft werden, eigene Kostenstruktur prüfen. Gezielte Preisstrategie entwickelt: Positionierung leicht oberhalb des Durchschnitts (z.B. 120 EUR), wenn Sie zusätzliche Werte (Handarbeit, Nachhaltigkeit, Service) bieten können. Kontinuierliche Beobachtung nach Verkaufstart zur Preisjustierung.

4

Versetzen Sie sich in die Lage, nach dem Verkauf eines Schmuckstücks einen effizienten After-Sales-Service anzubieten. Beschreiben Sie mindestens drei konkrete Serviceleistungen, die Sie durchführen könnten, und legen Sie dar, wie Sie damit Kundenbindung und Markentreue steigern.

1. 1. Pflegehinweise: Nach dem Kauf erhält die Kundin eine hübsch gestaltete Broschüre mit individuellen Pflege- und Aufbewahrungstipps für das erworbene Schmuckstück und eine kleine Probe eines geeigneten Pflegemittels.

2. 2. Garantieservice: Eine zweijährige Garantie wird klar kommuniziert und eine unkomplizierte Kontaktmöglichkeit für Reparaturen oder Anpassungen (z.B. Größenänderung) angeboten.

3. 3. Persönliche Nachverfolgung: Nach zwei Monaten erkundigen Sie sich persönlich per E-Mail nach der Zufriedenheit und bieten einen kostenlosen Kontroll-Check (z.B. Fassung prüfen) an. Diese Maßnahmen schaffen Vertrauen, zeigen Wertschätzung und erhöhen die Wahrscheinlichkeit für Weiterempfehlungen und Wiederholungskäufe.

5

Vergleichen Sie die Vor- und Nachteile von drei verschiedenen Verkaufskanälen Ihrer Wahl (z.B. Online-Shop, Kunsthandwerksmarkt, Kooperation mit einer Boutique) aus Sicht einer Schmuckdesignerin. Bewerten Sie, für welchen Kanal Sie sich in Ihrer aktuellen Situation entscheiden würden und begründen Sie Ihre Entscheidung.

1. 1. Online-Shop:
   Vorteile: Große Reichweite, vollständige Kontrolle über Markenauftritt und Preise, Kundendaten direkt verfügbar.
   Nachteile: Technische und zeitliche Investition, Marketingaufwand, hoher Konkurrenzdruck.

2. 2. Kunsthandwerksmarkt:
   Vorteile: Direkter Kundenkontakt, unmittelbares Feedback, Aufbau von Beziehungen und Vertrauen.
   Nachteile: Begrenzte Reichweite, hoher persönlicher Einsatz, wetter- und terminabhängig.

3. 3. Kooperation Boutique:
   Vorteile: Neue Zielgruppen, Imagegewinn durch Partnerschaft, keine eigene Verkaufspräsenz nötig.
   Nachteile: Abhängigkeit vom Partner, Provisionsabgaben, weniger Kontrolle über Präsentation.
   Persönliche Entscheidung: Ich wähle den Kunsthandwerksmarkt, weil ich so als Einsteigerin direktes Feedback erhalte, meine Marke aufbauen und persönliche Beziehungen knüpfen kann. Der Markt ist ideal, um aus erster Hand zu lernen, was Kundinnen schätzen und die Kollektion entsprechend weiterzuentwickeln.

3

Teil 3: Geschäftliche Aspekte

Kapitel : 9

Kapitel 9: Gründung eines Schmuckdesign-Unternehmens

IN DIESEM KAPITEL:

- Die Wahl der passenden Rechtsform beeinflusst Haftung, Steuern und Organisation und sollte gut überlegt und ggf. mit Experten abgestimmt werden.
- Ein fundierter Finanzierungsplan mit Eigenkapital, Bankkrediten, Crowdfunding oder Fördermitteln ist ein zentraler Erfolgsfaktor beim Unternehmensstart.
- Ein aussagekräftiger Businessplan ist unerlässlich, um Ziele, Zielgruppe, Wettbewerb und Finanzen realistisch abzubilden und potenzielle Investoren zu überzeugen.
- Die Beachtung von steuerlichen Pflichten, korrekter Buchhaltung und rechtlichen Vorgaben (wie DSGVO, Impressum, Produktkennzeichnung) ist für den Unternehmenserfolg und die Vermeidung von Risiken entscheidend.
- Versicherungen, ordentliche Gewerbeanmeldung und Nutzung von Fördermöglichkeiten sind wichtige Schritte, um das Schmuckdesign-Unternehmen sicher und zukunftsfähig aufzustellen.

Rechtsformen wählen

Die Wahl der richtigen Rechtsform ist ein entscheidender Schritt bei der Gründung eines Schmuckdesign-Unternehmens. Sie wirkt sich maßgeblich auf rechtliche, steuerliche, finanzielle und organisatorische Aspekte aus. In diesem Kapitelabschnitt werden die wichtigsten Rechtsformen für Schmuckdesignerinnen in Deutschland vorgestellt, deren Vor- und Nachteile erläutert und praktische Hinweise für die Entscheidungsfindung gegeben.

1. Einleitung: Warum ist die Wahl der Rechtsform wichtig?

Die Rechtsform legt den Rahmen für sämtliche geschäftlichen Aktivitäten fest. Sie bestimmt, wie viel Verantwortung Sie als Unternehmerin tragen, wie Sie gegenüber dem Staat und Ihren Kunden auftreten, wie Sie Steuern zahlen und welche rechtlichen Voraussetzungen Sie erfüllen müssen. Eine Fehlentscheidung kann später schwerwiegende Folgen haben, etwa hohe Steuerbelastungen, persönliche Haftung oder beschränkte Finanzierungsmöglichkeiten. Daher sollte die Auswahl wohlüberlegt und möglichst mit juristischer oder steuerlicher Beratung erfolgen.

2. Überblick über die wichtigsten Rechtsformen

Im Folgenden werden die gängigsten Rechtsformen für Gründerinnen im Schmuckdesign vorgestellt:

a) Einzelunternehmen
b) Gesellschaft bürgerlichen Rechts (GbR)
c) Offene Handelsgesellschaft (OHG)
d) Kommanditgesellschaft (KG)
e) Gesellschaft mit beschränkter Haftung (GmbH)
f) Unternehmergesellschaft (UG, haftungsbeschränkt)
g) Partnerschaftsgesellschaft (PartG) (bei mehreren Partnerinnen, sinnvoll v.a. für Freiberuflerinnen)

Für die meisten Schmuckdesignerinnen kommen vor allem das Einzelunternehmen, die GbR, die UG (haftungsbeschränkt) und die GmbH in Frage. Die Unterschiede und Eigenheiten dieser Formen werden im Folgenden erläutert.

---

3. Das Einzelunternehmen

Das Einzelunternehmen ist die einfachste und am häufigsten gewählte Rechtsform für Gründerinnen im kreativen Bereich.

Vorteile:

- **Einfache und preiswerte Gründung**: Kein Mindestkapital, keine aufwändigen Gründungsformalitäten.
- **Unabhängigkeit**: Sie treffen alle Entscheidungen allein und sind nicht an PartnerInnen gebunden.
- **Volle Kontrolle über Gewinne**: Sie haben direkten Zugriff auf alle Unternehmensgewinne.

Nachteile:

- **Unbeschränkte Haftung**: Sie haften mit Ihrem gesamten Privatvermögen für alle Verbindlichkeiten des Unternehmens.
- **Begrenzte Finanzierungsmöglichkeiten**: Investoren bevorzugen meist Kapitalgesellschaften.
- **Weniger geeignet bei hoher Wachstumsambition**.

Voraussetzungen:

Die Anmeldung erfolgt beim Gewerbeamt und ggf. beim Finanzamt. Ein Eintrag ins Handelsregister ist nicht erforderlich, außer Sie überschreiten als "Kaufmann" gewisse Umsatzgrößen.

Geeignet für:

Einzelunternehmerinnen mit wenig Startkapital und überschaubarem Risiko.

---

4. Gesellschaft bürgerlichen Rechts (GbR)

Die GbR ist eine Personengesellschaft und bietet sich an, wenn Sie mit mindestens einer weiteren Person gemeinsam ein Schmuckunternehmen gründen möchten.

Vorteile:

- **Einfache und günstige Gründung**: Kein Mindestkapital, formlose Gründung durch Gesellschaftsvertrag (schriftlich empfohlen).
- **Flexible interne Gestaltung**.

Nachteile:

- **Unbeschränkte, persönliche Haftung aller Gesellschafterinnen**: Jede Gesellschafterin haftet mit ihrem Privatvermögen auch für Fehler der anderen.
- **Konfliktpotenzial** durch gemeinsame Geschäftsführung.

Voraussetzungen:

Ein einfacher Gesellschaftsvertrag genügt, Anmeldung beim Gewerbeamt für jede Gesellschafterin notwendig.

Geeignet für:

Kleine Teams oder Kooperationsmodelle bei überschaubarem Risiko.

---

5. Unternehmergesellschaft (UG, haftungsbeschränkt)

Die UG (haftungsbeschränkt) ist eine Variante der GmbH, auch "Mini-GmbH" genannt und insbesondere bei Start-ups populär.

Vorteile:

- **Haftungsbeschränkung auf das Gesellschaftsvermögen**: Privates Vermögen bleibt geschützt.
- **Geringes Startkapital**: Bereits ab 1 Euro möglich.
- **GmbH-ähnliche Struktur**: Bessere Außenwirkung bei Geschäftspartnern und Banken.

Nachteile:

- **Ansparpflicht**: Ein Teil der Gewinne (25 %) muss bis zum Erreichen des Mindeststammkapitals einer echten GmbH (25.000 Euro) thesauriert werden.
- **Gründungs- und Verwaltungskosten**: Notarielle Beurkundung notwendig; laufende Buchhaltungs- und Berichtspflichten.
- **Je nach Einlageeventualität dennoch Bankenbürgschaften verlangt**.

Voraussetzungen:

Notarielle Beurkundung des Gesellschaftsvertrags, Anmeldung beim Handelsregister, GmbH-Recht gilt. Gründung kann durch eine oder mehrere Personen erfolgen.

Geeignet für:

Gründerinnen mit überschaubarem Startkapital, aber erhöhtem Haftungsbewusstsein sowie Expansionsabsichten.

---

6. Gesellschaft mit beschränkter Haftung (GmbH)

Die GmbH ist eine der beliebtesten Rechtsformen für größere Unternehmen.

Vorteile:

- **Haftungsbeschränkung auf das Gesellschaftsvermögen**: Privatvermögen meist geschützt.
- **Seriöse Außenwirkung**: Besonders bei größeren Kunden und Kreditgebern positiv.
- **Leichter Gesellschafterwechsel möglich**.

Nachteile:

- **Hohes Mindestkapital**: Mindestens 25.000 Euro Stammkapital erforderlich, davon 12.500 Euro sofort einzahlbar.
- **Aufwendige Gründung**: Notarielle Beurkundung, Handelsregister und laufende Berichtspflichten.
- **Höhere laufende Kosten (Steuerberater, Bilanzierung, Veröffentlichungspflichten)**

Voraussetzungen:

Gesellschaftsvertrag, notarielle Beurkundung, Eintragung ins Handelsregister. Geschäftsführung kann auch von Dritten übernommen werden.

Geeignet für:

Honorarvolles Schmuckunternehmen mit entsprechenden finanziellen Mitteln, Fokus auf Expansion und/oder Aufnahme zusätzlicher Gesellschafter.

---

7. Sonstige Rechtsformen

Spezielle Rechtsformen wie die Offene Handelsgesellschaft (OHG), Kommanditgesellschaft (KG) oder die Partnerschaftsgesellschaft (PartG) können für besondere Konstellationen interessant sein, z.B. bei größeren Teams, Familienunternehmen oder Beteiligungen von Investoren. Für die meisten Schmuckdesignerinnen sind Einzelunternehmen, GbR, UG oder GmbH jedoch passender.

8. Kriterien zur Auswahl der passenden Rechtsform

a) Startkapital: Haben Sie ausreichend eigenes Geld für eine GmbH oder ist eine UG mit geringem Kapital sinnvoller?
b) Haftungsbereitschaft: Wie hoch ist das geschäftliche Risiko und können Sie Ihr Privatvermögen riskieren?
c) Anzahl der Gründerinnen: Gründen Sie allein (Einzelunternehmen) oder im Team (GbR, GmbH, UG)?
d) Steuerliche Aspekte: Einzelunternehmen und GbR unterliegen der Einkommensteuer, UG und GmbH der Körperschaftsteuer. Lassen Sie sich vom Steuerberater beraten!
e) Buchhaltung/Pflichten: Kapitalgesellschaften wie GmbH und UG müssen Bilanzen vorlegen und strengere Buchführungspflichten einhalten als Einzelunternehmen oder GbR.
f) Außendarstellung: Eine GmbH/UG wirkt nach außen oft professioneller, was bei Investorensuche, Bankkrediten oder Großkunden hilfreich ist.
g) Expansionspläne: Wer mit schnellem Wachstum oder Gesellschaftern rechnet, ist mit einer Kapitalgesellschaft meist flexibler.

9. Praxistipps zur Gründungsentscheidung

- **Beratung suchen:** Sprechen Sie mit einem Gründungsberater, IHK, Steuerberater oder Anwalt über Ihre persönliche Situation.
- **Risiko abwägen:** Beginnen Sie bei geringem Risiko als Einzelunternehmerin und wechseln Sie bei Bedarf später die Rechtsform.
- **Verträge klar regeln:** Bei mehreren Gründerinnen unbedingt einen schriftlichen Gesellschaftsvertrag abschließen.
- **Buchhaltung rechtzeitig aufbauen:** Klären Sie, welche steuerlichen und buchhalterischen Pflichten auf Sie zukommen.
- **Namensgebung:** Die Firmierung hängt von der Rechtsform ab (z.B. "Schmuckatelier Nina Müller UG (haftungsbeschränkt)").

10. Beispielhafte Gründungsszenarien

- **Szenario 1 (Einsteigerin ohne viel Kapital):** Nina möchte ihr Schmucklabel zunächst nebenberuflich starten und wählt das Einzelunternehmen, um Kosten und Aufwand klein zu halten.
- **Szenario 2 (Zwei Freundinnen gründen gemeinsam):** Sarah und Jana starten ihr konseptuelles Schmuckdesign-Projekt als GbR mit klarem Gesellschaftsvertrag.
- **Szenario 3 (Schnell wachsendes Unternehmen):** Anna plant die Expansion ihres Online-Shops, holt Investoren und wählt daher die UG, um Haftung zu begrenzen.
- **Szenario 4 (Langfristige und große Ambitionen):** Der exklusive Schmuckhersteller Goldglanz entscheidet sich direkt für die GmbH.

11. Fazit

Die Wahl der passenden Rechtsform beim Start ins Schmuckdesign-Business ist eine der wichtigsten Entscheidungen auf dem Weg in die Selbstständigkeit. Sie sollten sich ausreichend informieren, verschiedene Szenarien durchspielen und keinesfalls unüberlegt starten. Bedenken Sie insbesondere Faktoren wie Haftung, Startkapital, Außenwirkung, Steuerlast und klären Sie die rechtlichen und finanziellen Anforderungen Ihrer gewählten Form. Mit der passenden Rechtsform legen Sie den Grundstein für den nachhaltigen Erfolg Ihres Schmuckdesign-Unternehmens.

Finanzierungsmöglichkeiten erkunden

Wichtig

Die Finanzierung ist ein entscheidender Baustein bei der Gründung eines erfolgreichen Schmuckdesign-Unternehmens. Ohne ein solides finanzielles Fundament bleibt vielen kreativen Ideen der Weg in die Realität verschlossen. Bereits in der Planungsphase gilt es, sich intensiv mit den unterschiedlichen Finanzierungsmöglichkeiten auseinanderzusetzen und einen klaren Überblick über den eigenen Kapitalbedarf zu gewinnen. Dazu gehört es, verschiedene Kapitalquellen wie Eigenkapital, Bankkredite oder Förderprogramme zu sondieren und deren Vor- und Nachteile abzuwägen. Wer sich rechtzeitig informiert und vorbereitet, erhöht deutlich die Chancen auf einen erfolgreichen und nachhaltigen Unternehmensstart.

Klassische Finanzierungsmöglichkeiten bieten Schmuckdesignerinnen bewährte Wege, um das notwendige Startkapital für ihr Unternehmen zu beschaffen.

- Eigenkapital: Viele Gründerinnen investieren zunächst persönliche Ersparnisse in ihr Unternehmen. Ein Eigenkapitalbeitrag signalisiert Banken und Investoren Engagement sowie Risikobereitschaft.
- Bankkredit: Bankkredite zählen zu den traditionellsten Formen der Unternehmensfinanzierung. Sie setzen jedoch meist ein überzeugendes Geschäftsmodell und ausreichende Sicherheiten voraus.
- Familie und Freunde: Unterstützung im privaten Umfeld kann eine wichtige Finanzierungsquelle darstellen – jedoch sollten klare Absprachen getroffen werden, um spätere Konflikte zu vermeiden.

Gut zu wissen

Ein Eigenkapitalbeitrag ist für die Gründung eines Schmuckdesign-Unternehmens von zentraler Bedeutung. Er signalisiert potenziellen Investoren und Banken nicht nur Engagement, sondern auch die Bereitschaft, selbst ins Risiko zu gehen. Viele angehende Schmuckdesignerinnen setzen daher zunächst eigenes Geld ein, etwa aus ihren Ersparnissen, um erste Materialien, Werkzeuge oder Marketingmaßnahmen zu finanzieren. Dieses Vorgehen erhöht die Glaubwürdigkeit gegenüber externen Kapitalgebern und verbessert häufig die Chancen auf zusätzliche Fremdfinanzierung. Zudem schafft ein Eigenkapitalbeitrag eine solide Ausgangsbasis, um die unternehmerische Entwicklung eigenständig voranzutreiben.

Bankkredite zählen zu den klassischen Wegen, ein Schmuckdesign-Unternehmen zu finanzieren. Wer einen durchdachten Businessplan und übersichtliche Finanzierungspläne vorlegen kann, hat bei Kreditinstituten gute Chancen auf Unterstützung. Diese Form der Finanzierung bietet die Möglichkeit, auch größere Anschaffungen oder die erste Kollektion zu realisieren. Allerdings sollten Gründerinnen wissen, dass Banken meist umfassende Sicherheiten verlangen und die Kreditvergabe an strenge Bonitätsprüfungen geknüpft ist. Eine solide Vorbereitung und die transparente Darstellung des eigenen Vorhabens sind daher unerlässlich, um die Erfolgschancen auf einen Bankkredit zu erhöhen und langfristig tragfähig zu wirtschaften.

Neben den klassischen Wegen der Unternehmensfinanzierung gibt es eine Reihe alternativer Möglichkeiten, die besonders für kreative Branchen wie das Schmuckdesign attraktiv sein können.

- Crowdfunding ist eine immer beliebtere Option, vor allem für kreative Projekte. Plattformen wie Kickstarter oder Startnext ermöglichen es, eine breite Unterstützungsgemeinschaft für die Finanzierung der ersten Kollektion zu gewinnen.
- Business Angels – erfahrene Privatpersonen – beteiligen sich mit Kapital und Know-how an jungen Unternehmen und können so nicht nur die finanzielle Grundlage, sondern auch nützliche Kontakte und Beratung bieten.
- Förderprogramme speziell für Gründerinnen oder die Kreativwirtschaft bieten Zuschüsse oder zinsgünstige Darlehen; es lohnt sich, die Angebote je nach Bundesland sorgfältig zu prüfen.

Tipp

Crowdfunding ist eine innovative und immer beliebtere Finanzierungsform, insbesondere für Kreativschaffende. Über Plattformen wie Kickstarter oder Startnext können Schmuckdesignerinnen ihre Kollektionen einer breiten Öffentlichkeit vorstellen und Unterstützer für die Vorfinanzierung gewinnen. Der Schlüssel zum Erfolg liegt dabei in einer überzeugenden Projektpräsentation, ansprechenden Bildern und der Entwicklung attraktiver Prämien für Unterstützerinnen und Unterstützer. So bauen Sie bereits vor der eigentlichen Markteinführung eine Community auf und erhalten wertvolles Feedback. Crowdfunding bietet zudem die Chance, das eigene Netzwerk zu erweitern und die Markenbekanntheit frühzeitig zu steigern.

Gut zu wissen

Förderprogramme für Gründerinnen und die Kreativwirtschaft bieten attraktive Möglichkeiten, das Startkapital für ein Schmuckdesign-Unternehmen zu sichern. In Deutschland unterscheiden sich die Programme und Förderbedingungen je nach Bundesland deutlich. Daher lohnt sich eine gründliche Recherche, um passende Angebote zu finden. Neben klassischen, zinsgünstigen Darlehen gibt es zahlreiche nicht rückzahlbare Zuschüsse, die speziell Frauen und kreative Gründungsprojekte unterstützen. Diese Förderungen können dabei helfen, Investitionen in Materialien, Ausbildung oder

Marketing finanzierbar zu machen und das unternehmerische Risiko zu reduzieren. Informationen bieten IHKs, Wirtschaftsförderungen sowie spezialisierte Beratungsstellen.

Finanzierungsart	**Vorteile**	**Nachteile**	**Geeignet für**
Eigenkapital	Unabhängigkeit, Glaubwürdigkeit gegenüber Investoren, volle Kontrolle über das Unternehmen	Begrenzte finanzielle Mittel, persönliches Risiko beim Einsatz eigener Ersparnisse	Gründerinnen mit eigenen Ersparnissen, hohe Eigenmotivation
Bankkredit	Hohe Finanzierungssummen möglich, klassische Form der Fremdfinanzierung	Erfordert Sicherheiten, strenge Bonitätsprüfungen, regelmäßige Rückzahlung und Zinsen	Gut vorbereitete Gründerinnen mit solidem Business- & Finanzplan
Crowdfunding	Direktes Feedback vom Markt, Aufbau einer Community, Marketingeffekte	Hoher Aufwand für Präsentation, keine Erfolgsgarantie, Abhängigkeit von öffentlichem Interesse	Kreative Projekte, innovative Kollektionen, Gründerinnen mit starker Präsentationsfähigkeit
Förderprogramme/Zuschüsse	Oft nicht rückzahlbar, speziell für Gründerinnen und Kreativwirtschaft, geringe oder keine Zinsen	Bedingt durch regionale Förderbedingungen, zum Teil aufwendige Antragstellung	Frauen, Gründerinnen in der Kreativbranche, Projekte mit Innovationscharakter

Businessplan erstellen

Wichtig

Ein überzeugender Businessplan bildet das Fundament für den nachhaltigen Erfolg eines Schmuckdesign-Unternehmens. Er dient nicht nur als Leitfaden, um die eigenen geschäftlichen Ziele strukturiert zu formulieren und die wichtigsten Schritte zur Zielerreichung festzulegen, sondern ist auch ein unverzichtbares Instrument, um Investoren und Partner von Ihrem Konzept zu begeistern. Durch eine klare Darstellung Ihrer Geschäftsidee, Marktanalyse, Zielgruppen und Alleinstellungsmerkmale schaffen Sie Vertrauen und Professionalität. Ein sorgfältig ausgearbeiteter Businessplan unterstützt Sie dabei, Risiken besser einzuschätzen und auf unerwartete Herausforderungen gezielt zu reagieren.

Wichtig

Ein umfassender Businessplan besteht aus mehreren zentralen Bausteinen, die jeweils einen entscheidenden Beitrag zum Unternehmenserfolg leisten.

- Executive Summary: Diese kurze Zusammenfassung stellt die wichtigsten Inhalte und Ziele Ihres Businessplans kompakt dar und weckt das Interesse potenzieller Investoren.
- Marktanalyse: Analysieren Sie den Markt, identifizieren Sie Ihre Zielgruppe und setzen Sie sich mit Wettbewerbern auseinander, um Chancen und Risiken einschätzen zu können.
- Beschreibung des Angebots: Definieren Sie klar, welche Schmuckprodukte und -stile Sie anbieten möchten und worin Ihr Alleinstellungsmerkmal liegt.
- Marketing- und Vertriebsstrategie: Erklären Sie, wie Sie Ihren Schmuck bekannt machen, welche Vertriebskanäle Sie wählen und welche Botschaften Sie kommunizieren möchten.
- Finanzplan: Erstellen Sie detaillierte Prognosen zu Umsätzen, Kosten und Investitionen, um die wirtschaftliche Tragfähigkeit Ihres Unternehmens zu belegen.

Die Executive Summary ist das Herzstück Ihres Businessplans und sollte als komprimierte Zusammenfassung alle Schlüsselelemente Ihres Vorhabens präsentieren. In wenigen Abschnitten erläutern Sie die Geschäftsidee, den USP (Alleinstellungsmerkmal), Ihre Zielgruppe sowie Marktchancen und -potenziale. Geben Sie einen Überblick über Ihr Angebot, Ihre Marketing- und Vertriebsstrategie sowie die wichtigsten Finanzzahlen. Die Executive Summary überzeugt potenzielle Investoren oder Partner von Beginn an und weckt ihr Interesse, den kompletten Businessplan zu lesen. Achten Sie auf einen professionellen, klaren und inspirierenden Ton, der Zuversicht in den Geschäftserfolg vermittelt.

Gut zu wissen

In der Marktanalyse demonstrieren Sie, dass Sie die Strukturen und Dynamiken Ihres Zielmarktes sowie Ihrer Zielgruppe genau kennen. Analysieren Sie relevante Wettbewerber hinsichtlich ihres Angebots, ihrer Preisgestaltung und ihrer Positionierung. Untersuchen Sie, welche Marktnischen existieren und wie Sie diese mit Ihren Schmuckdesigns gezielt bedienen können. Identifizieren Sie Trends und Kundenbedürfnisse, um Ihr Angebot entsprechend anzupassen. Beschreiben Sie, wodurch Sie sich von anderen Anbietern unterscheiden, und belegen Sie Ihr Verständnis mit konkreten Zahlen, Daten und Beispielen. Eine fundierte Marktanalyse erhöht die Glaubwürdigkeit Ihres Businessplans erheblich.

In der Praxis

Konkurrent	Angebot / Sortiment	Preisspanne	Besonderheiten
Goldschmiede Müller	Individuelle Gold- und Silberschmiedearbeiten, Unikate	120–1500 €	Handarbeit, lokale Manufaktur, nachhaltige Materialien
Schmuckatelier DesignArt	Moderne Schmuckkollektionen (Silber, Edelsteine, Perlen)	50–500 €	Eigenes Ladengeschäft, kleine Serien, Kooperationen mit Künstlern
Online-Shop Funkelwelt	Modeschmuck, Trendartikel, breite Auswahl	10–80 €	Ausschließlich Online-Vertrieb, schnelle Lieferung, regelmäßig neue Kollektionen
Bijoux Unique	Hochwertiger Statement-Schmuck, limitierte Kollektionen	200–2000 €	Designpreis-Auszeichnungen, hochwertige Materialien, limitierte Stückzahl
Young&Wild Jewelry	Verspielter Echtschmuck für junge Zielgruppe	40–250 €	Social-Media-Präsenz, Influencer-Kooperationen, Geschenkverpackung

In der Beschreibung Ihres Angebots legen Sie dar, welche Arten von Schmuck Sie entwerfen und vertreiben möchten – beispielsweise exklusive Einzelstücke, Kollektionen für bestimmte Zielgruppen oder Serien aus nachhaltigen Materialien. Beschreiben Sie, welche Designs, Materialien oder Techniken Ihren Stil prägen und heben Sie Ihr Alleinstellungsmerkmal hervor: Bieten Sie etwa handgefertigte Schmuckstücke, innovative Designs oder die Kombination aus traditioneller Goldschmiedekunst und modernen Elementen? Verdeutlichen Sie, wie Ihr Sortiment auf die Bedürfnisse Ihrer Zielgruppe zugeschnitten ist und welchen Mehrwert Ihre Kunden im Vergleich zu Wettbewerbern erwarten dürfen.

In der Praxis

Im Abschnitt Marketing und Vertrieb erläutern Sie detailliert, wie Sie Ihre Schmuckdesigns am Markt positionieren und potenzielle Kunden erreichen möchten. Definieren Sie die zu nutzenden Kanäle, wie zum Beispiel einen eigenen Onlineshop, Social Media Plattformen (Instagram, Pinterest) oder

Marktplätze wie Etsy. Klären Sie, ob Sie ausschließlich online, stationär oder kombiniert verkaufen wollen. Beschreiben Sie Ihre Kommunikationsstrategie: Welche Botschaft transportieren Sie? Wie heben Sie sich emotional und stilistisch von der Konkurrenz ab? Eine klare Kernbotschaft und die Auswahl der passenden Kanäle sind entscheidend für Ihren Verkaufserfolg.

Wichtig

Ein realistischer Finanzplan ist ein wesentlicher Bestandteil Ihres Businessplans. Er zeigt, wie Sie die anfänglichen Ausgaben – etwa für Materialien, Equipment und Marketing – finanzieren und welche Einnahmen Sie erwarten. Legen Sie Umsatzprognosen für die ersten Monate und Jahre fest und schätzen Sie Ihre laufenden Kosten möglichst präzise. Planen Sie notwendige Investitionen wie Werkzeuge oder Software ein und kalkulieren Sie Reserven für unerwartete Ausgaben. Die Liquiditätsplanung hilft Ihnen, Engpässe zu vermeiden und Ihre Zahlungsfähigkeit zu sichern. Ein solider Finanzplan sichert das Vertrauen von Investoren und dient Ihnen als verlässlicher Fahrplan für die Unternehmensgründung.

Warnung

Beim Erstellen eines Businessplans lauern typische Fallstricke, die vermieden werden sollten, um die Grundlage für ein erfolgreiches Schmuckdesign-Unternehmen zu legen:

- Unrealistische Einschätzungen des Marktes und der Nachfrage führen schnell zu Enttäuschungen und finanziellen Engpässen.
- Zu optimistische oder unpräzise Finanzplanung kann schwerwiegende Folgen haben, wenn Kosten oder Umsätze falsch eingeschätzt werden.
- Das Fehlen eines klar ausgearbeiteten Alleinstellungsmerkmals (USP) erschwert es, sich auf einem wettbewerbsintensiven Markt zu behaupten.
- Vernachlässigung der Zielgruppenanalyse – Wer seine Kunden nicht kennt, kann sie kaum gezielt ansprechen und den Vertrieb optimal aufstellen.

Steuern und rechtliche Aspekte

Die Gründung eines eigenen Schmuckdesign-Unternehmens ist ein spannender und kreativer Prozess. Doch neben all der Kreativität ist es von entscheidender Bedeutung, dass du dich auch mit den steuerlichen und rechtlichen Aspekten auseinandersetzt. Fehlt dieses Fundament, kann es schon bei einfachen bürokratischen Vorgängen zu teuren Stolpersteinen kommen. Deshalb bietet dieses Kapitel eine umfassende Grundlage zu Steuerfragen, Rechtsformen, Gewerbeanmeldung, Versicherungen und weiteren wichtigen Themen für Schmuckdesignerinnen.

1. Die passende Rechtsform wählen

Die Grundlage jedes Unternehmens – und damit auch deines Schmuckdesign-Business – ist die Wahl der passenden Rechtsform. Dies hat Konsequenzen für Haftung, Steuern, Buchhaltung und auch das Vertrauen von Kunden:

a) Einzelunternehmen

Das Einzelunternehmen ist die häufigste Form für Gründerinnen. Du bist alleinige Eigentümerin und trägst auch das gesamte Risiko. Die Anmeldung ist unkompliziert, die Pflichten bezüglich Buchhaltung und Steuern sind überschaubar. Aber: Du haftest mit deinem Privatvermögen.

b) Gesellschaft mit beschränkter Haftung (GmbH)

Falls du von Anfang an größere Summen investieren oder das Risiko von vornherein begrenzen willst, bietet sich die Gründung einer GmbH an. Hier wird ein Stammkapital von mindestens 25.000 Euro benötigt (bei Gründung genügt zunächst die Hälfte, also 12.500 Euro). Vorteil: Die Haftung ist auf das Gesellschaftsvermögen beschränkt. Die Buchführungspflichten sind jedoch aufwendiger.

c) Unternehmergesellschaft (UG, "Mini-GmbH")

Die UG (haftungsbeschränkt) ist eine Variante der GmbH mit geringerem Startkapital (ab 1 Euro). Sie ist für viele Gründerinnen attraktiv, wenn das Budget begrenzt ist, die Haftung aber trotzdem eingeschränkt werden soll. Allerdings muss jährlich Rücklage gebildet werden, bis das Stammkapital einer GmbH erreicht ist.

d) Freiberufliche Tätigkeit

Klassisch sind Schmuckdesignerinnen jedoch selten als Freiberuflerin anzumelden, da Gestaltung und Herstellung von Schmuck in der Regel gewerblich und nicht "künstlerisch-freiberuflich" gewertet werden.

2. Gewerbeanmeldung

Der nächste Schritt ist die Anmeldung deines Gewerbes beim zuständigen Gewerbeamt. Notwendig ist dafür ein gültiger Personalausweis/Reisepass und ggf. weitere Dokumente, je nach Gemeinde. Nach der Anmeldung erhältst du einen Gewerbeschein – Voraussetzung dafür, Rechnungen zu stellen, Waren offiziell zu verkaufen etc.

3. Steuern im Blick behalten

Du bist nun Unternehmerin – und das bedeutet, dass du dich um verschiedene Steuern kümmern musst:

a) Einkommensteuer

Als Einzelunternehmerin gibst du deine Gewinne in der jährlichen Einkommensteuererklärung an. Gewinne = Umsatz - Betriebsausgaben (Material, Miete, Werkzeuge, Werbung ...). Gewerbbbbliche Unternehmer müssen ab einem gewissen Gewinn Gewerbesteuer zahlen (Freibetrag: 24.500 Euro).

b) Umsatzsteuer (Mehrwertsteuer)

Jede Unternehmerin ist grundsätzlich umsatzsteuerpflichtig. Liegt der Jahresumsatz im Gründungsjahr oder im Vorjahr unter 22.000 Euro und wird voraussichtlich im laufenden Jahr 50.000 Euro nicht überschreiten, kannst du die **Kleinunternehmerregelung (§ 19 UStG)** wählen. In diesem Fall stellst du Rechnungen ohne Umsatzsteuer aus und führst keine ab – kannst aber auch keinen Vorsteuerabzug geltend machen.

Entscheidest du dich gegen die Kleinunternehmerregelung oder überschreitest die Grenzen, musst du die Umsatzsteuer (meist 19 %, für Schmuck aus edlen Materialien, 7 % für einige künstlerische Werke) auf Rechnungen ausweisen und regelmäßig ans Finanzamt abführen.

c) Gewerbesteuer

Wie bereits erwähnt, fällt ab einem jährlichen Gewinn von 24.500 Euro Gewerbesteuer an. Diese wird von der Gemeinde erhoben. Die Höhe hängt vom Hebesatz deiner Gemeinde ab.

d) Weitere Steuern

- **Körperschaftsteuer:** Betrifft vor allem GmbH/UG.
- **Solidaritätszuschlag und ggf. Kirchensteuer** sind auf Einkommen- und Körperschaftsteuer fällig.

4. Buchhaltung und Rechnungswesen

Eine sorgfältige Buchführung ist essentiell. Du musst alle Einnahmen und Ausgaben dokumentieren, Rechnungen ordnungsgemäß ausstellen (mit fortlaufender Rechnungsnummer, Name/Adresse, Steuernummer/USt-IdNr., ggf. Umsatzsteueranteil etc.). Es empfiehlt sich, von Beginn an eine geeignete Buchhaltungssoftware zu nutzen und die Belege sauber zu sortieren. Spätestens wenn du umsatzsteuerpflichtig bist, musst du monatlich oder vierteljährlich die Umsatzsteuervoranmeldung beim Finanzamt abgeben. Die jährliche Steuererklärung ist Pflicht.

5. Rechtliche Anforderungen und Pflichten

a) Impressumspflicht und Datenschutz (DSGVO)

Mit einem eigenen Onlineshop oder einer Webseite musst du zwingend ein Impressum anlegen und die Vorschriften der Datenschutz-Grundverordnung (DSGVO) beachten. Das betrifft insbesondere die Verarbeitung personenbezogener Daten, Cookies, Newsletter-Anmeldungen etc. Für Verstöße drohen hohe Bußgelder. Informiere dich auf Seiten wie der und ziehe ggf. rechtlichen Rat hinzu.

b) Wettbewerbs- und Urheberrecht

Achte bei deinen Designs darauf, keine fremden Werke nachzuahmen. Gleichzeitig hast du ein Urheberrecht an eigenen, besonders kreativen Entwürfen. Diese sind automatisch geschützt, sobald du sie anfertigst. Für spezifische Designs oder Marken lohnt es sich, einen Markenschutz beim Deutschen Patent- und Markenamt (DPMA) anzumelden.

c) Produktkennzeichnung und Verbraucherschutz

Bei Schmuck aus Edelmetallen gelten besondere Kennzeichnungspflichten (z.B. Feingehaltsstempel für Gold und Silber oder Angaben zur Legierung). Außerdem musst du bestimmte Informationen (z.B. Materialzusammensetzung, Preise, AGB, Widerrufsrecht) schon vor Vertragsabschluss bereitstellen, vor allem beim Verkauf an Endverbraucher im Fernabsatz (Onlineshop).

d) Verpackungsgesetz

Wenn du deine Schmuckstücke an Endkunden versendest, musst du dich beim Verpackungsregister

(LUCID) anmelden und Sicherstellen, dass deine Verpackungen (einschließlich Versandkarton und Füllmaterial) gesetzeskonform lizensiert sind – sonst drohen Abmahnungen.

e) EORI-Nummer und Zoll (bei Exporten ins Ausland)

Sobald du Waren exportierst (auch in die EU-Ausland), benötigst du ggf. eine EORI-Nummer und musst Ausfuhrvorschriften berücksichtigen.

6. Versicherungen für dein Unternehmen

Schon ein kleiner Schaden (Diebstahl, Wasser, Feuer) kann schnell existenzbedrohend werden. Folgende Versicherungen sind sinnvoll:

- **Betriebshaftpflichtversicherung:** Deckt Personen- und Sachschäden, die durch eigene Fehler im Zusammenhang mit dem Schmuck oder dem Unternehmen entstehen.
- **Inhaltsversicherung:** Schützt Werkzeuge, Materialien und fertigen Schmuck gegen Schäden durch Feuer, Wasser oder Einbruch.
- **Rechtsschutzversicherung:** Deckt Kosten bei rechtlichen Auseinandersetzungen.
- **Berufsunfähigkeitsversicherung:** Insbesondere für Einzelunternehmerinnen bedeutsam.

7. Fördermöglichkeiten und Beratung

Informiere dich über regionale und bundesweite Fördermittel für Gründerinnen, z.B. Gründerzuschuss, Innovationsgutscheine oder Beratungsleistungen. Die IHK, HWK (Handwerkskammer) und Gründerzentren bieten oft kostenlose Orientierungsberatungen.

8. Checklisten – Deine ersten Schritte

- Wahl der Rechtsform (Einzelunternehmen, GmbH, UG ...)
- Gewerbeanmeldung (bei Gemeinde/Ordnungsamt)
- Anmeldung beim Finanzamt (Fragebogen zur steuerlichen Erfassung)
- Prüfpflicht: Handwerkskammer und Registrierung ggf. Anmeldung Pflicht
- Buchhaltung organisieren (Software, ggf. Steuerberater wählen)
- Versicherungen abschließen
- Webseite/Shop: Impressum, AGB, DSGVO, Widerrufsbelehrung
- Anmeldung Verpackungsregister LUCID

Fazit

Jede Gründerin sollte sich – trotz oder gerade wegen der vielen Vorschriften – gründlich mit Steuern und Recht auskennen. Scheue dich nicht, professionelle Hilfe in Anspruch zu nehmen und investiere

Zeit in die korrekte Organisation deiner unternehmerischen Pflichten. Gelingt dir dies, sind die Grundsteine für nachhaltigen geschäftlichen Erfolg und kreative Entfaltung als Schmuckdesignerin gelegt.

Testen Sie Ihr Wissen mit einem Quiz.

Scannen Sie diesen QR-Code

Praktische Übungen

1

1. Sie möchten gemeinsam mit einer Freundin ein Schmuckdesign-Unternehmen in Deutschland gründen. Erklären Sie, welche Rechtsform aus den im Kapitel vorgestellten Möglichkeiten besonders gut geeignet ist, worauf Sie beim Abschluss des Gesellschaftsvertrags achten sollten und welche Haftungsrisiken bestehen. Begründen Sie Ihre Wahl ausführlich.

Für eine gemeinsame Unternehmensgründung mit einer Freundin bietet sich die Gesellschaft bürgerlichen Rechts (GbR) an. Die GbR ist besonders unkompliziert und eignet sich für kleine Teams ohne hohes Startkapital. Sie wird durch einen formlosen (empfohlen: schriftlichen) Gesellschaftsvertrag gegründet. Im Vertrag sollten ausdrücklich die Aufgaben- und Gewinnverteilung, Entscheidungsmechanismen, Einbringung von Kapital sowie Regelungen für den Austritt einer Gesellschafterin oder eine mögliche Auflösung der Gesellschaft präzise geregelt werden. Ein zentrales Haftungsrisiko bei der GbR ist, dass alle Gesellschafterinnen persönlich und unbeschränkt mit ihrem Privatvermögen für die Verbindlichkeiten der Gesellschaft haften – auch für Fehler der anderen. Deshalb sollten Sie leichtfertige finanzielle Verpflichtungen und unklare Verantwortlichkeiten unbedingt vermeiden und alle Absprachen schriftlich fixieren.

2

2. Sie planen, Ihre erste Kollektion herauszugeben und benötigen 15.000 Euro Startkapital. Nennen und analysieren Sie mindestens drei verschiedene Finanzierungsquellen für Ihr Schmuckdesign-Unternehmen. Erklären Sie die jeweiligen Vorteile und Nachteile und für welchen Typ von Gründerin sich die jeweilige Quelle besonders eignet.

Drei denkbare Finanzierungsquellen sind:

1. 1. Eigenkapital: Sie investieren eigenes Erspartes. Vorteil: Unabhängigkeit, keine Schulden, hohe Glaubwürdigkeit bei Dritten. Nachteil: begrenzte Mittel, persönliches Risiko. Geeignet für Gründerinnen mit Ersparnissen und Risikobereitschaft.

2. 2. Bankkredit: Sie beantragen einen Bankkredit. Vorteil: Größere Summen möglich, klassische Finanzierung. Nachteil: Banken verlangen Sicherheiten, Bonitätsprüfung, regelmäßige Rückzahlungen mit Zinsen. Geeignet für Gründerinnen mit solidem Businessplan und guter Bonität.

3. 3. Crowdfunding: Sie starten eine Kampagne auf Plattformen wie Kickstarter. Vorteil: Zugang zu vielen Unterstützern, Marketingeffekt, Aufbau einer Community. Nachteil: großer Aufwand für

Präsentation, keine Erfolgsgarantie, Abhängigkeit vom öffentlichen Interesse. Geeignet für Gründerinnen mit innovativen Ideen und starker Online-Präsenz.

3

3. Erstellen Sie den Abschnitt 'Marktanalyse' eines Businessplans für Ihr fiktives Schmuckdesign-Unternehmen. Analysieren Sie dabei mindestens zwei Wettbewerber aus dem gegebenen Kapitel, beschreiben deren besondere Merkmale und erklären, wie Sie sich von ihnen unterscheiden wollen.

Marktanalyse: Auf dem deutschen Schmuckmarkt existieren zahlreiche Wettbewerber. Zwei wichtige Beispiele sind:

1) Goldschmiede Müller: Bietet handgefertigte Gold- und Silberschmiedearbeiten als Unikate (Preise: 120–1500 €). Besonderheiten: lokale Manufaktur und nachhaltige Materialien.

2) Online-Shop Funkelwelt: Hat eine große Auswahl an Modeschmuck und Trendartikeln im günstigen Preissegment (10–80 €). Besondere Stärken sind der ausschließliche Online-Vertrieb und schnelle Lieferzeiten sowie laufend neue Kollektionen.

Mein Unternehmen hebt sich ab, indem ich nachhaltige Einzelstücke mit individuellem Design anbiete, die im mittleren Preissegment positioniert sind (100–500 €) und auf Wunsch im eigenen Atelier oder über einen Onlineshop verkauft werden. Der Fokus liegt auf modernen, aber zeitlosen Stücken und umweltfreundlichen Materialien. Dadurch adressiere ich eine umweltbewusste und stilorientierte Zielgruppe, die Qualität, Exklusivität und Nachhaltigkeit wertschätzt.

4

4. Stellen Sie die wichtigsten steuerlichen Pflichten für eine Einzelunternehmerin im Schmuckdesign dar, die Umsatz- und Gewinnschwelle im Gründungsjahr jeweils unter 22.000 Euro hält. Erklären Sie insbesondere die Konsequenzen der Kleinunternehmerregelung.

Als Einzelunternehmerin mit Umsätzen und Gewinnen unter 22.000 € im Gründungsjahr können Sie sich für die Kleinunternehmerregelung (§ 19 UStG) entscheiden. Das bedeutet:

- Sie müssen auf Ihren Rechnungen keine Umsatzsteuer ausweisen und diese auch nicht an das Finanzamt abführen.
- Sie dürfen jedoch auch keine Vorsteuer aus erhaltenen Eingangsrechnungen geltend machen.
- Die Einkommensteuerpflicht bleibt: Der Unternehmensgewinn (Einnahmen minus Betriebsausgaben) muss in der Einkommensteuererklärung angegeben werden.

- Für die Gewerbesteuer gilt ein Freibetrag von 24.500 € pro Jahr; liegt der Gewinn darunter, fällt keine Gewerbesteuer an.

- Es bestehen keine Bilanzierungs-, sondern lediglich Einnahmen-Überschussrechnungspflichten. Trotzdem müssen alle Einnahmen und Ausgaben sauber dokumentiert werden.
  Vorteil der Kleinunternehmerregelung: Weniger Bürokratie und Preisvorteil für Endkunden.
  Nachteil: Keine Möglichkeit zum Vorsteuerabzug bei Investitionen, begrenzter Eindruck bei Geschäftskunden.

5

5. Sie eröffnen einen Onlineshop für selbst entworfenen Silberschmuck. Welche rechtlichen Voraussetzungen und Pflichten müssen Sie laut Kapitel erfüllen? Nennen und erklären Sie mindestens vier unterschiedliche Aspekte, auf die Sie von Anfang an achten müssen.

Folgende rechtliche Voraussetzungen und Pflichten müssen beachtet werden:

1. 1. Impressumspflicht: Auf Ihrer Webseite muss ein vollständiges Impressum mit Name, Adresse und Kontaktdaten stehen. Fehlende Angaben können abgemahnt werden.

2. 2. DSGVO/Datenschutz: Sie müssen über die Datennutzung (z. B. für Bestellungen, Newsletter) informieren und eine Datenschutzerklärung bereitstellen. Kunden müssen der Datenverarbeitung zustimmen können.

3. 3. Produktkennzeichnung: Besonders bei Silberschmuck müssen Angaben zum Feingehalt und zur Legierung korrekt ausgewiesen werden, ggf. auch ein Feingehaltsstempel am Produkt angebracht werden.

4. 4. Verpackungsgesetz: Jeder Versender muss sich beim Verpackungsregister (LUCID) registrieren und eine Lizenz für die verwendeten Verpackungen vorweisen, damit das Verpackungsrecycling rechtssicher abgesichert ist.

Weitere wichtige Aspekte wären z. B. die Gewährleistung von Widerrufsrecht und die AGB, die eindeutig und transparent ausgewiesen sein müssen.

Kapitel : 10

Kapitel 10: Marketingstrategien für Schmuckdesigner

IN DIESEM KAPITEL:

- Gezieltes Marketing und die präzise Definition der Zielgruppe sind entscheidend für den Erfolg von Schmuckdesignerinnen, um Streuverluste zu minimieren und potenzielle Kundinnen effektiv zu erreichen.

- Influencer Marketing kann die Markenbekanntheit und das Vertrauen in die Schmuckmarke stärken, insbesondere durch authentische Kooperationen mit passenden Influencern.

- Die Durchführung fundierter Marktforschung – durch Kund*innenbefragungen, Wettbewerbs- und Trendanalysen – ist eine wichtige Grundlage für strategische und kundenorientierte Entscheidungen.

- Die Implementierung eines Brand Ambassador Programms ermöglicht es, langfristige Markenbotschafter*innen zu gewinnen und durch deren authentische Inhalte die Reichweite sowie die Community zu vergrößern.

- Ein kontinuierliches Monitoring und die Erfolgsmessung der Marketingmaßnahmen – z.B. mithilfe von KPIs und Analyse-Tools – sind unverzichtbar, um Maßnahmen laufend zu optimieren und das Unternehmenswachstum voranzutreiben.

Zielgerichtete Werbung

Wichtig

Gezielte Werbung ist ein zentraler Erfolgsfaktor für jede Schmuckdesignerin. Sie bedeutet, dass Ihre Werbemaßnahmen so präzise wie möglich auf die Menschen zugeschnitten sind, die tatsächlich Interesse an Ihrem Schmuck zeigen könnten. Statt breite, unspezifische Werbung zu schalten, investieren Sie Ihre Ressourcen dort, wo Ihre potenziellen Kunden unterwegs sind. So minimieren Sie Streuverluste und erhöhen die Chancen, dass Ihre Botschaft die richtigen Personen erreicht. Nur durch eine genaue Abstimmung Ihrer Werbung auf Ihre Zielgruppe können Sie nachhaltiges Interesse wecken und aus Interessenten langfristig loyale Kundinnen machen.

Gut zu wissen

Für Schmuckdesignerinnen stehen verschiedene Werbeplattformen zur Verfügung, um gezielt potenzielle Kundinnen anzusprechen.

- Soziale Medien wie Instagram und Facebook: Diese Plattformen sind ideal, um visuell ansprechenden Schmuck zu präsentieren und direkt mit der Zielgruppe in Kontakt zu treten.
- Eigene Website oder Onlineshop: Über eine professionelle Internetpräsenz können Interessenten Ihr gesamtes Schmucksortiment entdecken und direkt kaufen.
- Online-Marktplätze wie Etsy oder Dawanda: Solche Plattformen bieten Zugang zu einer breiten, auf handgefertigte Produkte fokussierten Zielgruppe.
- Lokale Märkte und Messen: Direkter Kundenkontakt ermöglicht persönliches Präsentieren und unmittelbares Feedback.
- Printmedien und Fachzeitschriften: Besonders für hochwertige Schmuckstücke können gezielte Anzeigen in relevanten Zeitschriften Ihre Sichtbarkeit erhöhen.

Wichtig

Um zielgerichtete Werbung erfolgreich einzusetzen, ist eine präzise Definition Ihrer Zielgruppe unerlässlich. Fragen Sie sich: Wer kauft meinen Schmuck? Handelt es sich eher um junge trendbewusste Frauen oder um Kunden mit klassischem Geschmack? Liegt der Fokus auf höherpreisigem Edelmetall oder auf erschwinglichen Modeschmuck? Berücksichtigen Sie Altersgruppen, Geschlecht, Lifestyle, Interessen und das jeweilige Budget Ihrer Kundinnen und Kunden. Je besser Sie Ihre Zielgruppe kennen, desto gezielter können Sie sowohl die Gestaltung als auch die Auswahl Ihrer Werbekanäle auf deren Bedürfnisse zuschneiden und Ihre Maßnahmen effizient planen.

In der Praxis

Um Ihre Werbemaßnahmen erfolgreich zu gestalten, sollten Sie die wichtigsten Merkmale Ihrer Zielgruppe genau analysieren:

- Alter: Überlegen Sie, in welcher Altersgruppe Ihre Kundinnen und Kunden hauptsächlich sind. Junge Zielgruppen haben andere Ansprüche als ältere.
- Geschlecht: Bestimmen Sie, ob sich Ihr Schmuckangebot eher an Frauen, Männer oder an alle Geschlechter richtet.
- Stil und Interessen: Achten Sie darauf, welchen Stil Ihre Zielgruppe bevorzugt (z. B. minimalistisch, extravagant, klassisch) und welche Hobbys oder Lifestyle-Vorlieben vorherrschen.

- Budget: Berücksichtigen Sie, wie viel Ihre Zielgruppe in der Regel bereit ist, für Schmuck auszugeben.

Gut zu wissen

Werbeplattform	Reichweite	Kosten	Vorteile	Nachteile
Instagram & Facebook	hoch (besonders junge Zielgruppen)	niedrig bis mittel (abhängig vom Budget)	Gezielte Ansprache, gutes Targeting, visuelle Präsentation	Hoher Wettbewerb, regelmäßige Pflege nötig
Google Ads	hoch (je nach Suchvolumen)	mittel bis hoch (kostet pro Klick)	Gezielte Suchbegriffe, messbare Ergebnisse	Kann schnell teuer werden, technisches Know-how erforderlich
Lokale Märkte/Messen	mittel (lokal begrenzt)	mittel bis hoch (Standgebühr, Materialkosten)	Direkter Kundenkontakt, direkter Verkauf möglich	Begrenzte Reichweite, nur temporär
Printwerbung (Magazine, Flyer)	niedrig bis mittel	mittel (Druck- und Verteilkosten)	Gezielt im lokalen Umfeld, z. B. Lifestyle-Magazine	Schwer messbare Ergebnisse, weniger zielgerichtet
Influencer Marketing	mittel bis hoch (je nach Influencer)	variabel (von Kooperationen bis zu Honoraren)	Glaubwürdigkeit, Zielgruppennähe, hohe Reichweite	Kosten schwer kalkulierbar, Auswahl des richtigen Influencers wichtig

Tipp

Social-Media-Plattformen bieten Schmuckdesignerinnen vielfältige Möglichkeiten, gezielt auf ihre Marke aufmerksam zu machen. Entscheidend ist, die richtigen Kanäle zu wählen: Instagram eignet sich beispielsweise hervorragend für visuellen Schmuck-Content, während Facebook oder Pinterest andere Zielgruppen ansprechen können. Analysieren Sie, auf welchen Plattformen Ihre potenziellen Kundinnen aktiv sind, und richten Sie Ihre Aktivitäten danach aus. So vermeiden Sie, Ihr Budget und Ihre Energie auf Plattformen zu verschwenden, die Ihre Wunschkundschaft kaum nutzt. Erfolgreiche Werbung entsteht dort, wo Ihre Zielgruppe bereits ist – so steigern Sie Ihre Reichweite bei minimalem Streuverlust.

Die Personalisierung Ihrer Werbung ist ein wirkungsvoller Schlüssel zum Erfolg. Je individueller Sie Ihre Zielgruppe ansprechen, desto höher fällt die Resonanz aus. Gestalten Sie Ihre Werbebotschaft so, dass Sprache, Tonalität, Bildsprache und Design exakt auf Ihren Wunschkunden zugeschnitten sind. Nutzen Sie gezielte Anzeigen (zum Beispiel über Social Media mit speziellen Interessen- und Altersgruppenfiltern) und persönliches E-Mail-Marketing. Durch ansprechende, personalisierte Angebote oder Nachrichten fühlt sich die Kundschaft direkt angesprochen und verstanden. Dies erhöht nicht nur die Klick- und Kaufbereitschaft, sondern stärkt auch die Bindung zu Ihrer Marke.

Wichtig

Um Ihre Werbemaßnahmen besonders wirkungsvoll zu gestalten, sollten Sie folgende Erfolgsfaktoren zielgerichteter Werbung immer im Blick behalten:

- Präzise Zielgruppenansprache: Werben Sie gezielt dort, wo sich Ihre ideale Kundschaft aufhält, und sprechen Sie diese in der passenden Sprache und Bildwelt an.
- Relevanz des Angebots: Sorgen Sie dafür, dass Ihre Botschaft für Ihre Zielgruppe von Bedeutung ist. Nur relevante Werbeinhalte erzielen die gewünschte Aufmerksamkeit und Reaktion.

- Kontinuierliche Analyse und Anpassung: Überprüfen Sie regelmäßig die Ergebnisse Ihrer Werbekampagnen und optimieren Sie Ihre Strategien anhand der gesammelten Kennzahlen.

In der Praxis

Ein entscheidender Schritt im Marketingprozess ist das fortlaufende Monitoring Ihrer Werbemaßnahmen. Kontrollieren Sie regelmäßig die wichtigsten Kennzahlen wie Klickraten, Reichweite, Conversions oder Interaktionsraten. Diese Daten geben Ihnen wertvolle Hinweise darauf, welche Kampagnen und Plattformen am effektivsten sind und wo es Optimierungspotenzial gibt. Verwenden Sie Analyse-Tools, um Ihr Werbebudget gezielt einzusetzen und Fehlstreuung zu minimieren. Passen Sie Ihre Werbestrategien flexibel an die Ergebnisse an, um so die Resonanz Ihrer Zielgruppe und letztlich Ihren Umsatz kontinuierlich zu steigern. So werden aus Zahlen schnell messbare Erfolge.

Influencer Marketing

Einführung: Was ist Influencer Marketing?

Influencer Marketing hat sich in den letzten Jahren als eine der effektivsten Marketingstrategien etabliert, insbesondere in der Mode- und Schmuckbranche. Influencer sind Personen mit einer starken Präsenz auf Social Media, die durch ihren Stil, ihre Persönlichkeit oder Expertise eine große Fangemeinde gewonnen haben. Diese Personen können als Vermittler zwischen Marken und Verbrauchern fungieren und beeinflussen deren Kaufentscheidungen maßgeblich.

Für Schmuckdesignerinnen ist Influencer Marketing besonders wertvoll, da Schmuckstücke oft von Emotionen, Lifestyle und Trends leben. Durch authentische Präsentationen und persönliche Empfehlungen kann eine viel größere Zielgruppe erreicht werden als durch traditionelle Werbung. In diesem Kapitel werden wir detailliert erläutern, wie Influencer Marketing funktioniert, worauf zu achten ist und wie Sie als Schmuckdesignerin erfolgreich mit Influencern zusammenarbeiten können.

---

1. Die Bedeutung des Influencer Marketings im Schmuckdesign

1.1. Authentizität und Vertrauen

Kundinnen vertrauen Empfehlungen, die sie von Menschen erhalten, denen sie folgen und deren Meinung sie schätzen. Influencer vermitteln Schmuck nicht nur als Produkt, sondern als Teil ihres Lebensstils. Wenn eine stilbewusste Persönlichkeit eine Kette oder einen Ring trägt, wirkt dies inspirierend und begehrenswert für ihre Community.

1.2. Visuelle Wirkung von Schmuck in sozialen Medien

Schmuck ist ein sehr visuell ansprechendes Produkt. Plattformen wie Instagram, TikTok und Pinterest sind ideal, um mit hochwertigem Bild- und Videomaterial Aufmerksamkeit zu erregen. Influencer verstehen es, Schmuckstücke in Szene zu setzen und deren Wirkung optimal zu transportieren.

1.3. Reichweite und gezielte Ansprache

Durch die Zusammenarbeit mit spezifischen Influencern können Schmuckdesignerinnen gezielt bestimmte Zielgruppen ansprechen. Ob Modebegeisterte, Minimalistinnen, nachhaltigkeitsorientierte

Käuferinnen oder Trendsetter – Influencer erreichen die Menschen, die tatsächlich interessiert sind.

---

2. Auswahl der passenden Influencer

2.1. Arten von Influencern

- **Nano-Influencer** (1.000–10.000 Follower): Sehr nahbar, hohe Engagement-Rate, ideal für Nischenprodukte.
- **Micro-Influencer** (10.000–50.000 Follower): Gut selektierbare Zielgruppe, authentisch, preislich attraktiv.
- **Macro-Influencer** (50.000–500.000 Follower): Große Reichweite, mehr Öffentlichkeit, professioneller Auftritt.
- **Mega-Influencer / Celebrities** (ab 500.000+): Enorme Reichweite, Einsatz meist für große Kampagnen, hohe Preise.

2.2. Relevanz und Markenpassung

Die Auswahl der Influencer sollte niemals nur anhand der Followerzahl erfolgen. Wichtiger ist eine echte Verbindung zur Marke, stilistische Übereinstimmung und die Zielgruppe des Influencers. Prüfen Sie, ob die Person zu Ihren Schmuckstücken passt und bereits ähnliche Produkte präsentiert hat.

2.3. Analyse des Engagements und der Zielgruppe

Schauen Sie sich die Engagement-Rate (Verhältnis zwischen Likes, Kommentaren und Followern) an. Sind die Follower echt? Gibt es viele Kommentare von echten Personen? Werden die Inhalte geteilt? Nutzen Sie Tools wie HypeAuditor oder Social Blade zur Überprüfung.

---

3. Strategien für effektives Influencer Marketing

3.1. Zielsetzung definieren

Klären Sie vorab, was Sie erreichen möchten:

- Mehr Markenbekanntheit
- Abverkauf eines bestimmten Schmuckstücks
- Aufbau einer Community
- Imagepflege

3.2. Art der Zusammenarbeit wählen

- **Gesponserte Beiträge:** Sie zahlen dem Influencer ein Honorar für das Zeigen und Kommentieren Ihrer Schmuckstücke in Posts, Reels oder Storys.
- **Gratisprodukte („Seeding"):** Der Influencer erhält ein Produkt als Geschenk und entscheidet selber, ob und wie er darüber berichtet.

- **Exklusive Kooperationen/Kollektionen:** Influencer gestalten mit Ihnen eine Schmucklinie, die gemeinsam beworben wird.
- **Affiliate-Programme:** Der Influencer verdient eine Provision für jeden über seinen Link/Code verkauften Artikel.
- **Gewinnspiele:** Steigerung der Reichweite und Interaktion, indem über die Influencer Schmuckstücke verlost werden.

3.3. Vertragsgestaltung und Briefings

Sorgen Sie für Transparenz und klare Absprachen. Ein Vertrag oder eine Kooperationsvereinbarung sollte enthalten:

- Was wird gezeigt (welche Produkte, wie viele Posts, welcher Zeitraum)?
- Auf welchen Kanälen?
- Vergütung oder Gegenleistung
- Exklusivität (darf der Influencer gleichzeitig für Konkurrenz werben?)
- Freigabe der Inhalte vor Veröffentlichung?
- Kennzeichnung als Werbung (Transparenzpflicht!)

Ein detailliertes Briefing hilft, Missverständnisse zu vermeiden. Geben Sie inspirierende Hinweise, ohne die kreative Freiheit des Influencers zu stark einzuschränken.

---

4. Content-Ideen für Influencer-Kooperationen

1. 1. **Unboxing-Videos**: Der Influencer zeigt den ausgepackten Schmuck samt Verpackung, spricht über den ersten Eindruck und testet die Qualität oder das Design.
2. 2. **Styling-Tipps:** Der Schmuck wird in verschiedene Outfits integriert. Überlegungen, zu welchen Anlässen man ihn tragen kann (z. B. Alltagslook, Abendgarderobe, Business).
3. 3. **Behind the Scenes**: Ihr Herstellungsprozess, Ihre Werte, die Entwicklung der Schmuckstücke – das macht Ihre Marke authentisch.
4. 4. **Story-Takeover:** Der Influencer übernimmt einen Tag Ihren Account, zeigt, wie er Ihr Schmuckstück in seinen Tagesablauf einbindet.
5. 5. **Testimonials und Erfahrungsberichte:** Persönliche Geschichten schaffen Nähe und Vertrauen.
6. 6. **Reels/TikToks mit ästhetischen Nahaufnahmen:** Besonders trendig für junge Zielgruppen.

---

5. Umsetzung: Schritt-für-Schritt-Anleitung

Schritt 1: Recherche und Auswahl

Nutzen Sie Hashtags, Branchenlisten, Instagram-Suchfunktion und Plattformen wie Reachbird oder

Influence.io, um geeignete Influencer zu finden. Achten Sie auf vorherige Kooperationen, Stil und Zielgruppe.

Schritt 2: Erste Kontaktaufnahme

Schreiben Sie eine persönliche, kurze Nachricht oder E-Mail, in der Sie Ihr Unternehmen, Ihre Produkte und den geplanten Kooperationsansatz vorstellen. Individualität und echtes Interesse sind Trumpf – keine Massennachrichten!

Schritt 3: Abstimmung der Details

Besprechen Sie Umfang, Motive, Zeitrahmen und Kompensation. Gehen Sie auf Wünsche des Influencers ein, um eine authentische Präsentation zu ermöglichen.

Schritt 4: Content-Produktion und -Freigabe

Der Influencer erstellt, im gewünschten Zeitraum, den vereinbarten Content. Bitten Sie ggf. um Freigabe und Feedback-Schleife.

Schritt 5: Veröffentlichung und Nachbereitung

Teilen Sie den entstandenen Content auf Ihren eigenen Kanälen, reagieren Sie auf Kommentare und analysieren Sie die Performance (Reichweite, Engagement, Umsatz).

---

6. Rechtliche Aspekte des Influencer Marketings

- **Kennzeichnungspflicht:** Beiträge, Stories und Videos müssen als Werbung gekennzeichnet werden, z. B. mit „Anzeige", „Werbung" oder „bezahlte Partnerschaft".
- **Bild- und Nutzungsrechte:** Klären Sie, ob und wie Sie die vom Influencer erstellten Inhalte weiterverwenden dürfen (z. B. in Ihrem Shop oder auf Social Media).
- **Steuerliche Aspekte:** Honorare müssen ordnungsgemäß abgerechnet werden; dies gilt auch für Sachleistungen.

---

7. Erfolgsmessung im Influencer Marketing

7.1. Kennzahlen (KPIs) beobachten

- Reichweite (Impressions, Views)
- Engagement (Likes, Kommentare, Shares)
- Anzahl und Qualität der erstellten Inhalte
- Website-Besuche und Verweildauer
- Abverkauf (über personalisierte Codes oder Links nachvollziehbar)

7.2. Learnings ziehen und optimieren

Analysieren Sie, welcher Influencer und welche Inhalte am besten performt haben. Justieren Sie Ihre Strategie regelmäßig: Andere Influencer, andere Plattformen, andere Content-Formate.

---

8. Fallstudien und Beispiele aus der Schmuckbranche

- **Pandora und Micro-Influencer:** Durch gezielte Zusammenarbeit mit Micro- und Macro-Influencern wurde das Image von Pandora bei jungen Zielgruppen modernisiert.
- **Etsy-Schmuckdesigner:** Viele kleine Designerinnen auf Etsy nutzen Influencer Relations, um ihre handgefertigten Stücke zu platzieren. Empfehlenswert: Lokale Influencer für handmade-Schmuck.
- **Rosefield:** Koppelt Produkt-Launches regelmäßig mit Influencer-Kampagnen und erzielt so hohe Aufmerksamkeit.

---

9. Tipps für einen nachhaltigen Aufbau von Influencer-Beziehungen

- **Langfristig denken:** Bauen Sie ein Netzwerk aus loyalen Influencern auf, die regelmäßig (z. B. zu Produktneuheiten oder Events) über Sie berichten.
- **Wertschätzung zeigen:** Ein persönliches Dankeschön oder überraschende kleine Aufmerksamkeiten machen den Unterschied.
- **Feedback einfordern:** Nutzen Sie das Know-how Ihrer Partnerinnen, um Ihre Produkte zu verbessern und Trends frühzeitig zu erkennen.

Fazit: Influencer Marketing als Schlüssel zum nachhaltigen Wachstum

Influencer Marketing ist für Schmuckdesignerinnen ein mächtiges Werkzeug, um Aufmerksamkeit zu generieren, Marke und Produkte emotional aufzuladen und das Vertrauen potenzieller Kundinnen zu gewinnen. Mit authentischen Kooperationspartnern, guter Planung und kreativen Inhalten erschließen Sie neue Zielgruppen und können den Aufbau Ihres Schmuckunternehmens effektiv beschleunigen. Wichtig ist es, dran zu bleiben, mit den Entwicklungen der Social-Media-Landschaft zu gehen und Ihre Influencer-Strategie regelmäßig zu überdenken und zu optimieren.

Marktforschung durchführen

Wichtig

Marktforschung bildet das Fundament für einen erfolgreichen Einstieg in die Schmuckbranche. Sie ist der erste Schritt, um den Markt umfassend zu verstehen. Dabei werden systematisch Daten über potenzielle Kunden, ihre Bedürfnisse und Kaufgewohnheiten gesammelt. Ebenso wichtig ist die Analyse von Wettbewerbern, um deren Stärken, Schwächen und Positionierungen zu erkennen. Zusätzlich hilft die Beobachtung aktueller Trends dabei, das eigene Angebot an Marktveränderungen anzupassen. Durch diese gezielte Informationssammlung können fundierte Geschäftsentscheidungen getroffen werden, die das Risiko von Fehlentscheidungen minimieren und die Chancen auf Erfolg deutlich erhöhen.

Um eine erfolgreiche Marketingstrategie als Schmuckdesignerin zu entwickeln, ist es wichtig, sich mit den verschiedenen Methoden der Marktforschung vertraut zu machen.

- Befragungen: Führen Sie gezielte Umfragen unter potenziellen Kundinnen und Kunden durch, um deren Vorlieben, Trends und Kaufgewohnheiten zu identifizieren.
- Beobachtungen: Analysieren Sie das Verhalten von Käuferinnen in Schmuckgeschäften, online sowie auf Messen, um ein besseres Verständnis für aktuelle Nachfragen zu erhalten.
- Wettbewerbsanalyse: Untersuchen Sie andere Schmuckmarken und deren Produkte, Preise sowie Marketingaktivitäten, um Chancen und Differenzierungsmöglichkeiten für Ihr eigenes Label herauszufinden.

In der Praxis

Primäre Marktforschung ist für Schmuckdesignerinnen von unschätzbarem Wert, da sie einen direkten Zugang zur Zielgruppe ermöglicht. Hierzu werden beispielsweise Umfragen erstellt, Interviews geführt oder Fokusgruppen organisiert, um gezielt Einblicke in die Wünsche, Erwartungen und das Kaufverhalten potenzieller Kunden zu gewinnen. Besonders persönliche Gespräche sind hilfreich, denn sie erlauben es, individuelle Vorlieben, Herausforderungen oder Vorstellungen bezüglich Schmuck zu entdecken. Mit diesen Erkenntnissen können Designerinnen ihr Angebot gezielt anpassen und neue Kollektionen entwickeln, die genau den Geschmack ihrer Kundschaft treffen. So entsteht eine wichtige Basis für den geschäftlichen Erfolg.

Sekundäre Marktforschung bezieht sich auf die Auswertung bereits existierender Datenquellen, wie beispielsweise Branchenberichte, Marktforschungsstudien, Statistiken oder Trendanalysen. Als Schmuckdesignerin bieten diese Quellen wertvolle Informationen über den aktuellen Markt, die Größe und das Wachstumspotenzial der Branche sowie die typischen Eigenschaften und Präferenzen verschiedener Zielgruppen. Zudem helfen sie, aktuelle Preistrends und dominante Stilrichtungen zu erkennen und das eigene Sortiment sowie die Preisgestaltung gezielt darauf abzustimmen. Die systematische Nutzung dieser Daten unterstützt fundierte Entscheidungen und schenkt einen klaren Überblick über die Wettbewerbssituation im Schmuckmarkt.

Gut zu wissen

Methode	Beschreibung	Beispiele
Primäre Marktforschung	Direktes Sammeln eigener, spezifischer Daten durch persönliche Erhebung.	Umfragen unter potenziellen Kunden, Interviews, Fokusgruppen, Beobachtung von Einkaufsverhalten auf Märkten oder Messen.
Sekundäre Marktforschung	Auswertung bereits vorhandener, externer Datenquellen.	Branchenberichte, Marktdatenbanken, Statistiken von Handelskammern, Trendanalysen aus Mode- und Designstudien, Online-Recherchen.

Wichtig

Die Zielgruppenanalyse ist ein unverzichtbarer Bestandteil der Marktforschung für Schmuckdesignerinnen. Sie ermöglicht es, die Personengruppen genau zu bestimmen, die am wahrscheinlichsten Interesse an den eigenen Schmuckkreationen haben. Dabei sollten Kriterien wie Alter, Geschlecht, Einkommen und Lebensstil sorgfältig analysiert werden. Nur wer ein tiefes Verständnis seiner potenziellen Kunden entwickelt, kann gezielt Designs und Marketingmaßnahmen auf deren Bedürfnisse und Vorlieben zuschneiden. Die Kenntnis der Zielgruppe erlaubt zudem eine abgestimmte Preisgestaltung und hilft, den Markteintritt effektiver zu planen sowie langfristig treue Kundenbindungen aufzubauen.

Tipp

Die Wettbewerbsanalyse ist ein wichtiger Schritt, um sich erfolgreich im Schmuckmarkt zu positionieren. Beobachten Sie gezielt Ihre wichtigsten Konkurrenten: Welche Schmuckstücke bieten sie an? Wie unterscheiden sich deren Materialien, Designs und Preiskategorien von Ihren eigenen? Analysieren Sie auch die Marketingstrategien Ihrer Wettbewerber – etwa deren Werbemaßnahmen, Social-Media-Auftritte und Vertriebskanäle. Kundenbewertungen liefern zusätzlich wertvolle Hinweise auf Stärken und Schwächen anderer Anbieter. Nutzen Sie diese Erkenntnisse, um Ihr Angebot einzigartig zu gestalten, gezielt Marktnischen zu besetzen und Schwächen der Konkurrenz als eigene Stärken auszuspielen.

Eine gründliche Wettbewerbsanalyse hilft dabei, die eigene Positionierung zu stärken und Marktvorteile zu identifizieren. Im Rahmen der Marktforschung sollten insbesondere folgende zentrale Fragen zur Wettbewerbsanalyse berücksichtigt werden:

- Welche Produkte und Kollektionen bieten Ihre wichtigsten Mitbewerber an und wodurch unterscheiden sie sich von Ihrem eigenen Sortiment?
- Wie gestalten die Konkurrenten ihre Preisstrategie und welche Preissegmente bedienen sie?
- Welche Marketing- und Vertriebswege nutzen die Wettbewerber, und wie wirksam sind diese im Hinblick auf Reichweite und Kundenbindung?

Gut zu wissen

Trends frühzeitig zu erkennen ist für Schmuckdesignerinnen von großer Bedeutung, um stets am Puls der Zeit zu bleiben und innovative Kollektionen zu entwickeln. Beobachten Sie regelmäßig Modemessen, Designplattformen und die sozialen Medien, um aufkommende Strömungen und neue Stilrichtungen wahrzunehmen. Auch technologische Innovationen, wie neue Materialien oder Fertigungsmethoden, können das Schmuckdesign beeinflussen. Versäumen Sie nicht, gesellschaftliche Veränderungen wie den Wunsch nach Nachhaltigkeit oder Individualität zu berücksichtigen. Wer Trends schnell identifiziert und flexibel auf sie reagiert, verschafft sich entscheidende Wettbewerbsvorteile im dynamischen Schmuckmarkt.

Brand Ambassador Programme

Ein Brand Ambassador Programm ist eine wirkungsvolle Marketingstrategie für Schmuckdesignerinnen, um die Markenbekanntheit zu steigern, neues Publikum zu erreichen und eine loyale Community um das eigene Label herum aufzubauen. In diesem ausführlichen Abschnitt werden wir auf die Bedeutung, die Planung, die Umsetzung und das Management eines Brand Ambassador Programms eingehen und aufzeigen, wie man passende Personen auswählt, sie motiviert und messbare Erfolge erzielt.

1. Was ist ein Brand Ambassador Programm?

Ein Brand Ambassador Programm ist eine Initiative, bei der ausgewählte Personen – sogenannte MarkenbotschafterInnen – das Schmucklabel repräsentieren. Sie kommunizieren auf sozialen Medien, auf Veranstaltungen oder auf anderen Kanälen authentisch über die Marke, tragen die Schmuckstücke und empfehlen die Produkte an ihre Follower oder Bekannten weiter. Im Idealfall sind diese Personen nicht einfach Werbefiguren, sondern teilen aufrichtige Begeisterung für die Marke und werden dadurch zu Multiplikatoren, die neue Kundinnen erschließen können.

2. Vorteile eines Brand Ambassador Programms für Schmuckdesignerinnen

- **Vertrauensaufbau:** Empfehlungen von glaubwürdigen Personen – besonders aus dem eigenen Freundes- und Bekanntenkreis – werden eher beachtet als klassische Werbung.
- **Reichweite:** MarkenbotschafterInnen bringen oft ihre eigenen Communities mit und erhöhen die Sichtbarkeit der Marke in neuen Zielgruppen.
- **Content-Erstellung:** Ambassadors erstellen authentischen „User Generated Content" (UGC), der für die Marke weiterverwendet werden kann.
- **Kundenbindung:** MarkenbotschafterInnen identifizieren sich stark mit der Marke und können sie langfristig begleiten und unterstützen.
- **Feedback:** Sie liefern wertvolles Feedback zu Produkten und Trends direkt aus dem Markt.

3. Planung eines Brand Ambassador Programms

Ein wirkungsvolles Programm benötigt eine durchdachte Planung:

a. Zielsetzung festlegen

- Möchtest du die Markenbekanntheit steigern? Konzentrierst du dich auf Sales oder die Generierung von Inhalten?
- Möchtest du neue Märkte erschließen (z.B. ein jüngeres Publikum, andere Regionen)?

b. Zielgruppen definieren

- Wer sind die idealen MarkenbotschafterInnen?
- Welche Werte und Interessen sollen sie vertreten?
- Welche Demografie und Interessen sollten ihre Follower haben?

c. Ressourcen planen

- Wer betreut das Programm?
- Wie viel Budget steht zur Verfügung?
- Wie werden die BotschafterInnen entlohnt (z.B. Provisionsmodell, Geschenke, exklusive Einblicke)?

4. Auswahl der richtigen MarkenbotschafterInnen

a. Eigenschaften erfolgreicher Brand Ambassadors

- Authentische Begeisterung für Schmuck und das Label

- Aktive Präsenz in sozialen Medien (Instagram, TikTok, Pinterest u.a.)
- Kommunikationsstärke und Kreativität
- Hohe Engagement Rate der Follower
- Wertekonformität mit deinen Markenwerten (z.B. Nachhaltigkeit, Fairness)

b. Wo findet man Brand Ambassadors?

- Bestehende begeisterte Kundinnen
- Social Media InfluencerInnen im Mikro- oder Nano-Bereich (1.000-10.000 Follower)
- BloggerInnen, YouTuberInnen, Content Creator
- TeilnehmerInnen an Schmuck-Workshops oder Events
- Empfehlungen durch das eigene Netzwerk (Freundinnen, Kolleginnen, Kundinnen)

c. Auswahlverfahren

- Offene Ausschreibung (z.B. via Social Media oder Webseite)
- Direkte Ansprache von Kandidatinnen
- Einladung zu einem Bewerbungsverfahren (z.B. kreatives Posting mit deinem Schmuck)

5. Formen der Zusammenarbeit

- **Klassisches Ambassador-Programm:** Die Ambassadors tragen regelmäßig deinen Schmuck, posten Fotos, Stories und Erfahrungsberichte.
- **Events & Pop-Ups:** MarkenbotschafterInnen sind bei Eröffnungen, Messen oder Workshops präsent und sprechen mit potenziellen Kundinnen.
- **Co-Creation:** Ambassadors wirken an der Produktentwicklung mit, z.B. durch Umfragen, Feedback oder eigene Kollektionen.
- **Affiliate-Programm:** Sie erhalten einen individuellen Code/Rabattlink, den sie an ihre Follower weitergeben. Im Gegenzug verdienen sie eine Provision für jeden Verkauf.

6. Motivation & Incentivierung

Die Motivation der MarkenbotschafterInnen ist ein zentraler Erfolgsfaktor. Mögliche Anreize:

- Exklusive Schmuckstücke oder Produktneuheiten kostenlos/vergünstigt
- Persönliche Einblicke in den Designprozess
- Monetäre Vergütung (fix oder als Umsatzbeteiligung)

- Einladung zu Firmenevents, Pop-Ups oder Fotoshootings
- Veröffentlichung und Verlinkung auf den Markenkanälen
- Gute Betreuung und Wertschätzung (z.B. durch kleine persönliche Geschenke, Danksagungen)

7. Briefing und Kommunikation

Ein detailliertes Briefing legt die Erwartungen fest und sorgt für konsistente Kommunikation:

- Core Values und Markenbotschaft vermitteln
- Erwartungen an Inhalte und Veröffentlichungsrhythmus besprechen
- Hinweise zu Hashtags, Verlinkungen und Bildsprache bereitstellen
- Evtl. ein Media Kit oder einen Style Guide zur Verfügung stellen
- Laufende Kommunikation und regelmäßiges Feedback ermöglichen (z.B. über eine eigene WhatsApp- oder Facebook-Gruppe)

8. Rechtliche Grundlagen und Verträge

- Klare Vereinbarungen zu Art und Umfang der Zusammenarbeit (schriftlicher Vertrag)
- Transparenz beim Thema Werbung/Influencer-Kennzeichnungspflicht
- Vereinbarung über Bildrechte und Nutzungsrechte am erstellten Content

9. Messung des Erfolgs

- **Reichweiten- und Engagement-Analyse:** Wie viele neue Follower, Kommentaren, Likes, Erwähnungen?
- **Verkaufszahlen:** Wieviel Umsatz lässt sich direkt auf die Ambassadors zurückführen?
- **Content-Auswertung:** Wie viel und wie guter authentischer Content wird produziert?
- **Feedbackrunde:** Wie zufrieden sind die Ambassadors? Wie könnte das Programm verbessert werden?

Praktische Tools zur Analyse sind z.B. Google Analytics, Social Media Insights, UTM-Links, Rabattcodes und individuelle Tracking-Links für Ambassadors.

10. Herausforderungen und Lösungen

- **Geringes Engagement:** Engmaschige Betreuung, regelmäßige Challenges oder Wettbewerbe unter den Ambassadors
- **Unpassende Inhalte:** Gründliches Briefing, regelmäßige Feedbacks und Content-Kontrolle
- **Abwanderung von Ambassadors:** Bindung durch Incentives und persönliche Wertschätzung

stärken

11. Beispiele und Best Practices

- **Beispiel 1:** Eine Schmuckdesignerin hat mit fünf ihrer engagiertesten Kundinnen ein Ambassador-Programm gestartet. Sie posteten Fotos im Alltag mit den neuen Kollektionen. In drei Monaten wurde damit ein Umsatzwachstum von 30% erzielt.
- **Beispiel 2:** Ein Label veranstaltete einen Design-Wettbewerb mit ihren Ambassadors, die Schmuckstücke entwarfen. Das Siegerstück wurde Teil der nächsten Kollektion, und die Community war emotional involviert.
- **Beispiel 3:** Im Rahmen von Pop-Up-Events wurden lokale InfluencerInnen eingeladen, als MarkenbotschafterInnen exklusive Events zu moderieren und live aus ihrem Alltag zu berichten.

Fazit

Ein Brand Ambassador Programm bietet Schmuckdesignerinnen die Chance, mit authentischen Stimmen neue Zielgruppen zu begeistern, den Abverkauf zu steigern und eine starke Community aufzubauen. Voraussetzung ist eine strategische Planung, die Auswahl passender Person und eine wertschätzende, kommunikative Zusammenarbeit. Mit klar definierten Zielen, messbaren Erfolgsparametern und inspirierenden gemeinsamen Aktivitäten kann ein Brand Ambassador Programm zum zentralen Erfolgsfaktor für das Schmucklabel werden.

Testen Sie Ihr Wissen mit einem Quiz.

Scannen Sie diesen QR-Code

Praktische Übungen

1

Stellen Sie sich vor, Sie wollen Ihre eigene Schmuckmarke gründen und stehen vor der Aufgabe, eine zielgerichtete Werbekampagne zu entwickeln. Beschreiben Sie in mindestens fünf Sätzen, wie Sie Ihre Zielgruppe definieren und welche Überlegungen Sie bezüglich Alter, Geschlecht, Stil und Budget anstellen würden.

Um eine zielgerichtete Werbekampagne für meine Schmuckmarke zu entwickeln, beginne ich mit der Analyse des Marktsegments. Ich überlege, welches Alter meine Hauptzielgruppe hat – beispielsweise junge Erwachsene zwischen 20 und 35, die modebewusst sind. Ich entscheide, ob sich mein Schmuck vorwiegend an Frauen richtet oder ob auch Männer und nicht-binäre Personen angesprochen werden sollen. Beim Stil prüfe ich, ob mein Sortiment eher minimalistisch, extravagant oder klassisch ist und welche Lifestyle-Interessen – etwa Nachhaltigkeit oder Urbanität – damit verbunden sind. Das Budget meiner Zielgruppe schätze ich anhand ihrer Lebenssituation und Kauferfahrung ein; entsprechend biete ich entweder luxuriösen Echtschmuck oder erschwinglichen Modeschmuck an. Mit diesen Erkenntnissen kann ich Werbekanäle und -botschaften gezielt auf diese Gruppe zuschneiden.

2

Analysieren Sie die Vor- und Nachteile von Influencer Marketing im Schmuckdesign. Nennen Sie mindestens drei Vorteile und drei Nachteile, erklären Sie dabei jeweils, warum sie relevant sind.

Vorteile von Influencer Marketing im Schmuckdesign:

1. 1. Authentizität und Vertrauen: Empfehlungen durch Influencer werden von deren Followern als glaubwürdig wahrgenommen. Dadurch steigt die Wahrscheinlichkeit, dass potenzielle Kund*innen dem Schmuck Aufmerksamkeit schenken und einen Kauf in Erwägung ziehen.

2. 2. Reichweite und gezielte Ansprache: Über Influencer kann man exakt jene Zielgruppe ansprechen, die sich für bestimmte Stilrichtungen interessiert, z.B. Minimalismus oder Nachhaltigkeit.

3. 3. Visuelle Inszenierung: Influencer präsentieren Schmuck professionell und inspirierend in ihren Social-Media-Kanälen, was die Attraktivität des Produkts hebt.
   Nachteile:

4. 4. Kosten: Insbesondere Macro- und Mega-Influencer verlangen hohe Honorare, was das

Marketingbudget stark beanspruchen kann.

5. 5. Unsicheres Engagement: Trotz großer Reichweite kann das tatsächliche Kaufinteresse gering sein, falls die Follower nicht zur Zielkundschaft passen.

6. 6. Kontrollverlust über den Content: Der Einfluss auf die Umsetzung und Darstellung ist begrenzt; Fehlinterpretationen oder negative Kommentare können das Image der Marke beeinträchtigen.

3

Sie möchten die Marktforschung für Ihr Schmucklabel durchführen. Erläutern Sie den Unterschied zwischen primärer und sekundärer Marktforschung anhand von Beispielen aus der Schmuckbranche (mindestens je ein Beispiel).

Primäre Marktforschung bedeutet, dass man selbst aktiv neue Daten erhebt. Zum Beispiel erstellt man als Schmuckdesignerin eine Online-Umfrage, um direkt von potenziellen Kundinnen Informationen über ihre Schmuckvorlieben, Budget und Kaufgewohnheiten zu erhalten. Auch Interviews auf Märkten oder Fokusgruppen zählen dazu.
Sekundäre Marktforschung besteht darin, bereits vorhandene Daten zu nutzen. Als Schmuckdesignerin analysiert man etwa Branchenberichte über die Absatzentwicklung von Schmuck in Deutschland oder liest Trendstudien zur Farb- und Materialwahl in der aktuellen Modesaison. Auch das Auswerten von Verkaufsstatistiken auf Online-Marktplätzen wie Etsy gehört dazu. Primärdaten sind spezifisch auf das eigene Label zugeschnitten, Sekundärdaten geben einen Überblick über allgemeinere Trends und das Wettbewerbsumfeld.

4

Entwerfen Sie einen Schritt-für-Schritt-Plan, wie Sie mithilfe eines Brand Ambassador Programms die Bekanntheit Ihrer Schmuckmarke steigern können. Beschreiben Sie jeden Schritt klar und begründen Sie, warum er wichtig ist.

1. 1. Zielsetzung definieren: Ich entscheide, ob ich durch das Programm mehr Reichweite, Community-Aufbau oder Umsatz generieren will. Ohne Ziel ist keine Erfolgskontrolle möglich.

2. 2. Zielgruppe und passende Ambassadors festlegen: Ich überlege, welche Kund*innen oder Content Creator zu meiner Marke und deren Werten passen. Ihre Followerschaft soll mit meiner Zielgruppe übereinstimmen.

3. 3. Botschafter suchen und auswählen: Ich spreche bestehende Stammkundinnen direkt an und prüfe deren Engagement und Markenbindung.

4. 4. Kooperationsbedingungen und Briefing: Ich definiere, wie oft gepostet wird, welche Themen abgedeckt werden und was ich im Gegenzug biete (z.B. Schmuck, Provision, Events). Transparenz verhindert Missverständnisse.

5. 5. Programmdurchführung und Betreuung: Ich halte regelmäßigen Kontakt, motiviere meine Ambassadors mit exklusiven Aktionen und unterstütze sie mit Bildmaterial oder Infos.

6. 6. Erfolgskontrolle: Ich messe Reichweite, Interaktionen und Umsatzsteigerung durch spezielle Rabattcodes oder UTM-Links. So kann ich das Programm optimieren.

5

Überprüfen Sie die folgende Situation auf Fehler: Sie planen, einen Influencer mit 200.000 Followern für eine Schmuckkampagne zu engagieren. Sie vereinbaren nur mündlich, dass der Influencer zweimal binnen eines Monats Ihr Produkt auf Instagram zeigt. Welche potenziellen rechtlichen und praktischen Probleme könnten daraus entstehen?

Die mündliche Vereinbarung birgt erhebliche Risiken:

1. 1. Rechtliche Unsicherheit: Ohne schriftlichen Vertrag sind Pflichten (z.B. Anzahl und Art der Posts, Entlohnung, Zeitraum) nicht eindeutig geregelt. Im Streitfall fehlt die Beweisgrundlage.

2. 2. Kennzeichnungspflicht: Der Influencer könnte die Posts nicht ordnungsgemäß als Werbung markieren, was zu Abmahnungen oder Bußgeldern führen kann.

3. 3. Nutzungsrechte: Ohne explizite Vereinbarung ist unklar, ob Sie die Influencer-Bilder selbst weiterverwenden dürfen (z.B. für Ihre Website oder Werbung).

4. 4. Exklusivität: Es wurde nicht geregelt, ob der Influencer gleichzeitig für Konkurrenzprodukte werben darf, was die Glaubwürdigkeit Ihrer Kampagne schädigen könnte.

5. 5. Nachweisbare Ergebnisse: Das Fehlen klarer Zieldefinitionen erschwert die Erfolgsmessung und die Nachvollziehbarkeit der Investition.
   Fazit: Schriftliche Verträge mit detaillierten Regelungen sind grundlegender Standard im Influencer Marketing.

Kapitel : 11

Kapitel 11: Preisgestaltung und Verkaufsstrategien

IN DIESEM KAPITEL:

- Kapitel 11 vermittelt verschiedene Kalkulationsmethoden zur Preisgestaltung für Schmuck, wobei alle direkten und indirekten Kosten sowie der Marktpreis sorgfältig berücksichtigt werden müssen.

- Gezielte Sonderaktionen und Rabatte können den Verkauf ankurbeln und neue Kundengruppen erschließen, sollten jedoch stets zur Markenstrategie und Wertigkeit des Schmucks passen.

- Eine hochwertige und durchdachte Verpackung steigert nicht nur die Wertwahrnehmung, sondern trägt auch entscheidend zur Markenidentität und zum nachhaltigen Erfolg bei.

- Die professionelle Präsentation, sowohl online als auch offline, spielt eine zentrale Rolle für die Kaufentscheidung der Kundschaft und den Aufbau eines exklusiven Markenimages.

- Die richtige Wahl des Vertriebskanals – Direktvertrieb, Einzelhandel oder eine Kombination – beeinflusst Margen, Reichweite und Kundenbeziehungen maßgeblich und sollte strategisch getroffen werden.

Kalkulationsmethoden für Schmuckpreise

Wichtig

Die Preisgestaltung im Schmuckdesign verlangt enormes Fingerspitzengefühl und gründliches Wissen über die unterschiedlichen Kosten- und Wettbewerbsfaktoren. Um einen Preis zu bestimmen, der sowohl Ihre Arbeitsleistung würdigt als auch den Marktanforderungen entspricht, müssen sämtliche Aspekte wie Materialkosten, Arbeitszeit, Werkzeugnutzung, Verpackung sowie Marketingmaßnahmen berücksichtigt werden. Gleichzeitig ist es essenziell, die Zielgruppe und den Konkurrenzmarkt zu beobachten, um zu hohe oder zu niedrige Preise zu vermeiden. Nur durch eine ganzheitliche Kalkulation ist es möglich, faire Preise festzulegen, die Ihre Kreativität honorieren und zugleich den unternehmerischen Erfolg sichern.

Bei der Kalkulation von Schmuckpreisen spielen verschiedene Kostenfaktoren eine zentrale Rolle.

- Materialkosten: Die Ausgaben für Edelmetalle, Steine sowie andere verwendete Materialien bilden einen wesentlichen Bestandteil der Gesamtkosten.
- Arbeitszeit: Die für die Herstellung, Gestaltung und Fertigstellung aufgewendeten Stunden müssen realistisch erfasst und eingepreist werden.
- Werkzeug- und Maschinenkosten: Sowohl die Anschaffung als auch die laufende Wartung und Abschreibung von Werkzeugen und Maschinen sollten in die Preiskalkulation einfließen.

Gut zu wissen

Eine gängige Methode zur Schmuckpreis-Kalkulation ist die sogenannte Aufschlagskalkulation. Hierbei werden zunächst die direkten Kosten – also die Materialkosten sowie die für die Herstellung benötigte Arbeitszeit – ermittelt. Auf diesen Betrag wird dann ein fester Prozentsatz als Aufschlag hinzugefügt, um sowohl Gewinn als auch anteilige Fixkosten wie Miete, Strom oder Verwaltung abzudecken. Zum Beispiel kann der Aufschlag je nach Geschäftsmodell und Marktsegment zwischen 50 und 150 Prozent liegen. Diese Methode hilft dabei, alle relevanten Ausgaben zu berücksichtigen und nachhaltige, kostendeckende Preise zu gestalten.

In der Praxis

Kalkulationsmethode	Merkmale	Vorteile	Nachteile	Beispiel
Aufschlagskalkulation	Direkte Kosten plus prozentualer Aufschlag für Fixkosten und Gewinn	Einfach, schnell anwendbar	Versteckte Kosten werden manchmal übersehen	Material: 50 €, Arbeitszeit: 30 €, Aufschlag 100 % □ Verkaufspreis: 160 €
Marktorientierte Kalkulation	Preise werden nach Konkurrenz und Marktpreisen festgelegt	Kundenakzeptanz, klare Orientierung	Eigene Kostenstruktur kann unberücksichtigt bleiben	Konkurrenzpreis: 120 €, eigener Preis orientiert sich daran
Deckungsbeitragskalkulation	Preis basiert auf dem Beitrag zur Deckung der Fixkosten nach Abzug variabler	Genaue Gewinnermittlung möglich	Komplexer in der Berechnung	Verkaufspreis: 150 €, variable Kosten: 70 €, Deckungsbeitrag: 80 €

Kalkulationsmethode	Merkmale	Vorteile	Nachteile	Beispiel
	Kosten			
Kalkulation nach Stundensatz	Arbeitszeit wird mit einem festgelegten Stundenlohn multipliziert, dazu Material- und weitere Kosten	Transparente Berechnung, individuelle Anpassung möglich	Aufwendiger in der Ermittlung des Stundenlohns	Arbeitszeit: 2 Std. x 25 €, Material: 40 €, Verkaufspreis: 90 €

Warnung

Neben den offensichtlichen Material- und Arbeitskosten gibt es zahlreiche versteckte Ausgaben, die häufig übersehen werden, aber für eine korrekte Preisberechnung entscheidend sind. Dazu zählen beispielsweise die Abschreibungen auf Werkzeuge und Maschinen, Ausgaben für Marketingmaßnahmen wie Fotografien, Webseite oder Werbeanzeigen sowie die Kosten für ansprechende und sichere Verpackungen. Werden diese Posten nicht in die Kalkulation aufgenommen, besteht die Gefahr, dass der Preis zu niedrig angesetzt wird und langfristig Verluste entstehen. Eine gründliche Kalkulation aller anfallenden Kosten schützt somit vor typischen Fehlern und sichert die Wirtschaftlichkeit Ihres Schmuckunternehmens.

Gut zu wissen

Der Marktpreis ähnlicher Schmuckstücke dient als wichtige Orientierungshilfe bei der eigenen Preisfindung. Durch die Analyse von Preisen vergleichbarer Produkte auf dem Markt erhalten Sie ein Gespür für die Preisspanne, die Kundinnen und Kunden bereit sind zu zahlen. Dabei sollten Sie jedoch beachten, dass Marktdaten lediglich einen Richtwert bieten. Die individuellen Besonderheiten Ihrer Arbeit, wie Qualität, Design oder Einzigartigkeit, können zusätzliche Wertschöpfung bedeuten. Der Endpreis sollte daher nicht allein nach dem Markt ausgerichtet werden, sondern immer auch Ihre eigenen Kosten, den Arbeitsaufwand und die Alleinstellungsmerkmale berücksichtigen.

Wichtig

Im Folgenden finden Sie die empfohlenen Kalkulationsschritte, die Ihnen helfen, den optimalen Preis für Ihre Schmuckstücke zu ermitteln:

- 1. Ermittlung aller direkten Kosten: Berechnen Sie zunächst sämtliche Material- und Arbeitskosten, die bei der Herstellung des Schmuckstücks anfallen.
- 2. Berücksichtigung indirekter und versteckter Kosten: Dazu gehören beispielsweise Werkzeugabschreibungen, Miete, Energie, Marketing- und Verpackungskosten. Erfassen Sie diese anteilig für jedes Stück.
- 3. Festlegung des Aufschlags: Wählen Sie einen angemessenen Prozentsatz, um Gewinn und Fixkosten abzudecken. Der gewählte Aufschlag sollte auch Ihre Unternehmensziele und Ihre Positionierung am Markt widerspiegeln.
- 4. Analyse des Marktpreises: Vergleichen Sie Ihre Kalkulation mit ähnlichen Produkten, um sicherzustellen, dass Ihr Angebot wettbewerbsfähig bleibt, ohne Ihre wirtschaftlichen Interessen zu gefährden.

Tipp

Bei der Entwicklung einer Preisstrategie im Schmuckdesign ist es ratsam, zwischen Unikaten und

Serienprodukten zu differenzieren. Während Einzelstücke aufgrund ihrer Exklusivität und des höheren Arbeitsaufwands meist einen höheren Preis erzielen können, erlauben Serienprodukte durch Wiederholbarkeit effizientere Produktion und günstigere Preise. Darüber hinaus bieten gezielte Aktionen oder zeitlich begrenzte Rabatte die Möglichkeit, den Verkauf gezielt anzukurbeln, zum Beispiel bei Produkteinführungen oder saisonalen Anlässen. Wichtig ist, diese Maßnahmen bewusst und kalkuliert einzusetzen, um den Wert Ihrer Marke zu bewahren und keine dauerhaften Preiserwartungen beim Kunden zu schaffen.

Sonderaktionen und Rabatte

Einleitung

Sonderaktionen und Rabatte sind kraftvolle Werkzeuge im Verkauf von Schmuck, insbesondere für Schmuckdesignerinnen, die ihre Kollektionen erfolgreicher positionieren möchten. Sie helfen nicht nur, den Umsatz kurzfristig anzukurbeln, sondern auch, neue Kundinnen und Kunden zu gewinnen, Lagerbestände zu reduzieren und den Bekanntheitsgrad zu steigern. In diesem Abschnitt wird detailliert erläutert, wie Sie als Schmuckdesignerin Sonderaktionen und Rabatte gezielt und strategisch einsetzen, um Ihre Verkaufsziele zu erreichen, ohne dabei Ihre Marke oder den wahrgenommenen Wert Ihrer Schmuckstücke zu schädigen.

---

1. Die psychologischen Grundlagen von Rabatten und Sonderaktionen

Menschen reagieren stark auf Preisnachlässe und Sonderangebote. Das Prinzip der „Verknappung" (scarcity) und der „sofortigen Belohnung" (instant gratification) sind zentrale psychologische Trigger, die Sie für Ihre Aktionen gezielt nutzen können. Ein Kunde, der glaubt, ein Schmuckstück jetzt günstiger oder exklusiv erwerben zu können, verspürt einen stärkeren Kaufimpuls. Gleichzeitig vermitteln Aktionen, dass etwas Besonderes geschieht, was die Aufmerksamkeit auf Ihre Kollektion lenkt.

2. Arten von Sonderaktionen und Rabatten im Schmuckdesign

Es gibt zahlreiche Möglichkeiten, Sonderaktionen und Rabatte zu gestalten. Hier die wichtigsten:

a) Prozentuale Rabatte

- Klassische Form: "10 % auf alle Ohrringe" oder "20 % auf die neue Kollektion".
- Effektiv, wenn gezielt und begrenzt eingesetzt.
- Ideal, um Neukunden zur Erstbestellung zu bewegen oder saisonale Kollektionen zu promoten.

b) Feste Beträge abziehen

- "15 € Rabatt ab einem Einkaufswert von 100 €".
- Anreiz, mehr Produkte zu kaufen, um den Mindestbetrag zu erreichen.

c) Mengenrabatte

- "Kaufe 2, zahle 1" oder "Beim Kauf von zwei Ketten, die dritte gratis".

- Erhöht Absatzmenge und kann Lagerbestände schneller abbauen helfen.

d) Exklusive Aktionsprodukte

- Speziell für eine Aktion gestaltete Schmuckstücke – limitiert und nur im Rahmen der Aktion erhältlich.
- Fördern das Sammelinteresse und steigern die Markenbindung.

e) Zeitlich begrenzte Aktionen

- "Nur heute: 15 % auf alle Armbänder", "Black Friday-Sale", "Sommeraktion".
- Das Gefühl der Dringlichkeit fördert schnelle Kaufentscheidungen.

f) Gutscheine und Bundles

- "Verschenke 10 € für Freunde" oder "Bundle: Kette + Ohrringe zum Vorteilspreis".
- Gut geeignet für Geschenkartikel und um Durchschnittswarenkorb zu erhöhen.

g) Exklusive Vorteile für Stammkund*innen

- Frühbucher-Rabatte, exklusive Previews, oder Treuepunkte.
- Fördern Loyalität und langfristige Kundenbeziehungen.

---

3. Strategien zur Planung effektiver Sonderaktionen

Damit Ihre Aktionen ihren Zweck erfüllen, sollten sie klar geplant und zielgerichtet durchgeführt werden.

Zieldefinition

- Was möchten Sie mit der Aktion erreichen? Mehr Verkäufe? Neue Kunden? Altbestände reduzieren? Bekanntheit erhöhen?
- Definieren Sie messbare Ziele (z.B. "20% Umsatzsteigerung im Aktionszeitraum").

Zielgruppenanalyse

- Für wen sind die Angebote interessant? Neukunden, Stammkundinnen, Sammler?
- Bestimmen Sie die Bedürfnisse und Einkaufsgewohnheiten Ihrer Zielgruppe.

Timing und Saisonalität

- Wann kaufen Ihre Kund*innen am ehesten Schmuck? Vor Weihnachten, zum Valentinstag, im Sommer?
- Passen Sie Sonderaktionen an diese Zeitpunkte an.

Preisstrategie

- Wählen Sie Rabatte so, dass der Wert Ihres Schmucks erhalten bleibt. Übermäßige Rabatte können den Markenwert schädigen.
- Rechnen Sie genau durch, wie viel Rabatt Sie geben können, ohne Verluste zu machen.

Segmentierung

- Nicht jede Aktion muss für alle gelten. Erwägen Sie personalisierte Gutscheine für bestimmte Kundensegmente.

---

4. Umsetzung von Sonderaktionen und Rabatten

Vorbereitung

- Bestimmen Sie, welche Produkte Teil der Aktion sind und wie hoch der Rabatt ausfällt.
- Kalkulieren Sie Ihre Preise, damit die Marge auch nach Abzug des Rabatts vernünftig bleibt.
- Legen Sie einen klaren Zeitraum fest.

Kommunikation

- Nutzen Sie Ihren Newsletter, soziale Medien, Ihre Website und ggf. Flyer, um die Aktion bekannt zu machen.
- Kommunizieren Sie klar den Mehrwert: Warum sollte man gerade jetzt kaufen? (z.B. "Letzte Chance vor Weihnachten")
- Visualisieren Sie Vorher-Nachher-Preise deutlich, um den Rabatt sichtbar zu machen.

Technische Umsetzung im Onlineshop

- Richten Sie Rabattcodes, Aktionen oder Gutscheine professionell ein.
- Testen Sie vor dem Start alle Funktionen, um Kaufabbrüche zu verhindern.
- Weisen Sie während des Kaufprozesses nochmals auf den Vorteil hin (z.B. im Warenkorb-Bereich).

Monitoring und Erfolgskontrolle

- Überwachen Sie die Entwicklung der Umsätze während und nach der Aktion.
- Analysieren Sie, welche Werbekanäle besonders effektiv waren.
- Erfassen Sie Feedback von Käufer*innen und lernen Sie für künftige Aktionen.

---

5. Do's and Don'ts im Umgang mit Sonderaktionen und Rabatten

Do:

- Setzen Sie Rabatte bewusst und als Ausnahme ein.
- Schaffen Sie echtes Erleben durch limitierte Produkte oder einmalige Angebote.
- Halten Sie sich an Zeiträume und kommunizierte Konditionen.
- Erzählen Sie Geschichten rund um die Aktion (z.B. wie das limitierte Schmuckstück entstanden ist).
- Nutzen Sie Aktionen, um neue Produkte einzuführen.

Don't:

- Gewöhnen Sie Ihre Kundschaft nicht an ständige Rabatte, das kann Ihren Wert untergraben.
- Machen Sie keine zu hohen Rabatte, die Ihre Kalkulation gefährden.
- Lassen Sie die Aktion nicht „unsichtbar" laufen – bewerben Sie diese aktiv.
- Kopieren Sie keine Aktionen von großen Modeketten. Sondern passen Sie Ihre Aktionen auf Ihre exklusive Marke an.

---

6. Rechtliche Aspekte

- Rabattaktionen müssen klar, transparent und nicht irreführend sein. Die Preisangabenverordnung ist zu beachten.
- Achten Sie darauf, dass Sie bei Werbung mit Preisen immer den Endpreis sowie den Ausgangspreis angeben.
- Begrenzungen oder Ausschlüsse (z.B. "Rabatt nicht gültig für bereits reduzierte Artikel") müssen klar erkennbar sein.
- Im E-Commerce gelten besondere Vorschriften für die Gültigkeitsdauer von Aktionen und Gutscheinen.

---

7. Sonderaktionen im stationären Handel und auf Veranstaltungen

- Im persönlichen Verkauf (z.B. auf Messen oder Pop-Up-Stores) können Sie mit „Messe-Rabatten" oder „Event-exklusiven Angeboten" punkten.
- Rabatte funktionieren hier oft noch impulsiver als online – nutzen Sie persönliche Beratung und Inszenierung des Angebots.
- Verleihen Sie Ihren Aktionen durch Zusatzleistungen Wert: z.B. kostenlose Gravur nur am Aktionstag.

---

8. Sonderaktionen für den Online-Handel

- Nutzen Sie E-Mail-Marketing für exklusive Online-Aktionen.
- Countdown-Timer auf Ihrer Website erhöhen zusätzlich den Eindruck der Dringlichkeit.

- Arbeiten Sie mit Influencer*innen, um spezielle Aktionscodes zu verbreiten.
- Zielgerichtete Social-Media-Kampagnen (Instagram, Facebook, Pinterest) können die Reichweite verstärken.

---

9. Sonderaktionen und Nachhaltigkeit

- Wählen Sie Ihre Aktionen mit Bedacht, um nicht Überkonsum oder Wegwerftrends zu fördern.
- Kommunizieren Sie bewusst den Wert und die Handarbeit hinter Ihren Schmuckstücken.
- Machen Sie deutlich, dass Ihre Aktionen besonderen Anlässen dienen und kein Dauerzustand sind.

---

10. Erfolgsbeispiele aus der Schmuckbranche

- Bekannte Schmuckmarken nutzen gezielt Geburtstagsaktionen, Holiday-Sales oder exklusive Previews für bestimmte Kundengruppen.
- Kleine Designer*innen erzielen oft große Aufmerksamkeit mit limitierten Charity-Editionen oder One-Day-Sales.
- Echte Erfolgsgeschichten entstehen, wenn Aktion und Storytelling zusammenpassen – z.B. Valentinstags-Kollektion mit besonderem Hintergrund, die in limitierter Stückzahl und nur für kurze Zeit rabattiert angeboten wird.

Fazit

Gezielt eingesetzte Sonderaktionen und Rabatte sind wichtige Bestandteile Ihrer Preis- und Verkaufsstrategie als Schmuckdesignerin. Sie unterstützen nicht nur den Verkauf, sondern stärken auch Ihre Marke, wenn sie mit Fingerspitzengefühl und nach klarer Planung angewendet werden. Vermeiden Sie dauerhafte Rabattschlachten und setzen Sie stattdessen auf Wertigkeit, Geschichten und individuelle Angebote. So nutzen Sie Sonderaktionen und Rabatte als Sprungbrett für nachhaltigen Erfolg in der Schmuckbranche.

Verpackung und Präsentation

Wichtig

Die Verpackung eines Schmuckstücks ist weit mehr als nur eine praktische Hülle. Sie ist oft das Erste, was die Kundin oder der Kunde wahrnimmt, bevor der eigentliche Schmuck betrachtet wird. Ein ansprechendes, hochwertiges Packaging vermittelt Wertigkeit, Professionalität und Markenidentität. Es erzeugt Spannung und Emotionen, die unbewusst die Wahrnehmung des Schmuckstücks beeinflussen und den Wunsch nach Besitz steigern können. Außerdem sorgt eine durchdachte Verpackung dafür, dass das Schmuckstück sicher und unbeschädigt beim Kunden ankommt. Letztlich trägt sie maßgeblich dazu bei, die Kaufentscheidung positiv zu beeinflussen und ein unvergessliches Auspackerlebnis zu schaffen.

In der Praxis

Für die Auswahl der idealen Schmuckverpackung sollten folgende Kriterien beachtet werden:

- Schutzfunktion: Die Verpackung muss das Schmuckstück zuverlässig vor Kratzern, Stößen und Feuchtigkeit schützen, damit es unversehrt bei der Kundin oder dem Kunden ankommt.
- Ästhetik und Markenpassung: Das Design der Verpackung sollte die Markenidentität widerspiegeln und dem Stil des Schmucks entsprechen, um einen bleibenden Eindruck zu hinterlassen.
- Nachhaltigkeit: Immer mehr Käuferinnen und Käufer legen Wert auf umweltfreundliche Verpackungen. Verwenden Sie recycelbare oder biologisch abbaubare Materialien, um Nachhaltigkeit zu gewährleisten.

Gut zu wissen

Für die Verpackung von Schmuck stehen zahlreiche Materialien zur Verfügung, die jeweils unterschiedliche Eigenschaften besitzen. Hochwertige Kartonagen bieten eine klassische und elegante Optik, während samtige Stoffbeutel einen besonders edlen Eindruck vermitteln und sich auch für Reisen eignen. Polsterungen schützen empfindliche Schmuckstücke vor Beschädigungen. Metallboxen hingegen wirken sehr robust und luxuriös. Alle Materialien sind in diversen Preisklassen und Designs erhältlich, sodass sie optimal auf das Zielpublikum und die Positionierung der eigenen Marke abgestimmt werden können. Eine bewusste Wahl unterstreicht die Markenidentität und hebt das Schmuckstück von der Konkurrenz ab.

In der Praxis

Die Personalisierung der Verpackung ist ein wirkungsvolles Mittel, um die eigene Marke hervorzuheben und einen bleibenden Eindruck zu hinterlassen. Durch den gezielten Einsatz des eigenen Logos, charakteristischer Markenfarben oder individueller Designs wird die Wiedererkennbarkeit gefördert. Eine auf das Corporate Design abgestimmte Verpackung vermittelt Professionalität und unterstreicht die Einzigartigkeit Ihres Schmucks. So ermöglichen Sie Ihren Kund*innen ein konsistentes Markenerlebnis – vom Moment des Auspackens an. Gleichzeitig sorgt eine individuelle Verpackung dafür, dass Ihre Kreationen – sowohl im stationären Handel als auch online – deutlich aus der Masse hervorstechen.

Nachhaltigkeit gewinnt im Schmuckdesign zunehmend an Bedeutung – nicht nur beim Schmuck selbst, sondern auch bei der Verpackung. Immer mehr Kund*innen legen Wert auf umweltfreundliche Lösungen und erwarten einen verantwortungsvollen Umgang mit Ressourcen. Um diesen Anforderungen gerecht zu werden, sollten Sie bei der Auswahl der Verpackung recycelbare oder biologisch abbaubare Materialien bevorzugen. Auch Materialien aus nachwachsenden Rohstoffen oder kartonbasierte Alternativen gelten als besonders nachhaltig. Mit einer ökologisch durchdachten Verpackung stärken Sie nicht nur Ihr Markenimage, sondern leisten ebenfalls einen wichtigen Beitrag zum Umweltschutz.

Warnung

Bei der Präsentation von Schmuck können kleine Fehler große Auswirkungen auf den Gesamteindruck und die Kaufentscheidung der Kund*innen haben. Folgende typische Stolpersteine sollten Sie daher unbedingt vermeiden:

- Unübersichtliche Präsentationsflächen: Wenn Schmuckstücke zu dicht beieinander angeordnet sind oder die Auslage überladen wirkt, fällt es Kund*innen schwer, einzelne Stücke wahrzunehmen und deren Besonderheiten zu erkennen. Achten Sie deshalb auf ausreichend Platz und eine klare Strukturierung Ihrer Präsentationsfläche.

- Zu wenig Beleuchtung: Eine schlechte Ausleuchtung lässt Schmuck schnell glanzlos und wenig attraktiv wirken. Investieren Sie in gezielte Lichtquellen, die die Brillanz Ihrer Kreationen hervorheben und eine angenehme Atmosphäre schaffen.
- Fehlende Preisauszeichnung: Kund*innen möchten auf den ersten Blick erkennen können, was Ihre Stücke kosten. Fehlen Preisschilder oder sind diese unübersichtlich angebracht, kann dies abschreckend wirken und zu Kaufabbrüchen führen.

Wichtig

Die Präsentation Ihres Schmucks auf Messen, im Ladengeschäft oder im Online-Shop hat entscheidenden Einfluss auf die wahrgenommene Wertigkeit Ihrer Stücke. Saubere und ordentlich gestaltete Displayflächen sorgen für einen professionellen ersten Eindruck. Thematische Arrangements, die beispielsweise jahreszeitliche Trends oder spezielle Kollektionen hervorheben, schaffen eine einladende Atmosphäre und lenken die Aufmerksamkeit gezielt auf ausgewählte Schmuckstücke. Eine gezielte, ausreichend helle und stimmungsvolle Beleuchtung hebt Details hervor und lässt Edelmetalle sowie Edelsteine besonders erstrahlen. So steigern Sie die Attraktivität Ihres Schmucks und fördern das Kaufinteresse potentieller Kund*innen.

Gut zu wissen

Präsentationsform	Vorteile	Nachteile
Schaufensterauslage	Hohe Sichtbarkeit, auffälliges Design möglich, weckt Laufkundschaftsinteresse	Begrenzter Platz, erfordert regelmäßige Aktualisierung, hohe Konkurrenz vor Ort
Ladendisplay (im Geschäft)	Direkter Kontakt, persönliche Beratung, gezielte Lichtführung und Themen-Arrangements möglich	Kosten für Ladenfläche, Personalaufwand, evtl. geringe Reichweite
Messestand	Große Aufmerksamkeit bei Zielgruppe, Networking-Möglichkeit, Inszenierung der Marke	Hohe Kosten (Standmiete, Aufbau), zeitlich begrenzt, logistischer Aufwand
Online-Shop	Rund um die Uhr erreichbar, große Reichweite, einfache Präsentation mehrerer Varianten, multimediale Darstellung	Keine physische Haptik, hohe Anforderungen an Fotoqualität und Produktbeschreibungen
Soziale Medien (z.B. Instagram)	Innovative, interaktive Präsentation, direkte Kommunikation mit Zielgruppe, schnelle Reichweitensteigerung	Hoher Pflege- und Zeitaufwand, Algorithmenabhängigkeit, Konkurrenz durch viele Anbieter

Direktvertrieb vs. Einzelhandel

Einleitung

Die Preisgestaltung und die Auswahl der passenden Verkaufsstrategie sind entscheidende Faktoren für den Erfolg einer Schmuckdesignerin. Eine der grundlegendsten Entscheidungen betrifft den Vertriebsweg: Soll der Schmuck direkt an die Endkundin verkauft werden (Direktvertrieb) oder ist der Verkauf über den Einzelhandel – das heißt über Zwischenschritte wie Boutiquen, Galerien oder große Schmuckketten – der bessere Weg? Dieser Abschnitt beleuchtet die Unterschiede, Vor- und Nachteile sowie praxisnahe Tipps für beide Ansätze im Kontext des Schmucksdesigns.

1. Grundlagen: Was ist Direktvertrieb? Was ist Einzelhandel?

Direktvertrieb bezeichnet alle Formen des Verkaufs, bei denen die Designerin ohne Zwischenhändler direkt an die Kundin verkauft. Das kann über einen eigenen Onlineshop, Social Media, Pop-up-Events, Schmuckpartys oder Märkte erfolgen.

Einzelhandel bedeutet, der Schmuck wird an einen Händler verkauft, der ihn dann (zu einem höheren Preis) an die Endkundin bringt. Dies kann stationär, beispielsweise in Boutiquen, Concept-Stores oder Juweliergeschäften, oder über Plattformen wie Galerien oder große Online-Marktplätze geschehen.

---

2. Direktvertrieb im Schmuckdesign

Vorteile

- **Höhere Gewinnmarge**: Da keine Zwischenhändler beteiligt sind, ist die Marge pro verkauftem Stück häufig deutlich höher.
- **Direkter Kundenkontakt**: Feedback, Wünsche und Bedürfnisse der Kund:innen können direkt aufgenommen werden und fließen schnell in neue Designs ein.
- **Eigene Markenführung**: Die Präsentation des Schmucks, die Geschichte hinter den Stücken und die Außendarstellung liegen komplett in Ihrer Hand.
- **Flexibilität**: Sie können schnell reagieren, Kollektionen anpassen und Preisaktionen oder Sonderangebote eigenständig initiieren.
- **Kundenbindung**: Durch den direkten Kontakt kann eine starke, persönliche Kundenbeziehung aufgebaut werden (Stichwort: Stammkundschaft).

Nachteile

- **Höherer Zeitaufwand**: Vertrieb, Kundenkommunikation, Versand, Retouren – all das bleibt an Ihnen hängen.
- **Begrenzte Reichweite**: Die Sichtbarkeit ist vor allem zu Beginn oft geringer als bei etablierten Einzelhändlern.
- **Marketing-Knowhow nötig**: Ohne grundlegende Kenntnisse in Werbung, Social Media und Webshop-Optimierung ist das Erreichen neuer Kunden anspruchsvoll.
- **Logistischer Aufwand**: Verpackung, Versand und gegebenenfalls Zollabwicklung bei internationalen Bestellungen müssen selbst organisiert werden.

Geeignete Kanäle und Strategien

- **Eigener Onlineshop**: Plattformen wie Shopify, WooCommerce oder Jimdo machen den Aufbau eines eigenen Shops einfach.
- **Etsy, DaWanda etc.**: Marktplätze für Handgemachtes bieten einfache Einstiege, aber oft auch starke Konkurrenz.

- **Soziale Medien**: Instagram und Pinterest sind aufgrund ihrer visuellen Ausrichtung ideal für Schmuck.
- **Pop-up-Stores & Märkte**: Direkter Kontakt und sofortiges Feedback, aber auch teils hoher zeitlicher Einsatz.
- **Schmuckpartys & Home-Events**: Persönlicher Rahmen, insbesondere für den Start und die Bindung an eine erste Zielgruppe gut geeignet.

---

3. Einzelhandel im Schmuckdesign

Vorteile

- **Hohe Reichweite**: Einzelhändler verfügen über einen bestehenden Kundenstamm und bringen Ihren Schmuck in neue Zielgruppen.
- **Weniger Vertriebsaufwand**: Mit dem Verkauf an einen Händler geben Sie einen Großteil der Arbeit – Präsentation, Verkauf, Kundenservice – ab.
- **Imagegewinn**: Aufnahme in das Sortiment bekannter Boutiquen oder Galerien steigert die wahrgenommene Qualität und Wert Ihres Schmucks.
- **Planbare Bestellungen**: Viele Einzelhändler kaufen in festen Mengen, was eine gewisse Planbarkeit ermöglicht.

Nachteile

- **Geringere Gewinnspanne**: Händleraufschläge sind üblich (oft 2,0 bis 2,5-facher Einkaufspreis). Ein Beispiel: Ein Anhänger, den Sie für 100 Euro an den Handel verkaufen, kostet Endkund:innen im Laden schnell 200-250 Euro.
- **Weniger Kontrolle**: Die Präsentation im Geschäft, die Beratung und das „Storytelling“ liegen nicht mehr in Ihrer Hand.
- **Vorauswahl & Kommission**: Viele Händler nehmen Schmuck nur auf Kommissionsbasis, d.h. Sie bekommen erst beim Verkauf Ihr Geld.
- **Rabatte und Aktionen**: Händler erwarten häufig besondere Konditionen, Mengenrabatte oder Teilnahme an Verkaufsaktionen.

Geeignete Kanäle und Vorgehensweise

- **Mode- und Schmuckboutiquen**: Regional, national oder international. Eignen sich besonders für hochwertige, designorientierte Stücke.
- **Galerien & Kunsthandwerk-Shops**: Besonders für Unikate oder kunsthandwerklich gefertigten Schmuck.
- **Juweliere**: Sind auf edlen Schmuck spezialisiert; es empfiehlt sich, mit einer "Signature-Linie" oder besonderen Designs vorzusprechen.

- **Department Stores**: Große Häuser wie KaDeWe oder Galeries Lafayette – oft schwer erreichbar für Einsteiger, aber lohnenswert für das Markenimage.

---

4. Kriterien zur Entscheidungsfindung

Es gibt kein „entweder-oder". Viele erfolgreiche Schmuckdesignerinnen kombinieren beide Vertriebswege. Entscheidend sind:

- **Kalkulation & Preisgestaltung**: Der Verkaufspreis im Einzelhandel ist meist mindestens doppelt so hoch wie der eigene Direktverkaufspreis. Kalkulieren Sie von vornherein so, dass der Schmuck im Einzelhandel immer noch attraktiv bleibt.

- **Produktionskapazitäten**: Können Sie realistisch große Mengen herstellen? Händler erwarten meist schnelle Nachlieferung.

- **Markenpositionierung**: Steht die persönliche, exklusive Erfahrung im Fokus oder soll die Marke breit bekannt werden?

- **Ressourcen**: Wie viel Zeit, Personal und Know-How haben Sie, um beide Vertriebskanäle professionell zu bedienen?

- **Langfristige Ziele**: Wie wollen Sie Ihre Marke aufbauen und wahrgenommen werden?

---

5. Mischmodelle und Praxisbeispiele

Viele erfolgreiche Marken machen beides: Sie bauen online eine starke Community auf, verkaufen ihre Stücke direkt und sind parallel bei ausgewählten Boutiquen und Galerien gelistet. Die Kontrolle über die Außendarstellung wird dabei durch intensive Zusammenarbeit mit den Händlern möglichst hoch gehalten.

Praxisbeispiel: Eine Designerin verkauft 70% ihrer Kollektion über ihren eigenen Onlineshop und Social Media, nutzt aber für einzelne exklusive Stücke die Zusammenarbeit mit einer renommierten Galerie. Die Basiswaren sind direkt bei ihr erhältlich, die Unikate nur im Geschäft – so entstehen unterschiedliche Preissegmente und Zielgruppen werden optimal angesprochen.

---

6. Strategien für den Direkteinstieg

- Beginnen Sie mit Direktvertrieb, um Ihre Marke und Zielgruppe kennenzulernen.

- Nutzen Sie Social Media gezielt für den Aufbau von Kundenbeziehungen.

- Setzen Sie auf hochwertige Fotos und Storytelling – das ist beim Schmuck essentiell!

- Seien Sie offen für Kooperationen mit kleinen Einzelhändlern, sobald Ihr Produkt und die Nachfrage stabil sind.

---

7. Wichtige Hinweise zur Preisgestaltung

- Ihr Direktverkaufspreis darf auf keinen Fall niedriger sein als der empfohlene Ladenverkaufspreis (UVP), sonst machen Ihnen Händler keine Freude.

- Kalkulieren Sie Ihre Produktionskosten, die Arbeitszeit, den Versand und die Marge von Anfang an so, dass Sie flexibel beide Vertriebswege nutzen können.
- Transparenz gegenüber Kunden: Kommunizieren Sie den Unterschied, zum Beispiel „nur online verfügbar“ oder „exklusiv im Geschäft xy“.

---

8. Fazit

Die Wahl zwischen Direktvertrieb und Einzelhandel im Schmuckdesign ist keine Entweder-Oder-Entscheidung, sondern eine Frage von Strategie, Timing und Ressourcen. Direktvertrieb ermöglicht Unabhängigkeit, hohe Margen und starken Kundenkontakt – ist jedoch arbeitsintensiv und erfordert Marketingkenntnisse. Einzelhandel öffnet neue Märkte, bedeutet jedoch geringere Margen und Kontrollverlust über die Markenpräsentation. Die Zukunft liegt für viele Designerinnen in der intelligenten Verknüpfung beider Wege.

Tipp: Testen Sie beide Wege in kleinen Schritten, evaluieren Sie Ihre Erfahrungen regelmäßig und passen Sie Ihre Strategie an. Letztlich entscheidet Ihre eigene Vision als Schmuckdesignerin, welchen Weg Sie mit Ihrer Marke gehen.

Testen Sie Ihr Wissen mit einem Quiz.

Scannen Sie diesen QR-Code

Praktische Übungen

1

Entwerfen Sie eine umfassende Preiskalkulation für ein selbst entworfenes Paar Ohrringe. Berücksichtigen und dokumentieren Sie dabei alle relevanten Kostenfaktoren: Material (z.B. Silber, Edelsteine), Arbeitszeit (Schätzung in Stunden), Werkzeugnutzung, Verpackung, Marketingkosten und anteilige Fixkosten. Verwenden Sie die Aufschlagskalkulation und geben Sie einen realistischen Verkaufspreis an. Begründen Sie Ihre Wahl des Aufschlagsprozentsatzes.

Lösungsschritte: 1. Materialkosten: Silber (5 €), Edelsteine (10 €) = 15 €. 2. Arbeitszeit: 1,5 Stunden × 20 €/h = 30 €. 3. Werkzeugnutzung (Abschreibung): anteilig 2 €. 4. Verpackung: 2 €. 5. Marketing: anteilig 3 €. 6. Fixkosten (anteilig, z. B. Miete, Strom): 3 €. Gesamtkosten: 15 + 30 + 2 + 2 + 3 + 3 = 55 €. Für einen kleinen Betrieb mit Direktvertrieb wähle ich eine Aufschlagskalkulation von 100 % (um Gewinn und weitere Fixkosten zu decken). 55 € × 2 = 110 €. Der Verkaufspreis beträgt also 110 €. Die Wahl von 100 % ist üblich für Einzelunternehmen, um genügend Marge zu haben und unternehmerische Risiken abzufedern.

2

Analysieren Sie ein typisches Beispiel, wie ein Prozentualer Rabatt und ein fester Betrag-Rabatt jeweils auf einen Warenkorbwert von 200 € wirken. Berechnen Sie jeweils den Endpreis und diskutieren Sie, in welchem Szenario welcher Rabatt für Sie als Designer*in sinnvoller wäre.

Prozentualer Rabatt: Z. B. 15 % auf alles. 200 € × 0,15 = 30 € Rabatt. Endpreis: 200 € - 30 € = 170 €. Fester Betragsrabatt: Z. B. 25 € ab 200 € Einkaufswert. Endpreis: 200 € - 25 € = 175 €. Interpretation: Prozentuale Rabatte wirken stärker bei teuren Artikeln/hohen Warenkörben, während feste Betragsrabatte besonders attraktiv für kleinere Warenkörbe sind. Für hochwertige Einzelstücke ist der prozentuale Rabatt oft wirksamer, beim Abverkauf alter kleiner Artikel können feste Betragsrabatte günstiger sein. Aus Business-Sicht sollte man Rabattform abhängig von Produktwert und Zielgruppe wählen.

3

Entwerfen Sie ein Konzept für die Präsentation einer neuen Kollektion sowohl im Ladengeschäft als auch im Online-Shop. Beschreiben Sie mindestens drei konkrete Maßnahmen für jede Präsentationsform, die die Markenidentität stärken und den Verkauf fördern.

Ladengeschäft: 1. Thematische und saisonale Ausrichtung der Auslage (z. B. Frühling – Pastelltöne, Blumenmotive). 2. Hochwertige, zur Marke passende Verpackung mit Logo. 3. Gezielte Beleuchtung mit Spotlights auf Schlüsselteile der Kollektion.
Online-Shop: 1. Professionelle Fotos vor neutralem Hintergrund, Nahaufnahmen und Tragebilder. 2. Einheitliche, markentypische Produktbeschreibungen inklusive Storytelling zur Entstehung der Kollektion. 3. Startbanner und Pop-up für die neue Kollektion mit special offer (z. B. Versand gratis). Beides stärkt die Markenwahrnehmung und hebt die Kollektion hervor.

4

Vergleichen Sie die Vor- und Nachteile von Direktvertrieb und Einzelhandel anhand eines selbstgewählten Schmuckprodukts. Treffen Sie eine strategische Entscheidung für einen der beiden Vertriebswege und begründen Sie diese ausführlich unter Berücksichtigung Ihrer Ressourcen, Produktionskapazitäten sowie Ihrer Markenstrategie.

Direktvertrieb (Beispiel: Silberring): Vorteile: Höhere Gewinnmarge, direkter Kundenkontakt, volle Kontrolle über Präsentation und Storytelling. Nachteile: Hoher Arbeitsaufwand für Marketing und Versand, Reichweitenaufbau herausfordernd.
Einzelhandel: Vorteile: Bestehende Kundenreichweite, weniger Aufwand für Marketing und Vertrieb, Steigerung des Markenimages durch Listung in Boutique/Juwelier. Nachteile: Geringere Marge durch Händleraufschlag, weniger Kontrolle über Präsentation, Zahlung nach Verkauf (Kommission).
Entscheidung: Wenn ich am Anfang stehe und wenig Zeit in Marketing investieren kann, entscheide ich mich zunächst für den Einzelhandel, vor allem, wenn meine Produktionskapazitäten begrenzt sind und ich auf die Reichweite eines erfahrenen Einzelhändlers setzen kann. So kann ich meine Marke etablieren, bevor ich mit Direktvertrieb ausbaue.

5

Wählen Sie drei verschiedene Verpackungsmaterialien und bewerten Sie diese hinsichtlich Schutzfunktion, Markenpassung/Ästhetik und Nachhaltigkeit. Entwickeln Sie daraus eine Empfehlung für Ihre (fiktive oder echte) Schmuckmarke und argumentieren Sie die Wahl.

Material 1: Samtbeutel – hoher Schutz gegen Kratzer, edle Optik, jedoch selten nachhaltig.
Material 2: Hochwertige Kartonage – solide Schutzfunktion, lässt sich optimal im Look der Marke gestalten, oft recycelbar/biologisch abbaubar.
Material 3: Metallbox – sehr stabil und luxuriös, kann mehrfach verwendet werden, aber aufwendig und energieintensiv in der Herstellung.
Empfehlung: Für meine nachhaltige, elegante Schmuckmarke wähle ich hochwertige Kartonagen, die im Corporate Design gehalten sind. Sie bieten ausreichenden Schutz, sind individuell gestaltbar, wirken professionell und erfüllen die Anforderungen an Nachhaltigkeit durch den Einsatz von Recyclingmaterialien.

Kapitel : 12

Kapitel 12: Finanzen managen

IN DIESEM KAPITEL:

- Eine solide Budgetierung, die fixe und variable Kosten erfasst, verschafft Schmuckdesignerinnen finanzielle Kontrolle und verhindert böse Überraschungen.

- Die korrekte und regelmäßige Buchführung sowie das rechtssichere Stellen von Rechnungen sind gesetzliche Pflichten und schaffen die Basis für wirtschaftlichen Erfolg.

- Durch gezielte Investitionen in Materialien, Werkzeuge und Fortbildung sowie mit ausreichend Rücklagen sichern Schmuckdesignerinnen Wachstum und Stabilität ihres Unternehmens.

- Die Einhaltung von Gesetzen, insbesondere zu Kennzeichnung, Steuern, Verbraucherschutz, Datenschutz und Arbeitsrecht, ist für nachhaltigen und rechtssicheren Unternehmenserfolg unerlässlich.

- Der bewusste Einsatz digitaler Tools und regelmäßige Überprüfung des eigenen Finanzmanagements ermöglichen effiziente Arbeitsprozesse und erhöhen die Wettbewerbsfähigkeit.

Budgetierung für Schmuckdesigner

Wichtig

Die Budgetierung zählt zu den wichtigsten Grundlagen eines erfolgreichen Schmuckdesign-Geschäfts. Sie verschafft Ihnen einen umfassenden Überblick über alle Einnahmen und Ausgaben, sodass Sie jederzeit genau wissen, wo Ihr Unternehmen finanziell steht. Nur durch eine sorgfältige Planung können Sie Engpässe vermeiden und unerwartete Kosten frühzeitig erkennen. Ein gutes Budget gibt Sicherheit, ermöglicht Investitionen zur richtigen Zeit und hilft dabei, geschäftliche Entscheidungen auf fundierter Basis zu treffen. So schaffen Sie eine stabile finanzielle Grundlage, die nicht nur Ihr kreatives Schaffen unterstützt, sondern auch das langfristige Wachstum Ihres Schmucklabels fördert.

Für eine erfolgreiche Budgetierung als Schmuckdesignerin ist es wichtig, zunächst einen Überblick über die wichtigsten Kostenarten zu erhalten, die bei der Schmuckherstellung anfallen.

- Materialkosten: Ausgaben für Edelmetalle, Steine, Perlen, Drähte, Verschlüsse und andere benötigte Rohmaterialien.
- Werkzeug- und Maschinenkosten: Anschaffung und Wartung von speziellen Werkzeugen, Geräten oder Maschinen, die zur Herstellung und Bearbeitung von Schmuck benötigt werden.
- Arbeits- und Herstellungskosten: Eigenes Honorar sowie ggf. Löhne für Mitarbeiter, Hilfskräfte oder externe Dienstleister, die bei der Schmuckproduktion unterstützen.
- Verpackung und Versand: Kosten für Schmuckschachteln, Beutel, Etiketten sowie für den sicheren Versand der fertigen Schmuckstücke an Kunden.
- Miete und Nebenkosten: Bei Nutzung eines eigenen Ateliers oder Werkraums fallen zusätzlich Miete, Strom, Heizung und andere betriebliche Nebenkosten an.

Gut zu wissen

Für eine solide Budgetplanung als Schmuckdesignerin ist die präzise Unterscheidung und Erfassung von fixen und variablen Kosten essenziell. Fixe Kosten wie Miete, Versicherungen oder regelmäßige Gebühren bleiben meist konstant und sind unabhängig von der Produktionsmenge. Variable Kosten hingegen, etwa Material, Verpackung oder Versand, verändern sich je nach Auftragslage und Produktionsumfang. Eine detaillierte Übersicht über beide Kostenarten gibt Ihnen die Möglichkeit, Ihr Budget realistisch einzuschätzen und potenzielle Einsparungsquellen zu identifizieren. So erhalten Sie die finanzielle Flexibilität, rechtzeitig auf geschäftliche Veränderungen zu reagieren und Kosten gezielt zu optimieren.

In der Praxis

Position	Geplante Kosten (€)	Tatsächliche Kosten (€)	Kommentar
Materialkosten (Edelmetalle, Steine etc.)	500	520	Leichte Überschreitung durch Sonderanfertigung
Werkzeug & Arbeitsmittel	80	80	Erwartungsgemäß
Miete/Atelier	400	400	Fixkosten
Versicherungen	50	50	Fixkosten
Verpackung & Versand	60	55	Geringfügige Einsparung
Marketing & Online-Präsenz	150	140	Einsparung durch Social Media

Position	Geplante Kosten (€)	Tatsächliche Kosten (€)	Kommentar
Weiterbildung/Kurse	30	0	Nicht genutzt diesen Monat
Steuern & Rücklagen	120	120	Fix eingeplant
Sonstiges	40	35	Unvorhergesehene Kleinausgaben
GESAMT	1430	1400	

Warnung

Bei der Budgetierung für Ihr Schmuckdesign-Geschäft werden Steuern und Versicherungen häufig übersehen, dabei gehören sie zu den wichtigsten finanziellen Verpflichtungen. Planen Sie von Anfang an Rücklagen für fällige Steuerzahlungen, selbst wenn diese erst später im Jahr anfallen. Ebenso sollten Sie ausreichend Mittel für betriebliche Versicherungen, beispielsweise eine Betriebshaftpflicht, berücksichtigen. Diese Posten erscheinen zwar nicht unmittelbar im täglichen Geschäft, sind aber essenziell, um Risiken abzusichern und rechtliche Vorgaben zu erfüllen. Feste monatliche Rückstellungen helfen dabei, finanzielle Überraschungen zu vermeiden und sorgen langfristig für eine stabile Unternehmensexistenz.

Tipp

Kostenkontrolle ist ein zentraler Bestandteil der erfolgreichen Budgetierung für Schmuckdesignerinnen. Mit den folgenden Tipps behalten Sie Ihre Ausgaben im Blick und stärken die finanzielle Basis Ihres Geschäfts:

- Führen Sie regelmäßig ein Ausgabenbuch, in dem alle Kostenposten – auch kleine Ausgaben – sorgfältig erfasst werden.
- Vergleichen Sie regelmäßig Ihre Materialpreise und prüfen Sie alternative Bezugsquellen, um günstiger einzukaufen, ohne bei der Qualität Abstriche zu machen.
- Setzen Sie sich monatliche Ausgabenlimits für variable Kosten wie Marketing, Verpackung oder Versand, um Ihr Budget nicht zu überschreiten und flexibel auf veränderte Situationen reagieren zu können.

Die regelmäßige Überprüfung Ihres Budgets ist ein wesentlicher Bestandteil eines erfolgreichen Finanzmanagements im Schmuckdesign. Veränderungen am Markt, schwankende Nachfrage oder unerwartete Ereignisse können direkte Auswirkungen auf Ihre Einnahmen und Ausgaben haben. Durch monatliche oder vierteljährliche Überprüfungen erkennen Sie Abweichungen frühzeitig und können gezielt Maßnahmen ergreifen – etwa Anpassungen bei Materialbestellungen, Preisanpassungen oder Investitionen verschieben. Ein aktuelles und gepflegtes Budget gibt Ihnen die Sicherheit, jederzeit handlungsfähig zu bleiben, Risiken rechtzeitig zu erkennen und den langfristigen finanziellen Erfolg Ihres Schmucklabels aktiv zu steuern.

In der Praxis

Setzen Sie sich zu Beginn realistische und erreichbare finanzielle Ziele, die Ihrem Schmuckdesign-Geschäft einen klaren Rahmen geben. Überlegen Sie konkret, wofür Sie sparen möchten – beispielsweise für die Anschaffung neuer Werkzeuge, den Ausbau Ihres Arbeitsbereichs oder geplante Marketingmaßnahmen. Teilen Sie diese Ziele in kleinere, monatliche Etappen auf und überprüfen Sie regelmäßig den Fortschritt. So behalten Sie nicht nur Ihre Motivation im Blick, sondern können bei Bedarf gezielt nachsteuern. Solche Sparziele geben Ihrem Finanzmanagement Struktur und sorgen dafür, dass Sie notwendige Investitionen gezielt und zum richtigen Zeitpunkt tätigen können.

Buchhaltung und Rechnungsstellung

Einführung

Als Schmuckdesignerin, die den Schritt in die Selbstständigkeit wagt oder ein eigenes Unternehmen gründet, wirst du früh mit zwei zentralen Aspekten der kaufmännischen Praxis konfrontiert: Buchhaltung und Rechnungsstellung. Beide sind nicht nur rechtliche Pflicht, sondern auch essenziell, um den Überblick über deine Finanzen zu behalten und den wirtschaftlichen Erfolg deines Unternehmens zu steuern. Ein solides Fundament in Buchhaltung und Rechnungslegung schützt dich vor Fehlern, steuerlichen Nachteilen und ermöglicht es dir, auf Basis von Zahlen fundierte Entscheidungen zu treffen.

---

1. Was ist Buchhaltung und warum ist sie wichtig?

Die Buchhaltung ist das systematische Erfassen aller Geschäftsvorfälle in deinem Unternehmen. Hierbei werden sämtliche Einnahmen und Ausgaben dokumentiert, sortiert und für die Steuer sowie für unternehmerische Entscheidungen aufbereitet. Egal, ob du als Einzelunternehmerin oder als Gesellschaft tätig bist – eine ordnungsgemäße Buchführung ist Pflicht.

Zweck und Ziele der Buchhaltung:

- Gesetzliche Vorschriften erfüllen (Steuergesetze, Handelsgesetzbuch)
- Kontrolle und Übersicht über die finanzielle Lage
- Vorbereitung und Erstellung der Steuererklärungen
- Basis für betriebswirtschaftliche Analysen und Entscheidungen
- Nachweisbare Grundlage bei Rückfragen von Finanzamt oder Geschäftspartnern

Formen der Buchhaltung

1. 1. **Einnahmen-Überschuss-Rechnung (EÜR):**

2. 2. **Doppelte Buchführung:**

Für die meisten Gründerinnen im Schmuckdesign ist die Einnahmen-Überschuss-Rechnung (EÜR) ausreichend und ausreichend unkompliziert.

---

2. Buchhaltungsprozesse für Schmuckdesignerinnen

a) Tagesgeschäft dokumentieren

Alle Einnahmen (z. B. Verkäufe von Schmuckstücken, Workshop-Gebühren) und Ausgaben (Materialeinkäufe, Werkzeuge, Miete, Marketingkosten etc.) müssen lückenlos dokumentiert werden. Die wichtigsten Regeln:

- Jeder Geschäftsfall muss mit einem Beleg nachweisbar sein (Rechnungseingang/-ausgang, Quittung, Kassenbon, Kontoauszug).
- Alle Belege zeitnah sammeln und richtig ablegen.
- Buchungen möglichst tagesaktuell erfassen; spätestens aber monatlich.
- Keine privaten und betrieblichen Buchungen vermischen.

b) Konten planen und einrichten

Für eine ordnungsgemäße Buchhaltung empfiehlt sich die Führung getrennte Konten für das Unternehmen und für private Zwecke.

- Geschäftskonto eröffnen
- Kreditkarte für geschäftliche Ausgaben einsetzen
- Bargeldbewegungen extra erfassen (Kassenbuch)

c) Arbeitsmittel – Analoge und digitale Buchhaltung

- **Papierbasierte Buchhaltung:** Klassisch, jedoch zeitaufwändig, fehleranfällig und schwer auszuwerten.
- **Digitale Buchhaltung** mittels Software (Lexoffice, sevDesk, Debitoor, BuchhaltungsButler, etc.): Automatisierte Erfassung, einfaches Updaten, gute Übersicht, oft direkte Schnittstelle zu Steuerberater und Finanzamt.
- Belege können meist einfach eingescannt und automatisch verarbeitet werden.

d) Buchhaltungs-Zeitplan

- Laufende Erfassung aller Geschäftsvorfälle (mindestens einmal wöchentlich)
- Monatsabschluss – Kontrolle und Abgleich von Einnahmen/Ausgaben
- Umsatzsteuer-Voranmeldung (bei Pflicht zur Umsatzsteuer, meist vierteljährlich oder monatlich)
- Jahresabschluss: Zusammenstellung aller Daten für Steuererklärung und ggf. Bilanz

---

3. Rechnungsstellung für Schmuckdesignerinnen

Die Rechnungsstellung ist der Prozess, bei dem du als Unternehmerin gegenüber deinen Kundinnen und Kunden Ansprüche auf Bezahlung deiner Leistungen oder Produkte dokumentierst. Jede ausgestellte Rechnung ist gleichzeitig ein wichtiger Buchhaltungsbeleg und Grundlage für die Besteuerung deiner Umsätze.

a) Rechtliche Anforderungen an eine Rechnung (nach § 14 UStG)

Eine ordentliche Rechnung muss folgende Angaben enthalten:

1. 1. Name und Anschrift der Schmuckdesignerin (Leistungserbringerin)
2. 2. Name und Anschrift des Kunden (Leistungsempfängers)
3. 3. Steuernummer oder Umsatzsteuer-Identifikationsnummer (falls vorhanden/pflichtig)
4. 4. Ausstellungsdatum der Rechnung
5. 5. Fortlaufende Rechnungsnummer (zur eindeutigen Identifikation jeder Rechnung)
6. 6. Menge und Bezeichnung der gelieferten Waren oder Leistungen
7. 7. Liefer- oder Leistungszeitpunkt
8. 8. Entgelt (Nettobetrag) für die Leistung
9. 9. Anzuwendender Steuersatz und ausgewiesener Steuerbetrag (wenn du umsatzsteuerpflichtig bist, sonst Hinweis auf Kleinunternehmerregelung nach § 19 UStG)
10. 10. Endbetrag (Bruttobetrag)
11. 11. Zahlungsziel und ggf. Bankverbindung

b) Kleinunternehmerregelung

Bist du Kleinunternehmerin (§ 19 UStG) und von der Umsatzsteuer befreit, musst du auf der Rechnung ausdrücklich vermerken:
„Gemäß § 19 UStG enthält der Rechnungsbetrag keine Umsatzsteuer."

c) Rechnungen erstellen – analog und digital

Rechnungen können handschriftlich, druckschriftlich oder mittels Rechnungssoftware erstellt werden. Empfehlenswert ist die digitale Erstellung, um Fehler zu vermeiden, Nummern automatisch zu vergeben und eine bessere Archivierung zu ermöglichen.

d) Korrekte Rechnungsnummern

Jede Rechnung braucht eine fortlaufende, eindeutige und einmalig vergebene Nummer.
Idealerweise entwickelt man zu Beginn ein System, das eine Zuordnung zum Jahr, Monat und laufender Nummer erlaubt – z.B. 2024-06-001.

e) Typische Fehler bei der Rechnungsstellung vermeiden

- Fehlende Pflichtangaben
- Lückenhafte Nummerierung
- Fehlerhafter Ausweis oder falsche Angabe zur Umsatzsteuer
- Unleserliche oder fehlerhafte Beträge
- Nicht Beachtung von individuell vereinbarten Zahlungszielen

f) Rechnungen an Privat- und Geschäftskunden

- Bei Privatpersonen: Anschrift reicht oft aus
- An Geschäftskunden in der EU oder international: weitere Pflichtangaben (z.B. Steuer-ID, Reverse-Charge-Verfahren)

g) Gutschriften und Stornorechnungen

- Jede Gutschrift und jede Stornorechnung muss genauso sorgfältig und nachvollziehbar dokumentiert werden wie eine Ausgangsrechnung.
- Stornierte oder geänderte Rechnungen nie einfach löschen – immer transparent mit neuer Nummer und Bezug zur ursprünglichen Rechnung.

---

4. Digitale Tools und Organisation

Heute gibt es zahlreiche digitale Lösungen, die das Leben von Schmuckdesignerinnen wesentlich erleichtern:

- **Buchhaltungssoftware:** Automatisiert den Import von Kontodaten, Erstellen und Verwaltung von Rechnungen, Belegerfassung per App/Fotofunktion
- **Cloudbasierte Lösungen:** Zugang und Datenpflege von überall, Zusammenarbeit mit Steuerberaterin erleichtert
- **Vorlagen und Musterdokumente:** Viele Programme bieten komplett rechtssichere Vorlagen für Rechnungen, Angebote, Gutschriften, etc.

Achte darauf, dass die Software GoBD-konform ist (Grundsätze der ordnungsmäßigen Buchführung und Aufbewahrung von Büchern, Aufzeichnungen und Unterlagen in elektronischer Form).

---

5. Aufbewahrungspflichten und Datenschutz

Deine Buchhaltungsunterlagen und Rechnungen musst du mindestens 10 Jahre (Papier und digital) aufbewahren. Die Unterlagen müssen lesbar, vollständig und revisionssicher archiviert werden.

- Rechnungen und Buchhaltungsbelege sorgfältig nummerieren und ablegen (nach Jahr/Monat)
- Digitale Backups anfertigen und sichere Speicherung gewährleisten
- Auf Verlangen des Finanzamts jederzeit vorlegbar

Achte beim Umgang mit Kundendaten zudem auf den Datenschutz (DSGVO beachten!) – insbesondere bei elektronischer Speicherung oder Weitergabe.

---

6. Zusammenarbeit mit Steuerberaterinnen

Ein/e Steuerberater/in hilft dir,

- das passende Buchhaltungssystem einzurichten,

- Steuererklärungen effizient vorzubereiten,
- Fehler zu vermeiden und Risiken zu minimieren,
- dich auf steuerliche Vorteile und Fördermöglichkeiten hinzuweisen.

Auch wenn du vieles als Gründerin selbst machen kannst, empfiehlt es sich, zumindest die Jahresabschlüsse oder die Überprüfung deiner Buchhaltung von einer Fachperson erledigen zu lassen.

---

7. Praxisbeispiele aus dem Schmuckdesign-Alltag

Beispiel 1: Ein Kunde kauft ein selbst gefertigtes Collier für 300 EUR. Du schickst eine Rechnung mit ausgewiesener Umsatzsteuer (als umsatzsteuerpflichtige Designerin), erhältst das Geld aufs Geschäftskonto und buchst sowohl den Erlös als Einnahme als auch das Material als Aufwand.

Beispiel 2: Du kaufst Edelsteine bei einem Großhändler in Italien. Du erhältst eine Eingangsrechnung mit Ausweis des Reverse-Charge-Verfahrens. Die Buchung erfolgt entsprechend der EU-Umsatzsteuerregelungen.

Beispiel 3: Eine Rechnung wurde irrtümlich falsch hoch ausgestellt. Du stornierst die alte Rechnung, erstellst eine neue mit korrektem Betrag und verweist in der Stornorechnung auf die alte Nummer.

---

8. Zusammenfassung: Best Practices

- Führe deine Buchhaltung von Anfang an korrekt und prüfe regelmäßig alle Daten
- Nutze, wenn möglich, digitale Tools und professionelle Software
- Halte alle gesetzlichen Vorgaben zu Rechnungslegung und Aufbewahrung ein
- Lass bei Unsicherheiten einen Steuerberater unterstützen
- Klare Dokumentation schützt vor Problemen und spart im Ernstfall viel Geld!

Die Beherrschung von Buchhaltung und Rechnungsstellung legt das finanzielle Fundament für dein Schmuckdesign-Business und ermöglicht dir, kreativ und erfolgreich zu wirtschaften. Mit etwas Disziplin und dem passenden Werkzeug ist dies eine Routine, die sich auszahlt – und dich von Beginn an auf Erfolgskurs bringt!

Investitionen und Rücklagen

Wichtig

Investitionen bilden das Fundament einer nachhaltigen Unternehmensstrategie für Schmuckdesignerinnen. Dazu gehört die gezielte Anschaffung hochwertiger Materialien, die die Qualität und Attraktivität der eigenen Schmuckstücke sicherstellen. Ebenso essenziell sind professionelle Werkzeuge und moderne Maschinen, die effizientes und präzises Arbeiten ermöglichen. Um stets mit den neuesten Trends und Techniken Schritt zu halten, sind auch regelmäßige Weiterbildungen unerlässlich. Investitionen in die eigene Weiterbildung erweitern das Portfolio und sorgen dafür, dass das kreative und technische Know-how ständig wächst – ein klarer Vorteil im Wettbewerb der Schmuckbranche.

In der Praxis

Typische Investitionen spielen eine entscheidende Rolle für den nachhaltigen Erfolg als Schmuckdesignerin. Im Folgenden finden Sie wichtige Bereiche, in die Sie investieren sollten:

- Hochwertige Edelmetalle und Edelsteine: Investitionen in qualitativ hochwertige Materialien erhöhen den Wert Ihrer Schmuckstücke und werden von Kundinnen und Kunden besonders geschätzt.
- Anschaffung professioneller Werkzeuge und Maschinen: Moderne Werkzeuge ermöglichen effizientes Arbeiten und präzise Handwerkskunst.
- Weiterbildung und Fachkurse: Regelmäßige Investitionen in die eigene Aus- und Weiterbildung helfen dabei, Trends und Techniken kennenzulernen und sich auf dem Markt abzuheben.
- Gestaltung und Einrichtung eines eigenen Ateliers: Die Schaffung eines inspirierenden Arbeitsplatzes fördert Kreativität und Produktivität bei der Schmuckherstellung.

Wichtig

Die Bildung von Rücklagen ist für Schmuckdesignerinnen von zentraler Bedeutung, um finanzielle Stabilität zu sichern. Besonders in einem kreativen Berufsfeld wie dem Schmuckdesign, in dem die Umsätze saisonalen Schwankungen unterliegen können, bieten Rücklagen einen wichtigen Puffer. Plötzliche Ausgaben, etwa für Reparaturen, Ersatzanschaffungen oder unerwartete Geschäftskosten, können durch ausreichend gebildete finanzielle Reserven problemlos abgefedert werden. Es empfiehlt sich, regelmäßig einen festen Prozentsatz der Einnahmen zur Seite zu legen, um in schwierigen Situationen handlungsfähig zu bleiben und die eigene Existenz langfristig zu sichern.

Gut zu wissen

Kriterium	Direkte Investitionen	Rücklagenbildung
Ziel	Wertschöpfung und Wachstum	Absicherung und Risikovorsorge
Verwendung	Anschaffung von Materialien, Werkzeugen, Maschinen; Weiterbildung	Finanzielle Puffer für Notfälle, Steuerzahlungen, saisonale Schwankungen
Zeitlicher Horizont	Kurz- bis mittelfristig (sofortiger Nutzen möglich)	Langfristig (Reserve für ungeplante Ereignisse)
Risiko	Kann sich nicht direkt auszahlen; Kapital gebunden	Geringeres Risiko; Liquidität erhöht
Beispiel	Kauf eines neuen Lötgeräts, Kurs im Edelsteinfassen	Bildung eines Notfallfonds, Rücklage für Steuern

Tipp

Ein entscheidender Tipp für Schmuckdesignerinnen ist, Rücklagen gezielt für verschiedene Zwecke zu bilden. Statt alle Reserven in einem allgemeinen Finanzpolster zu sammeln, empfiehlt es sich, separate Rücklagenkonten anzulegen – beispielsweise für Steuerzahlungen, Wartungs- oder Reparaturkosten von Maschinen und für betriebliche Notfälle. Durch diese gezielte Aufteilung behalten Sie stets den Überblick über Ihre finanziellen Verpflichtungen und können geplante wie auch unerwartete Ausgaben besser bewältigen. So schützen Sie Ihr Unternehmen vor finanziellen

Engpässen und können ruhig und vorausschauend wirtschaften.

Gut zu wissen

Langfristige Investitionen spielen eine entscheidende Rolle für den nachhaltigen Erfolg von Schmuckdesignerinnen. Sie bieten zahlreiche Vorteile, die sowohl die tägliche Arbeit als auch die Weiterentwicklung des eigenen Unternehmens positiv beeinflussen.

- Steigerung der Produktqualität: Durch Investitionen in hochwertige Materialien und präzise Werkzeuge können Schmuckdesignerinnen die Qualität ihrer Kreationen deutlich verbessern. Dies stärkt das Vertrauen der Kundinnen und erhöht die Wertschätzung der eigenen Marke.
- Effizientere Arbeitsprozesse: Moderne Maschinen und professionelle Ausstattung ermöglichen effizientere Fertigungsprozesse. Das spart nicht nur Zeit, sondern ermöglicht es auch, größere Aufträge oder komplexere Designs zuverlässig zu realisieren.
- Langfristige Kosteneinsparungen: Durch gezielte Anschaffungen und regelmäßige Wartung wird das Risiko teurer Reparaturen oder Ersatzbeschaffungen deutlich reduziert. Investitionen in Fortbildung sorgen zudem dafür, dass Trends und Techniken rechtzeitig erkannt werden, was Fehlinvestitionen vermeiden hilft.
- Wettbewerbsvorteil durch Know-how: Kontinuierliche Weiterbildung verschafft einen Wissensvorsprung gegenüber der Konkurrenz und eröffnet neue kreative und unternehmerische Möglichkeiten.

Warnung

Ein häufiger Fehler bei Investitionen im Schmuckdesign besteht darin, zu viel Geld in spezielle Werkzeuge oder Maschinen zu stecken, die nur selten gebraucht werden. Diese Mittel wären oft besser an anderer Stelle eingesetzt. Ebenso gefährlich ist es, den Aufbau von Rücklagen zu vernachlässigen. Ohne ausreichende Reserven können unvorhergesehene Ausgaben oder saisonale Umsatzeinbrüche schnell zu finanziellen Problemen führen. Um das eigene Geschäft zu schützen, sollten Sie Ihre Investitionen stets kritisch hinterfragen und regelmäßig prüfen, ob Rücklagen planmäßig aufgebaut und ausreichend sind. Eine ausgewogene Strategie sichert langfristig den Unternehmenserfolg.

Um langfristig erfolgreich zu sein, ist es ratsam, die eigenen Investitionen und Rücklagen regelmäßig zu überprüfen und anzupassen. Entwickeln Sie eine Routine, beispielsweise durch einen monatlichen oder vierteljährlichen Finanzcheck. Analysieren Sie, ob aktuelle Investitionen noch sinnvoll sind und ob die Rücklagenhöhe Ihren geschäftlichen Bedürfnissen entspricht. So können Sie auf neue Markttrends, veränderte Umsätze oder unerwartete Ausgaben flexibel reagieren. Die kontinuierliche Kontrolle ermöglicht es Ihnen, Optimierungspotenziale zu erkennen und Ihre finanzielle Strategie gezielt an aktuelle Entwicklungen anzupassen. Damit stärken Sie die wirtschaftliche Stabilität Ihres Unternehmens.

Rechtsvorschriften und Compliance

Einleitung

Die Gründung und Führung eines Schmuckdesign-Unternehmens erfordert nicht nur kreatives Talent und unternehmerisches Geschick, sondern auch umfassendes Wissen im Bereich der Rechtsvorschriften und der Compliance. Gerade in der Schmuckbranche, in der mit wertvollen

Materialien und hochwertigen Produkten gearbeitet wird, ist die rechtliche Absicherung unerlässlich. Dieser Abschnitt vermittelt detaillierte Grundlagen und praxisnahe Hinweise zu den wichtigsten gesetzlichen Anforderungen und Compliance-Themen, die für Schmuckdesignerinnen in Deutschland relevant sind.

1. 1. Unternehmensgründung und Rechtsformen

Zu Beginn steht die Wahl der geeigneten Rechtsform: Ob als Einzelunternehmerin, GbR (Gesellschaft bürgerlichen Rechts), UG (haftungsbeschränkt), GmbH oder sogar als AG – jede Form bringt unterschiedliche rechtliche und steuerliche Pflichten mit sich. Besonders als Einzelunternehmerin ist die Anmeldung beim Gewerbeamt zwingend erforderlich. Bei Gründung einer Gesellschaft sind zudem Gesellschaftsverträge aufzusetzen und im Handelsregister einzutragen. Auch etwaige berufsrechtliche Zulassungen (z. B. Eintrag bei der Handwerkskammer für Goldschmiede) können erforderlich sein.

1. 2. Gewerbeanmeldung und Genehmigungen

Die Gewerbeanmeldung ist der erste Schritt für jede Schmuckdesignerin, die ihr Geschäft legal betreiben will. Je nach Art des Schmuckgeschäfts – Einzelhandel, Online-Shop oder Direktvertrieb – können zusätzliche Genehmigungen, Eintragungen und Nachweise erforderlich sein. Insbesondere beim Vertrieb von Edelmetallen und Edelsteinen kann eine gesonderte Erlaubnis notwendig sein. Darüber hinaus sind auch steuerliche Aspekte wie die Beantragung einer Umsatzsteuer-ID und ggf. einer Steuernummer zu berücksichtigen.

1. 3. Handwerks- und Handelsrecht

Schmuckdesign tangiert das Handwerksrecht, sofern etwa Goldschmiede- oder Silberschmiedearbeiten ausgeübt werden. Je nach Bundesland und Tätigkeit ist ggf. ein Eintrag in die Handwerksrolle erforderlich, was besondere Qualifikationen voraussetzt. Im Handelsrecht bestehen zahlreiche Vorschriften zu Angebot, Abwicklung und Dokumentationspflichten von Geschäften. Käufer müssen über ihre Rechte – wie das Widerrufsrecht beim Onlinehandel – informiert werden.

1. 4. Verbraucherschutz und Produktkennzeichnung

Der Verbraucherschutz spielt bei Schmuck eine große Rolle: Das Produktsicherheitsgesetz (ProdSG) schreibt vor, dass Schmuck gesundheitlich unbedenklich sein muss. Beispielsweise dürfen Nickelwerte in Modeschmuck bestimmte Grenzwerte nicht überschreiten. Eine sachgemäße Produktkennzeichnung ist verpflichtend – dazu gehören Angaben über verwendete Metalle, Legierungen, Edelsteine oder Allergene. Für Edelmetalle wie Gold oder Silber sind spezielle Stempelregelungen bindend.

1. 5. Edelmetallgesetz und Stempelvorschriften

In Deutschland regelt das Edelmetallgesetz Kennzeichnungen und Stempel für Gold, Silber, Platin und Palladium. Schmuck muss mit Angaben zu Legierung und Feingehalt versehen sein (z. B. „925 Silber" oder „585 Gold"). Bei Fälschungen oder fehlerhafter Kennzeichnung drohen empfindliche Strafen. Diese Regelungen schützen nicht nur den Endverbraucher vor Betrug, sondern sichern auch die eigene Reputation.

1. 6. Urheberrecht und Markenschutz

Die kreativen Entwürfe einer Schmuckdesignerin sind ihr geistiges Eigentum. Entwürfe, Skizzen und Modelle können als Werke der angewandten Kunst nach § 2 UrhG geschützt sein, wenn sie eine gewisse Schöpfungshöhe erreichen. Darüber hinaus sollte geprüft werden, ob Designs als Geschmacksmuster (Designschutz) beim Deutschen Patent- und Markenamt (DPMA) angemeldet werden können. Ebenso ist der Schutz von Marken – etwa Firmenname oder Logo – ratsam, um Nachahmung und Rechtsstreitigkeiten zu vermeiden.

1. 7. Compliance beim Einkauf von Materialien

Beim Einkauf von Edelmetallen und Edelsteinen ist besondere Sorgfalt geboten, um nicht unbeabsichtigt in illegale oder unethische Lieferketten eingebunden zu werden. Die Schmuckbranche steht aufgrund von Themen wie „Blutdiamanten" oder umweltschädlichem Goldabbau besonders im Fokus. Daher ist es ratsam, nur bei zertifizierten und nachweislich legal und ethisch handelnden Lieferanten einzukaufen. Die Einhaltung relevanter EU-Verordnungen und nationaler Gesetze, beispielsweise der „Konfliktmineralien-Verordnung" oder des „Lieferkettengesetzes", ist Pflicht.

1. 8. Steuern und Buchhaltung

Schmuckdesignerinnen unterliegen der Steuerpflicht. Die wichtigsten Steuerarten sind Einkommensteuer, Umsatzsteuer (Mehrwertsteuer) und ggf. Gewerbesteuer. Eine ordnungsgemäße Buchführung ist rechtlich vorgeschrieben, insbesondere für Kapitalgesellschaften wie die GmbH. Auch Rechnungen müssen bestimmten gesetzlichen Vorgaben entsprechen. Eine regelmäßige Zusammenarbeit mit einer Steuerberaterin ist dringend anzuraten.

1. 9. Datenschutzgrundverordnung (DSGVO)

Betreibt eine Schmuckdesignerin einen Online-Shop, sammelt sie zwangsläufig personenbezogene Daten – z. B. Kundennamen, Adressen und Zahlungsdaten. Die EU-weit geltende DSGVO verpflichtet dazu, Kundendaten sicher zu verarbeiten, die Betroffenenrechte (Auskunft, Löschung, Widerspruch) sicherzustellen und eine ausführliche Datenschutzerklärung auf der Website zu veröffentlichen. Bei Datenschutzverstößen drohen erhebliche Bußgelder.

1. 10. E-Commerce-Recht

Wer Schmuck online verkauft, muss zahlreiche rechtliche Anforderungen erfüllen. Dazu zählen Impressumspflicht, Widerrufsrecht, korrekte Angaben zu Versandkosten, Lieferzeiten, Preisen und Produktinformationen sowie sichere Zahlungsabwicklung. Händler müssen über Preisangabenverordnung, Fernabsatzrecht und AGB (Allgemeine Geschäftsbedingungen) Bescheid wissen und diese korrekt im Online-Shop integrieren.

1. 11. Export und Zollbestimmungen

Schmuckdesignerinnen, die international verkaufen möchten, müssen die jeweiligen Import- und Exportbestimmungen kennen. Edelmetalle und Edelsteine sind häufig genehmigungspflichtig oder zollpflichtig. Es gelten strenge Regelungen, etwa im Hinblick auf Handelsrestriktionen (Embargos). Die korrekte Verzollung und Dokumentation ist zwingend erforderlich, um Bußgelder oder gar die Beschlagnahmung von Ware zu verhindern.

1. 12. Betrugsprävention und Geldwäschegesetz

Gerade beim Handel mit teuren Rohstoffen und Produkten besteht in der Schmuckbranche eine erhöhte Gefahr für Betrug und Geldwäsche. Schmuckdesignerinnen sind verpflichtet, die Vorschriften des Geldwäschegesetzes (GwG) zu beachten, etwa bei hohen Bargeschäften oder auffälligen Transaktionen die Identität der Kundschaft zu überprüfen und zu dokumentieren. Verstöße werden streng geahndet.

1. 13. Umwelt- und Nachhaltigkeitsvorschriften

Auch Aspekte des Umweltschutzes gewinnen zunehmend an Bedeutung: Etwa werden bestimmte chemische Substanzen (z. B. Cadmium) in Schmuckproduktionen von der EU reglementiert. Im Sinne der Compliance kann es notwendig werden, die Herkunft und Verarbeitung von Materialien lückenlos zu dokumentieren und nachhaltige Produktionswege zu bevorzugen.

1. 14. Arbeitsrechtliche Vorgaben

Mit der Beschäftigung von Mitarbeiterinnen und Mitarbeitern gehen arbeitsrechtliche Pflichten einher – von der Anstellung bis zur Lohnabrechnung müssen Gesetze sowie Sozialversicherungs- und Unfallversicherungspflichten beachtet werden. Auch der Arbeitsschutz, insbesondere beim Umgang mit gefährlichen Stoffen, ist rechtlich geregelt.

1. 15. Haftung und Produktsicherheit

Jede Unternehmerin haftet für die Sicherheit ihrer Produkte. Dazu gehört die Pflicht, nur verkehrssicheren Schmuck anzubieten und auf alle potenziellen Gefahren – zum Beispiel beim Tragen bestimmter Metalle – hinzuweisen. Regelmäßig sind Sicherheitsprüfungen und gegebenenfalls Rückrufaktionen zu dokumentieren. Somit schützt man sich auch selbst vor Regressforderungen und Schadensersatzansprüchen.

Fazit: Rechtsvorschriften und Compliance als Schlüssel zum nachhaltigen Erfolg

Die Einhaltung aller relevanten Rechtsvorschriften und die Implementierung eines funktionierenden Compliance-Managements sind unerlässlich für jeden nachhaltigen Unternehmenserfolg. Dies schützt nicht nur vor Bußgeldern und Rechtsstreitigkeiten, sondern fördert zugleich Vertrauen bei Kundschaft, Zulieferern und Geschäftspartnern. Regelmäßige Weiterbildungen und die Beratung durch Rechts- und Steuerfachleute helfen, immer auf dem neuesten Stand zu bleiben und die eigene Schmuckmarke erfolgreich und rechtssicher zu führen.

Testen Sie Ihr Wissen mit einem Quiz.

Scannen Sie diesen QR-Code

Praktische Übungen

1

Stellen Sie sich vor, Sie möchten Ihr eigenes Schmucklabel gründen und stehen am Anfang Ihrer finanziellen Planung. Erstellen Sie eine Liste aller Kostenarten, die bei der Budgetierung eines Schmuckdesign-Geschäfts regelmäßig anfallen. Differenzieren Sie dabei zwischen fixen und variablen Kosten. Erklären Sie zudem, warum diese Unterscheidung für eine erfolgreiche Planung wichtig ist.

Fixe Kosten: Diese fallen unabhängig von der Produktionsmenge an. Typische Beispiele: Miete für Atelier, Versicherungen, regelmäßige Gebühren (z. B. Buchhaltungssoftware), Grundgebühr für Strom/Wasser, Rücklagen für Steuern.
Variable Kosten: Sie hängen von der Auftragslage und Produktionsmenge ab. Beispiele: Materialkosten (Edelmetalle, Steine), Verpackung, Versand, Arbeitskosten für externe Unterstützung, Marketingausgaben.
Die Unterscheidung ist wichtig, um einerseits die laufenden Grundkosten auch bei schwacher Auftragslage abdecken zu können und andererseits flexibel auf Produktionsveränderungen reagieren zu können. So können Sie gezielt Einsparungen identifizieren und wissen jederzeit, wie viel Umsatz Sie mindestens jeden Monat generieren müssen.

2

Sie haben im laufenden Monat folgende Ausgaben geplant: 600 € Materialkosten, 350 € Miete/Atelier, 100 € Werkzeug, 70 € Verpackung & Versand, 200 € Marketing, 50 € Versicherungen, 150 € Rücklagen für Steuern. Am Monatsende stellen Sie fest, dass die tatsächlichen Kosten abgewichen sind. Erstellen Sie eine tabellarische Übersicht, vergleichen Sie die geplanten mit den tatsächlichen Ausgaben (tatsächliche Werte: Material 640 €, Miete 350 €, Werkzeug 130 €, Verpackung & Versand 60 €, Marketing 180 €, Versicherungen 60 €, Steuerrücklage 150 €) und analysieren Sie, wo und warum es Abweichungen gab.

Position	**Geplant (€)**	**Tatsächlich (€)**	**Abweichung (€/%)**	**Bemerkung**
Materialkosten	600	640	+40 (+6,7%)	Höherer Bedarf, evtl. Sondereinkauf
Miete/Atelier	350	350	0 (0%)	Planmäßig
Werkzeug	100	130	+30 (+30%)	Ungeplante Ersatzanschaffung
Verpackung & Versand	70	60	-10 (-14,3%)	Einsparung, günstiger Anbieter

Position	Geplant (€)	Tatsächlich (€)	Abweichung (€/%)	Bemerkung
				gefunden
Marketing	200	180	-20 (-10%)	Kostengünstigere Kampagne
Versicherungen	50	60	+10 (+20%)	Beitragserhöhung
Steuerrücklage	150	150	0 (0%)	Planmäßig

Analyse: Material- und Werkzeugkosten sind höher als geplant, möglicherweise durch Sonderanfertigung oder ungeplante Investitionen. Bei Verpackung, Versand und Marketing konnten Kosten eingespart werden. Versicherungskosten sind leicht gestiegen, Steuerrücklage blieb konstant.

3

Ein Kunde hat bei Ihnen Schmuck im Wert von 450 € bestellt. Sie arbeiten als Kleinunternehmerin gemäß § 19 UStG. Erstellen Sie eine vollständige Rechnung mit allen Pflichtangaben. Erklären Sie, worauf Sie als Kleinunternehmerin bei der Rechnungsstellung besonders achten müssen.

Rechnung (Beispiel):

Maxi Musterschmuck (Name und Anschrift der Designerin)
Schmuckallee 12
12345 Glanzstadt

Rechnung Nr.: 2024-06-001
Rechnungsdatum: 10.06.2024
Kunde: Frau Sabine Beispielhaft, Glitzerweg 3, 23456 Silberhausen

Leistung: 1x Collier aus 925 Silber mit Süßwasserperle
Lieferdatum: 09.06.2024
Betrag: 450 €

Hinweis: Gemäß § 19 UStG enthält der Rechnungsbetrag keine Umsatzsteuer.
Zahlungsziel: 14 Tage
Bankverbindung: DE12 3456 7890 1234 5678 90

Wichtig für Kleinunternehmerinnen: Sie dürfen auf der Rechnung keine Umsatzsteuer ausweisen, sondern müssen explizit auf die Anwendung der Kleinunternehmerregelung hinweisen. Alle Pflichtangaben wie Rechnungsnummer, Ihr Name & Anschrift, Kundenanschrift, Leistungsbeschreibung, Leistungsdatum und Zahlungsangaben müssen enthalten sein.

4

Sie investieren als Schmuckdesignerin in mehrere Bereiche: Sie kaufen ein neues Lötgerät (1.000 €), nehmen an einem Emaille-Workshop teil (300 €) und legen 500 € als Notfallrücklage zurück. Erklären Sie den Unterschied zwischen Investitionen und Rücklagen anhand dieses Beispiels und erläutern Sie, warum beide Maßnahmen für das Geschäft wichtig sind.

Die Neuanschaffung des Lötgeräts (1.000 €) und der Besuch des Emaille-Workshops (300 €) sind Investitionen: Sie dienen der unmittelbaren Verbesserung der Produktion bzw. der Erweiterung des Know-hows. Das Geld wird dabei zweckgebunden in das Unternehmenswachstum oder die Qualitätssteigerung investiert.
Die Einzahlung von 500 € auf ein separates Notfallkonto ist eine Rücklage: Sie dient nicht dem direkten Wachstum, sondern der finanziellen Absicherung. Rücklagen helfen, unvorhergesehene Ausgaben (z. B. Reparaturen, Umsatzeinbruch) abzufedern.
Investitionen sind für die Weiterentwicklung, Qualitätssteigerung und Wettbewerbsfähigkeit unerlässlich. Rücklagen geben Sicherheit und sorgen dafür, dass das Unternehmen auch bei Krisen oder saisonalen Schwankungen zahlungsfähig bleibt.

5

Sie verkaufen Schmuck sowohl online als auch auf lokalen Messen. Beschreiben Sie rechtliche Vorschriften, die Sie beim Schmuckverkauf beachten müssen (nennen Sie mindestens 3 verschiedene Rechtsbereiche). Erklären Sie, was geschieht, wenn Sie eine dieser Vorschriften missachten.

1. 1. Produktsicherheitsgesetz und Kennzeichnung: Schmuck muss gesundheitlich unbedenklich sein (z. B. Nickelgrenzwerte) und korrekt gekennzeichnet werden (Angabe von Edelmetall-Legierung).

2. 2. Umsatzsteuer- und Buchführungspflicht: Sie müssen ordnungsgemäße Belege ausstellen und Ihre Einnahmen dokumentieren; je nach Status ggf. Umsatzsteuer berechnen/ausweisen.

3. 3. Datenschutz/DSGVO: Bei Onlineverkäufen sind Kundendaten sicher zu verarbeiten und eine Datenschutzerklärung bereitzustellen.
   Missachtung: Verstöße gegen das Produktsicherheitsgesetz können zu Verkaufsverboten und Geldstrafen führen. Fehler bei Steuern und Buchhaltung ziehen finanzielle Nachzahlungen und Bußgelder nach sich. Verstöße gegen die DSGVO können sehr hohe Bußgelder sowie Abmahnungen zur Folge haben und den Ruf schädigen.

4

Teil 4: Nachhaltigkeit und Zukunft des Schmuckdesigns

Kapitel : 13

Kapitel 13: Ethik im Schmuckdesign

IN DIESEM KAPITEL:

- 1. Ethische Materialbeschaffung im Schmuckdesign stellt sicher, dass Rohstoffe verantwortungsvoll gewonnen werden und sowohl Umwelt- als auch Sozialstandards eingehalten werden.

- 2. Fair Trade im Schmuck gewährleistet faire Löhne, sichere Arbeitsbedingungen und Transparenz entlang der gesamten Lieferkette, was sowohl soziale als auch ökologische Vorteile bringt.

- 3. Transparente Produktionsprozesse schaffen Vertrauen, da sie die Herkunft der Materialien, Arbeitsbedingungen und Umweltaspekte offenlegen und nachvollziehbar machen.

- 4. Nachhaltige Designpraktiken beinhalten den Einsatz von recycelten oder fair gehandelten Materialien, die Minimierung von Abfällen und eine energieeffiziente Produktion, um ökologische und soziale Auswirkungen zu reduzieren.

- 5. Durch den konsequenten Einsatz ethischer und nachhaltiger Prinzipien im Schmuckdesign können Marken ihre Glaubwürdigkeit und Kundenbindung stärken und einen positiven Beitrag für Mensch und Umwelt leisten.

Ethische Materialbeschaffung

Wichtig

Die ethische Materialbeschaffung ist heutzutage ein fundamentales Thema im Schmuckdesign. Bei der Auswahl von Edelsteinen, Metallen und anderen Komponenten sollten Designerinnen nicht nur auf Qualität und Ästhetik achten, sondern auch die Herkunft der Materialien und die Bedingungen, unter denen sie gewonnen wurden, genau prüfen. Dazu gehört, verantwortungsvoll mit den natürlichen Ressourcen der Erde umzugehen und sowohl Umwelt- als auch Sozialverträglichkeit in den Vordergrund zu stellen. Nur durch bewusste Auswahl können negative Auswirkungen auf Mensch und Umwelt minimiert werden, sodass nachhaltiger Schmuck entsteht, der mit gutem Gewissen getragen werden kann.

Gut zu wissen

Die ethische Materialbeschaffung im Schmuckdesign basiert auf klaren Kriterien, die sicherstellen, dass alle verwendeten Materialien verantwortungsvoll und nachhaltig ausgewählt werden.

- Transparenz in der Lieferkette: Es sollte nachvollziehbar sein, woher alle Materialien stammen und unter welchen Bedingungen sie abgebaut oder hergestellt wurden.
- Nachhaltigkeit: Bevorzugung von Materialien aus nachhaltigem Abbau oder aus Recyclingquellen, um Ressourcen zu schonen und Umweltbelastungen zu minimieren.
- Faire Arbeitsbedingungen: Sicherstellung, dass alle an der Lieferkette beteiligten Arbeiterinnen und Arbeiter unter fairen und sicheren Bedingungen beschäftigt werden, frei von Ausbeutung und Zwangsarbeit.

Transparenz entlang der gesamten Lieferkette ist für eine ethische Materialbeschaffung unabdingbar. Schmuckdesignerinnen tragen die Verantwortung, ihre Zulieferer gewissenhaft auszuwählen und regelmäßig zu überprüfen, ob diese nachhaltige und faire Arbeitspraktiken einhalten. Wichtig ist das Achten auf anerkannte Zertifikate, wie Fairtrade oder Responsible Jewellery Council, um den ethischen und nachhaltigen Ursprung der Materialien zu garantieren. Die Nachverfolgbarkeit der Rohstoffe – von der Mine bis zum fertigen Schmuckstück – schafft Vertrauen sowohl für die Designerin als auch für die Kundinnen und fördert einen verantwortungsvollen Umgang mit Ressourcen im Schmuckdesign.

In der Praxis

Recyclingmaterialien gewinnen im Schmuckdesign zunehmend an Bedeutung. Die Wiederverwendung von Edelmetallen und Edelsteinen aus alten Schmuckstücken bietet eine nachhaltige Alternative zum neu gewonnenen Rohstoff. Durch das Einschmelzen von Altgold oder das Umgestalten vorhandener Schmuckstücke werden wertvolle Ressourcen geschont und der Abbau neuer Materialien reduziert. Dies hilft dabei, den ökologischen Fußabdruck der Schmuckherstellung zu minimieren und Umweltbelastungen zu vermeiden. Gleichzeitig eröffnet die Arbeit mit Recyclingmaterialien kreative Möglichkeiten für individuelle Designs und verbindet traditionelles Handwerk mit zukunftsorientiertem, verantwortungsbewusstem Handeln im Schmuckdesign.

Gut zu wissen

Zertifikat	Für welche Materialien	Wesentliche Kriterien
Fairtrade Gold	Gold	- Fairer Handel - Umwelt- und Sozialstandards - Rückverfolgbarkeit
Responsible Jewellery Council (RJC)	Edelmetalle und Edelsteine	- Ethik und Menschenrechte - Umweltschutz - Überprüfbare Lieferkette
Kimberley-Prozess	Diamanten	- Ausschluss von Konfliktdiamanten - Internationale Kontrolle - Zertifizierte Herkunft
Fairmined	Gold (auch Silber)	- Umweltfreundlicher Abbau - Soziale Kriterien - Unterstützung kleinbäuerlicher Minen
SCS Recycled Content	Edelmetalle und -steine	- Anteil recycelter Materialien - Transparente Kontrolle - Reduktion von Umweltbelastungen

Warnung

Kinder- und Zwangsarbeit sind in der Schmuckbranche leider noch immer ein ernstzunehmendes Problem. Deshalb ist es für Schmuckdesignerinnen unerlässlich, konsequent sicherzustellen, dass im gesamten Produktionsprozess keine ausbeuterischen Arbeitsverhältnisse vorliegen. Dies gelingt durch regelmäßige Audits, bei denen Lieferanten und Produktionsstätten überprüft werden, sowie durch eine offene Kommunikation und enge Zusammenarbeit mit allen Partnern entlang der Lieferkette. Indem ausschließlich zertifizierte und vertrauenswürdige Quellen genutzt werden, kann das Risiko unethischer Arbeitsbedingungen minimiert werden. So trägt man aktiv dazu bei, Menschenrechte und faire Arbeitsstandards zu sichern.

Tipp

Es gibt zahlreiche Möglichkeiten, nachhaltige und ethisch vertretbare Materialien für das Schmuckdesign zu beziehen.

- Zertifizierte Fairtrade-Lieferanten, die nachweislich nachhaltige Rohstoffe anbieten.
- Regionale Minen mit transparenten und umweltfreundlichen Abbaupraktiken.
- Online-Plattformen und Kooperativen, die recyceltes Edelmetall und Upcycling-Steine vermarkten.

Eine ethisch verantwortungsvolle Materialbeschaffung verleiht einer Schmuckmarke Glaubwürdigkeit und unterscheidet sie positiv am Markt. Immer mehr Kundinnen legen Wert auf Nachhaltigkeit und transparente Produktionsbedingungen. Wer bewusst Materialien wählt, die unter fairen und umweltschonenden Bedingungen gewonnen wurden, spricht diese Zielgruppe gezielt an und baut Vertrauen auf. Das stärkt nicht nur das Markenimage, sondern sorgt auch für langfristige Kundenbindung. Eine konsequent ethische Ausrichtung kann die Basis für starke Kooperationen, positive Berichterstattung und nachhaltigen Unternehmenserfolg legen. So wird verantwortungsvolles Handeln zum zentralen Erfolgsfaktor im modernen Schmuckdesign.

Fair Trade im Schmuck

Einleitung

Fair Trade im Schmuckdesign ist ein Thema von großer Bedeutung, das sich in den letzten Jahren stark entwickelt hat. In einer Branche, die oft von Ausbeutung, Umweltproblemen und intransparenten Lieferketten geprägt ist, gewinnen Begriffe wie Fairness, Transparenz und Nachhaltigkeit immer mehr an Gewicht. Für Schmuckdesignerinnen ist es heute wichtiger denn je, sich mit den Prinzipien des Fair Trades auseinanderzusetzen und diese in den eigenen Arbeitsprozess zu integrieren. In diesem Kapitel geht es darum, was Fair Trade im Schmuck bedeutet, warum es wichtig ist, wie man ihn umsetzt und welche Herausforderungen und Vorteile er mit sich bringt.

Was bedeutet Fair Trade im Schmuckdesign?

Fair Trade bedeutet, dass Produkte unter gerechten, transparenten und umweltfreundlichen Bedingungen hergestellt werden. Im Schmuckdesign bezieht sich dies insbesondere auf den Abbau von Edelsteinen, Metallen und anderen Materialien, die Verarbeitung, die Bezahlung und Arbeitsbedingungen der Menschen entlang der gesamten Wertschöpfungskette.

Fair Trade im Schmuck bezieht sich auf:

- Gerechte Entlohnung für Arbeiterinnen und Arbeiter in Minen, Werkstätten und Verkaufsstellen
- Verbot und Bekämpfung von Kinderarbeit und Zwangsarbeit
- Förderung sicherer, gesunder Arbeitsbedingungen
- Transparenz in der Lieferkette
- Nachhaltige und umweltschonende Gewinnung und Verarbeitung von Rohstoffen
- Förderung von sozialen Projekten in den Ursprungsländern der Materialien

Bedeutung von Fair Trade für Schmuckdesignerinnen

Der Einsatz von Fair-Trade-Prinzipien stärkt nicht nur das soziale Gewissen der Designerin, sondern kann auch ein Alleinstellungsmerkmal auf dem Markt darstellen. Immer mehr Kundinnen legen Wert auf nachhaltigen, ethisch korrekt hergestellten Schmuck. Wer sich als Schmuckdesignerin glaubwürdig zu Fair Trade bekennt, baut Vertrauen auf und kann neue Zielgruppen erreichen. Darüber hinaus trägt Fair Trade dazu bei, langfristig stabile Lieferketten aufzubauen und sich als verantwortungsbewusste Akteurin in der Branche zu positionieren.

Die Herausforderungen konventioneller Schmuckproduktion

Viele der weltweit abgebauten Edelmetalle und -steine stammen aus Regionen, in denen Arbeitsrechte kaum respektiert werden. Probleme sind:

- Niedrige Löhne
- Unsichere und gefährliche Arbeitsbedingungen
- Gesundheitsschäden durch fehlenden Arbeitsschutz, insbesondere beim Goldabbau (z. B. Quecksilbervergiftung)
- Umweltzerstörung durch nicht nachhaltige Abbautechniken

- Intransparente Lieferketten, die Kinderarbeit und Ausbeutung begünstigen

Für Schmuckdesignerinnen ist es daher wichtig, sich bewusst mit der Herkunft ihrer Materialien auseinanderzusetzen und alternative, fair gehandelte Rohstoffe zu verwenden.

Wie erkennt man fair gehandelte Materialien?

Es gibt mittlerweile verschiedenste Siegel und Zertifikate, die faire, nachhaltige und transparente Produktionsbedingungen im Schmucksektor kennzeichnen:

- **Fairtrade-Gold**: Ein international anerkanntes Siegel für Gold aus zertifizierten, verantwortungsvoll arbeitenden Minen. Es garantiert faire Löhne, sichere Arbeitsbedingungen und unterstützt Sozialprojekte vor Ort.
- **Fairmined**: Ein weiteres renommiertes Zertifikat, das umweltschonenden Abbau und faire Bedingungen garantiert. Besonders bekannt für Gold, Silber und Platin.
- **Responsible Jewellery Council (RJC)**: Ein Zertifizierungsprogramm für die gesamte Lieferkette im Schmuckbereich, das ethische, soziale sowie ökologische Standards setzt.
- **Alliance for Responsible Mining (ARM)**: Fördert nachhaltigen Kleinbergbau und gibt verschiedene Standards für verantwortungsbewusste Minen und deren Partner vor.
- **SMETA**-Zertifizierung: Setzt sich für ethische Arbeitsbedingungen entlang der Wertschöpfungskette ein.

Zusätzlich gibt es spezielle Händlerinnen und Händler, die nachgewiesen fair gehandelte Edelsteine und Materialien anbieten. Schmuckdesignerinnen können über Online-Plattformen, Messen und Netzwerke gezielt nach diesen Bezugsquellen suchen.

Umsetzung von Fair Trade im eigenen Schmuckdesign

Für Schmuckdesignerinnen, die sich für Fair Trade engagieren wollen, gibt es verschiedene Möglichkeiten, ihre Arbeit zu gestalten:

1. Auswahl der Materialien

- Bevorzugen Sie zertifizierte Fair-Trade-Materialien bei Gold, Silber und anderen Edelmetallen.
- Arbeiten Sie mit Lieferanten zusammen, die Transparenz über die Herkunft ihrer Materialien bieten.
- Nutzen Sie recycelte Materialien, beispielsweise aus alten Schmuckstücken, um die Nachfrage nach neuen Rohstoffen und deren problematische Förderung zu reduzieren.
- Fragen Sie gezielt nach Herkunftsnachweisen für Edelsteine und Metalle.

2. Transparenz kommunizieren

- Machen Sie deutlich, woher Ihre Materialien stammen. Erzählen Sie die Geschichte hinter Ihren Produkten: Erzählen Sie zum Beispiel, in welcher Mine das Gold gewonnen wurde und welche

Menschen davon profitieren.

- Nutzen Sie Ihre Online-Präsenz, Produktverpackungen und den direkten Kundenkontakt, um für Ihre ethischen Prinzipien zu sensibilisieren.

3. Zusammenarbeit mit fairen Partnern

- Suchen Sie gezielt nach Lieferantinnen, Händlern und Werkstätten, die sich nachweislich für soziale und ökologische Standards einsetzen.
- Kooperieren Sie mit Organisationen, die Sie bei der Beschaffung von fair gehandelten Rohstoffen unterstützen können.

4. Fairness im eigenen Unternehmen

- Zahlen Sie selbst faire Löhne und bieten Sie sichere Arbeitsplätze, falls Sie Angestellte beschäftigen.
- Setzen Sie auch in Ihrer eigenen Produktionskette auf Nachhaltigkeit – beispielsweise mit umweltfreundlicher Verpackung, kurzen Lieferwegen und ressourcenschonendem Arbeiten.

Vorteile von Fair Trade für Schmuckdesignerinnen

Fair Trade bringt für Designerinnen zahlreiche Vorteile mit sich:

- **Vertrauensvorsprung**: Kundinnen schätzen Transparenz und eine klare Wertebasis.
- **Zugang zu neuen Märkten**: Viele Plattformen und Messen konzentrieren sich heute auf nachhaltigen, fairen Schmuck.
- **Positive Außenwirkung**: Die eigene Marke wird mit Verantwortungsbewusstsein, Nachhaltigkeit und Ethik verknüpft.
- **Langfristige Lieferantenbeziehungen**: Mit Partnern, die faire Bedingungen bieten, sind dauerhafte, vertrauensvolle Kooperationen wahrscheinlicher.

Herausforderungen und Grenzen des Fair Trade im Schmuck

Trotz aller Bestrebungen ist Fair Trade im Schmuckbereich mit Herausforderungen verbunden:

- Das Angebot an fair gehandelten, zertifizierten Materialien ist bisher noch begrenzt und oft teurer als konventionelle Materialien.
- Die Kontrolle der Lieferketten ist komplex und für kleine Unternehmen nicht immer einfach.
- Zertifizierungen sind oft mit Kosten verbunden, die kleine Designerinnen nicht immer tragen können.
- Die Nachfrage nach günstigen Produkten ist nach wie vor hoch, weshalb nicht jede Kundin bereit ist, einen Aufpreis für Fair-Trade-Schmuck zu zahlen.

Trotzdem lohnt es sich, zumindest schrittweise fair gehandelte Materialien zu integrieren und die eigenen Möglichkeiten stetig zu erweitern.

Best-Practice-Beispiele für Fair Trade im Schmuck

Viele Designerinnen und Unternehmen zeigen, dass fairer Schmuck möglich ist:

- **People Tree**: Verwendet zertifiziertes Fair-Trade-Gold und arbeitet eng mit Minen und Werkstätten in Entwicklungsländern zusammen.
- **Vieri**: Ein deutsches Schmucklabel, das ausschließlich recyceltes und fair gehandeltes Gold verwendet.
- **Ethical Jewellers Collective**: Ein Netzwerk unabhängiger Schmuckdesignerinnen, die transparente Lieferketten und nachhaltige Materialien fördern.

Diese Beispiele zeigen, wie wichtig Kommunikation, Netzwerken und die bewusste Auswahl von Partnern und Lieferanten sind, um Fair Trade erfolgreich umzusetzen.

Ausblick: Die Zukunft des Fair Trade im Schmuck

Die Nachfrage nach ethisch einwandfreiem Schmuck nimmt weltweit zu. Neue Technologien wie Blockchain können in Zukunft noch mehr Transparenz schaffen und die Nachverfolgbarkeit von Edelsteinen und Metallen erleichtern.

Darüber hinaus schließen sich immer mehr kleine Minen zu Initiativen zusammen, um zu lernen, wie sie nachhaltiger und fairer arbeiten können. Zunehmend entwickeln auch Verbraucherinnen ein Bewusstsein dafür, wie Schmuck produziert wird – und setzen Unternehmen damit unter Zugzwang.

Konkrete Tipps für die Umsetzung in der Praxis

-
-
-
-

Fazit

Fair Trade im Schmuck ist mehr als ein Trend – es ist eine Haltung, die die gesamte Schmuckbranche in eine bessere Zukunft führen kann. Als Schmuckdesignerin haben Sie die Chance, aktiv Verantwortung zu übernehmen – für die Menschen in den Herkunftsländern Ihrer Materialien, für die Umwelt und für Ihre eigenen Kundinnen. Fair Trade birgt Herausforderungen, bietet aber auch viele Chancen zum positiven Wandel.

Transparente Produktionsprozesse

Einleitung

Transparenz in den Produktionsprozessen ist ein zentrales Element ethischen Handelns im Schmuckdesign. Die wachsende Sensibilität von Konsumentinnen gegenübersehen, wenn sie Transparenz in allen Schritten der Wertschöpfungskette sicherstellen wollen.

1. Was versteht man unter Transparenz in der Schmuckproduktion?

Transparenz bedeutet, dass alle relevanten Informationen rund um die Herstellung eines Schmuckstücks offen und nachvollziehbar sind. Dies betrifft die Herkunft und Beschaffung der Materialien, die Bedingungen am Arbeitsplatz in der Produktion, die verwendeten Herstellungsverfahren bis hin zu Versand und Verkauf. Transparent ist ein Unternehmen dann, wenn es willig und in der Lage ist, diese Informationen nach außen zu kommunizieren – sei es an die Kundschaft, Kooperationspartner*innen oder die Öffentlichkeit.

Dimensionen der Transparenz:

- **Rohstoffbeschaffung:** Wo und wie werden Edelmetalle und Edelsteine gefördert oder beschafft? Sind die Quellen bekannt und nachvollziehbar?
- **Arbeitsbedingungen:** Unter welchen sozialen und gesundheitlichen Bedingungen arbeiten die Menschen, die an der Produktion beteiligt sind?
- **Umweltaspekte:** Werden Umweltauswirkungen wie CO2-Emissionen, Wassernutzung oder Abfallproduktion dokumentiert und minimiert?
- **Produktionsschritte:** Welche Prozesse werden durchlaufen? Gibt es Zwischenhändler?
- **Dokumentation und Kommunikation:** Wie stellt das Unternehmen diese Informationen bereit? Werden Nachweise wie Zertifikate oder Audit-Berichte veröffentlicht?

2. Die Bedeutung von Transparenz

Die zunehmende Nachfrage nach nachhaltigen und fair produzierten Produkten macht Transparenz zu einem Wettbewerbsfaktor. Sie ist Grundlage für Vertrauen, Reputation und Kundenbindung.

a) Ethik und Moral:
Kund*innen möchten sicher sein, dass ihr Schmuck nicht zur Ausbeutung von Arbeitskräften oder zur Zerstörung der Umwelt beiträgt. Transparente Unternehmen setzen hier ein Zeichen für ethisches Bewusstsein.

b) Rechtliche Anforderungen:
Gerade im Edelmetall- und Edelsteinhandel nehmen gesetzliche Regelungen zu (z. B. die Kimberley-Prozess-Zertifizierung für Diamanten, EU-Konfliktmineralien-Verordnung). Transparenz hilft, diesen Vorschriften gerecht zu werden.

c) Markt- und Wettbewerbsvorteile:
Offen ausgelegte Produktionsketten wirken sich positiv auf die Wahrnehmung der Marke aus. Konsument*innen sind oft bereit, höhere Preise für transparente und faire Produkte zu zahlen.

3. Transparenz entlang der Lieferkette sicherstellen

a) Rückverfolgbarkeit der Rohstoffe

Ein zentrales Thema ist die Rückverfolgung der Edelmetalle und Edelsteine bis zur Quelle. Dies kann durch folgende Maßnahmen realisiert werden:

- **Zertifizierte Lieferanten:** Nur mit Lieferanten zusammenarbeiten, die nachweislich auf nachhaltige und faire Methoden achten (vgl. Fairtrade Gold, Responsible Jewellery Council RJC).
- **Dokumentation:** Einkauf, Herkunftsnachweise und erhaltene Zertifikate sorgfältig dokumentieren, um jederzeit Auskunft geben zu können.
- **Tracers und Blockchain:** Moderne Technologien wie Blockchain ermöglichen fälschungssichere Nachweise und transparente Informationen entlang der ganzen Lieferkette.

b) Auswahl der Produktionspartner*innen

Vor allem kleinere Ateliers oder Werkstätten in Entwicklungsländern können unter schlechten Bedingungen arbeiten. Es ist wichtig, sorgfältig auszuwählen:

- **Audits und Besuche:** Regelmäßige Besuche und unabhängige Audits stellen sicher, dass die Arbeitsbedingungen stimmen.
- **Zertifikate einfordern:** Nachweise wie das Fairmined-Zertifikat helfen, hohe Standards sicherzustellen.

c) Transparente Kommunikation

Es reicht nicht aus, intern nachvollziehen zu können, woher die Rohstoffe stammen. Vielmehr müssen diese Informationen verständlich und sichtbar nach außen kommuniziert werden. Dies kann über folgende Kanäle geschehen:

- **Produktbeschreibungen im Onlineshop:** Angabe von Materialherkunft, Zertifikaten und Produktionsbedingungen bei jedem Schmuckstück.
- **Transparenzberichte:** Veröffentlichung regelmäßiger Berichte, in denen Fortschritte, Herausforderungen und Zielsetzungen offengelegt werden.
- **Soziale Medien:** Aktive Kommunikation von Besuchen bei Minen, Werkstätten und Lieferanten.

4. Praktische Umsetzung in der eigenen Arbeit

a) Schritt-für-Schritt zu mehr Transparenz

1. 1. **Bestandsaufnahme:** Woher beziehe ich meine Materialien? Kenne ich alle Partner entlang der Wertschöpfungskette?
2. 2. **Lieferantencheck:** Prüfe die Arbeitsweise, Zertifikate und Umweltmaßnahmen deiner Lieferanten.
3. 3. **Transparente Dokumentation:** Halte alle relevanten Informationen fest – digitale Tools können helfen.
4. 4. **Kommunikation:** Teile Informationen offen mit Kund*innen und Partnern. Erkläre, welche Herausforderungen es gibt und wie du ihnen begegnest.
5. 5. **Feedback einholen:** Ermögliche Rückfragen und Anregungen, um die Transparenz stetig zu verbessern.

b) Beispiele aus der Praxis

Viele moderne Schmuckmarken gehen als gutes Beispiel voran:

- **Makaro:** Legt alle Prozesse transparent offen, veröffentlicht Herkunft und Zertifikate der eingesetzten Materialien und gibt Einblicke in Produktionsstätten.
- **Vieri:** Nutzt ausschließlich fair gehandeltes und recyceltes Gold und veröffentlicht regelmäßige Nachhaltigkeitsberichte.
- **Brilliant Earth:** Setzt auf Blockchain-Technologie zur Rückverfolgung der Diamanten.

5. Herausforderungen bei der Umsetzung

a) Komplexität der Lieferketten

Edelmetalle und Edelsteine haben oft eine lange, globale Lieferkette. Es ist schwierig, alle Akteure zu kennen und zu kontrollieren. Hier helfen Kooperationsnetzwerke und branchenspezifische Organisationen.

b) Kosten und Aufwand

Vollständige Transparenz erfordert zusätzliche Ressourcen für Dokumentation, Kommunikation und Zertifizierung. Gerade für kleine Betriebe bleibt dies eine große Herausforderung.

c) Grauzonen und fehlende Standards

Für viele Werkstoffe und Produktionsschritte existieren (noch) keine einheitlichen Standards oder Zertifikate. Designer*innen müssen selbst abwägen und offen legen, wo Grenzen der Nachvollziehbarkeit liegen.

6. Die Rolle der Zertifizierungen

a) Bekannte Zertifikate

- **Fairtrade-Gold**
- **Fairmined**
- **RJC (Responsible Jewellery Council)**
- **Kimberley-Prozess (für Diamanten)**
- **FSC (für Holzanteile im Schmuck)**

Zertifizierungen erleichtern es, Transparenz und ethische Mindeststandards zu sichern und glaubwürdig nach außen zu kommunizieren.

b) Grenzen von Zertifikaten

Nicht für alle Materialien und Arbeitsbereiche gibt es Zertifikate. Außerdem sind Zertifikate keine

Garantie für umfassende Ethik – sie sind ein Teilschritt auf dem Weg zu echter Transparenz.

7. Verantwortung der Designerin

Als Schmuckdesignerin bist du Vorbild und Botschafterin für Werte in der Branche. Transparente Produktionsprozesse ermöglichen es dir, Verantwortung nicht nur für die Herkunft deiner Kreationen, sondern auch für die Auswirkungen auf Mensch und Umwelt zu übernehmen und deine Kundschaft zu inspirieren.

Konkrete Schritte:

- Hinterfrage die Herkunft aller Rohstoffe
- Lerne deine Lieferanten persönlich kennen
- Kommuniziere ehrlich auch über Schwierigkeiten
- Suche kontinuierlich nach Verbesserungsmöglichkeiten

Fazit

Transparente Produktionsprozesse sind ein Schlüssel zu ethischem Schmuckdesign und stärken das Vertrauen der Kund*innen. Sie erfordern Engagement und teils beträchtliche Anstrengungen, aber sie bieten auch echte Chancen für Differenzierung und verantwortungsvolles Wachstum. Durch Transparenz schaffen Schmuckdesignerinnen nicht nur ästhetisch ansprechende, sondern auch faire und nachhaltige Schmuckstücke, die den Ansprüchen einer ethisch bewussten Gesellschaft gerecht werden.

Nachhaltige Designpraktiken

Wichtig

Nachhaltige Designpraktiken im Schmuckdesign sind von zentraler Bedeutung für den Schutz sowohl der Umwelt als auch der Gesellschaft. Sie beinhalten einen verantwortungsbewussten Umgang mit Ressourcen und die bewusste Auswahl umweltschonender Materialien – etwa durch die Nutzung von recycelten Edelmetallen oder ethisch gewonnenen Edelsteinen. Zudem wird auf die Reduzierung von Abfällen und einen sparsamen Materialeinsatz hingearbeitet. Das Ziel besteht darin, negative Auswirkungen auf die Umwelt zu minimieren und sichere, faire Arbeitsbedingungen entlang der gesamten Produktionskette zu fördern. Nachhaltigkeit stärkt letztlich auch das Vertrauen der Kundinnen in die Marke.

Nachhaltige Designpraktiken basieren auf grundlegenden Prinzipien, die im kreativen und ethischen Prozess berücksichtigt werden sollten:

- Verwendung von umweltfreundlichen, recycelten oder ethisch beschafften Materialien.
- Reduzierung von Abfällen durch effiziente Produktionsprozesse und die Wiederverwendung von Restmaterialien.
- Transparenz in der gesamten Lieferkette und Sicherstellung fairer Arbeitsbedingungen.
- Einsatz energieeffizienter Techniken und Technologien bei der Herstellung.
- Langfristige Haltbarkeit des Schmucks durch hochwertige Verarbeitung und zeitloses Design

fördern.

Gut zu wissen

Die bewusste Auswahl von recycelten oder fair gehandelten Edelmetallen und Edelsteinen ist ein wichtiger Beitrag zur Nachhaltigkeit im Schmuckdesign. Recycelte Materialien reduzieren den Bedarf an Neugewinnung und schonen natürliche Ressourcen. Fair gehandelte Edelmetalle und Edelsteine stammen aus Minen, in denen Umweltstandards eingehalten werden und Arbeiterinnen faire Löhne sowie sichere Arbeitsbedingungen erhalten. Durch diese Auswahl kann die Herkunft der Materialien transparent nachvollzogen werden, was das Vertrauen der Kundinnen fördert. Schmuckdesignerinnen setzen damit nicht nur ein Zeichen für Umweltschutz, sondern unterstützen aktiv soziale und ethische Standards in der Branche.

Ein energieeffizienter Herstellungsprozess ist von großer Bedeutung im nachhaltigen Schmuckdesign. Durch den bewussten Einsatz moderner, sparsamer Maschinen oder die Nutzung erneuerbarer Energien lässt sich der Energieverbrauch während der Produktion deutlich senken. Auch kleine Veränderungen, wie optimierte Arbeitsabläufe oder das Reduzieren unnötiger Produktionsschritte, wirken sich positiv auf die Umweltbilanz aus. Schmuckdesignerinnen, die auf energieeffiziente Fertigung achten, leisten einen wertvollen Beitrag zum Klimaschutz und schonen natürliche Ressourcen. Zusätzlich können sie dieses Engagement gegenüber ihren Kundinnen kommunizieren und so das Image ihrer Marke als verantwortungsvoll und zukunftsorientiert stärken.

In der Praxis

Upcycling ist eine kreative und nachhaltige Methode im Schmuckdesign, bei der alte Schmuckstücke oder Restmaterialien gezielt wiederverwendet werden. Statt Materialien zu entsorgen, werden sie neugestaltet und erhalten so ein zweites Leben. Dies steigert nicht nur die Ressourceneffizienz, sondern eröffnet auch neue Möglichkeiten für individuelles Design. Designerinnen können dadurch einzigartige Stücke erschaffen, die sowohl ökologisch als auch ästhetisch überzeugen. Upcycling fördert zudem den bewussten Umgang mit bestehenden Materialien, reduziert Abfall und spricht Kundinnen an, die Wert auf Nachhaltigkeit und Einzigartigkeit in ihrem Schmuck legen.

Tipp

Nachhaltige Materialien spielen eine wichtige Rolle im verantwortungsvollen Schmuckdesign. Die Auswahl ökologisch und sozial verträglicher Stoffe ist entscheidend, um Umwelt und Gesellschaft zu schützen.

- Recyceltes Gold und Silber: Diese Edelmetalle werden aus alten Schmuckstücken oder industriellen Quellen wiedergewonnen und reduzieren so den Bedarf an Neumaterial.
- Fair gehandelte Edelsteine: Sie stammen aus zertifizierten Minen, in denen Umweltstandards eingehalten werden und faire Arbeitsbedingungen herrschen.
- Holz aus nachhaltiger Forstwirtschaft: Holz, das aus kontrolliert ökologischen Quellen stammt, ist eine ressourcenschonende und charaktervolle Alternative zu klassischen Edelmetallen.

Transparenz in der Lieferkette ist ein wesentliches Prinzip nachhaltigen Schmuckdesigns. Designerinnen sollten offenlegen, woher ihre Materialien stammen und welche Produktionswege sie durchlaufen. Die Nutzung von zertifizierten Rohstoffen, etwa durch das Responsible Jewellery Council (RJC) oder Fairtrade-Siegel, bietet zusätzliche Glaubwürdigkeit. Diese Zertifikate bestätigen, dass Umwelt- und Sozialstandards eingehalten wurden. Kundinnen gewinnen dadurch die Sicherheit, dass sie ethisch verantwortungsbewusste Produkte erwerben. Transparente Kommunikation über Herkunft und Zertifizierung der Materialien stärkt das Vertrauen und kann entscheidend sein, um umwelt- und sozialbewusste Käuferinnen langfristig an die Marke zu binden.

Gut zu wissen

Nachhaltige Praxis	**Vorteile**	**Herausforderungen**	**Beispiel**
Nutzung recycelter Materialien	Reduzierung des Bedarfs an neuen Rohstoffen, Ressourcenschonung	Begrenzte Verfügbarkeit spezifischer Materialien, ggf. höhere Kosten	Schmuck aus recyceltem Gold oder Silber
Fair gehandelte Edelmetalle/Edelsteine	Unterstützung fairer Arbeitsbedingungen und Umweltstandards, Transparenz	Höhere Einkaufspreise, begrenzte Auswahl je nach Markt	Fairtrade-Gold, konfliktfreie Diamanten
Energieeffiziente Produktion	Reduzierung des Energieverbrauchs und CO_2-Fußabdrucks	Investitionsbedarf in neue Technologien	Einsatz von Maschinen mit geringem Energieverbrauch
Upcycling von Altmaterialien	Weniger Abfall, Schaffung einzigartiger Designs	Qualitätskontrolle, Arbeitsaufwand bei Umarbeitung	Neugestaltung alter Schmuckstücke aus Resten
Transparente Lieferkette & Zertifizierung	Vertrauensbildung bei Kundinnen, Nachweis ethischer Herkunft	Aufwendige Dokumentation, Zertifizierungskosten	Responsible Jewellery Council (RJC)-, Fairtrade-Zertifikat

Die gezielte Kommunikation nachhaltiger Werte im Marketing und in Produktbeschreibungen ist für Schmuckdesignerinnen essenziell, um umwelt- und sozialbewusste Käuferinnen zu gewinnen. Durch die transparente Darstellung von Herkunft, Materialien, Herstellungsprozess und Zertifikaten können Unternehmen ihr Engagement für Nachhaltigkeit unterstreichen und sich glaubwürdig am Markt positionieren. Storytelling rund um faire Produktion und ressourcenschonende Fertigung schafft emotionale Bindung und hebt das Alleinstellungsmerkmal der Marke hervor. So werden Kundinnen nicht nur informiert, sondern aktiv zum Kauf motiviert, weil sie sich mit den nachhaltigen Werten der Schmuckdesignerin identifizieren können.

Testen Sie Ihr Wissen mit einem Quiz.

Scannen Sie diesen QR-Code

Praktische Übungen

1

Analysieren Sie die Lieferkette eines Schmuckstücks Ihrer Wahl (z. B. ein Goldring mit Edelstein) und identifizieren Sie drei kritische Punkte, an denen ethische Risiken bezüglich Umweltbelastung oder Arbeitsbedingungen bestehen könnten. Beschreiben Sie für jeden Punkt, wie eine verantwortungsbewusste Schmuckdesignerin diese Risiken verringern oder ausschließen kann.

1. 1. Gewinnung des Goldes: Ethisches Risiko besteht häufig beim Goldabbau, etwa durch Umweltverschmutzung (z. B. Quecksilber) oder ausbeuterische Arbeitsbedingungen. Lösung: Zukauf von zertifiziertem Fairtrade- oder Fairmined-Gold, das nachweislich unter fairen sozialen, ökologischen und gesundheitlichen Bedingungen abgebaut wurde.

2. 2. Edelsteinabbau: Oft werden Edelsteine unter intransparenten Bedingungen abgebaut, Kinderarbeit ist möglich. Lösung: Kooperation mit zertifizierten Händlern, die Edelsteine aus nachweislich kinderarbeitsfreien Minen und nach internationalen Standards liefern (z. B. RJC-zertifiziert).

3. 3. Verarbeitung des Schmuckstücks: In Werkstätten, besonders im Ausland, kann es zu schlechten Arbeitsbedingungen kommen. Lösung: Auswahl von Werkstätten mit überprüfbaren sozialen Standards, z. B. durch eigenes Audit, und regelmäßige Kontrolle der Arbeitsplätze sowie faire Bezahlung sicherstellen.

2

Wählen Sie ein Material (z. B. Silber, Holz, Diamant) aus dem Schmuckdesign und recherchieren Sie mindestens zwei anerkannte Zertifikate, die ethische oder nachhaltige Standards garantieren. Erläutern Sie, welche Kriterien diese Zertifikate jeweils setzen und welche Vorteile sie für Designerinnen und Kundinnen bieten.

Beispielmaterial Diamant. Zwei anerkannte Zertifikate:

1. 1. Kimberley-Prozess: Kriterien sind der Ausschluss sog. Konfliktdiamanten (zur Finanzierung von Kriegen verwendet), internationale Kontrolle und zertifizierte Herkunft. Vorteil: Schutz vor Menschenrechtsverletzungen und Gewährleistung, dass die Diamanten aus konfliktfreien Gebieten stammen.

2. 2. Responsible Jewellery Council (RJC): Kriterien sind Ethik, Achtung der Menschenrechte,

Umweltschutz und eine überprüfbare Lieferkette für Edelmetalle und Edelsteine. Vorteil: Vertrauensbildung gegenüber Kundinnen, da die gesamte Wertschöpfungskette auf Einhaltung von Standards überprüft ist.
Für Designerinnen bietet die Verwendung zertifizierter Materialien einen Imagegewinn und die Erschließung neuer Zielgruppen, während Kundinnen sicher sein können, dass sie verantwortungsbewusst hergestellten Schmuck erwerben.

3

Entwerfen Sie einen kurzen Leitfaden (mindestens fünf Schritte) für Schmuckdesignerinnen, wie sie einen transparenten Produktionsprozess umsetzen können. Ihr Leitfaden soll jeweils konkrete Maßnahmen oder Tools nennen.

1. 1. Lieferanten sorgfältig auswählen: Nur mit zertifizierten und vertrauenswürdigen Lieferanten für Metalle und Edelsteine zusammenarbeiten (Transparenz/Zertifikate einfordern).
2. 2. Herkunft dokumentieren: Materialfluss in einer digitalen Datenbank festhalten (z. B. Lieferant, Herkunftsland, Zertifikat).
3. 3. Arbeitsbedingungen prüfen: Regelmäßige Audits oder Besuche vor Ort bei Produktionspartnern durchführen.
4. 4. Kommunikation: Herkunft und Produktionsprozess offen in Produktbeschreibungen sowie auf der Webseite kommunizieren (Transparenzberichte, Social Media).
5. 5. Kund*innen-Feedback: Möglichkeit zur Rückfrage und Feedback bezüglich Material- und Produktionsherkunft anbieten, z. B. durch E-Mail oder Kontaktformular.

4

Sie sind als Schmuckdesignerin tätig und wollen einen Marketingtext für ein besonderes Schmuckstück verfassen, das aus recyceltem Gold und fair gehandelten Edelsteinen besteht. Schreiben Sie einen Beispielabschnitt (mindestens 70 Wörter), in dem Sie transparent Herkunft und Nachhaltigkeit erläutern und gezielt umweltbewusste Kundinnen ansprechen.

Dieser Ring aus recyceltem 585er-Gold wurde nachhaltig in einer deutschen Goldschmiedewerkstatt gefertigt. Das verwendete Gold stammt ausschließlich aus Altgold, das verantwortungsvoll aufbereitet wurde – dadurch vermeiden wir den Abbau neuer Ressourcen und schonen die Umwelt. Der eingefasste Aquamarin stammt aus einer zertifizierten Partnerschaft mit Fairmined-Minen in Brasilien, die faire Löhne und sichere Arbeitsbedingungen garantieren. Mit diesem Schmuckstück tragen Sie zu einer nachhaltigen, sozialverträglichen Schmuckkultur bei und setzen ein bewusstes Zeichen für

Umweltschutz und Fairness.

5

Erklären Sie, wie Upcycling im Schmuckdesign funktioniert und welche ökologischen sowie kreativen Vorteile es bietet. Geben Sie drei konkrete Beispiele, wie Sie als Designerin aus alten Materialien neue Schmuckstücke gestalten könnten.

Upcycling bedeutet, dass bestehende, gebrauchte Materialien oder Schmuckstücke nicht entsorgt, sondern umgestaltet und aufgewertet werden. Ökologisch ist dies vorteilhaft, da Ressourcen geschont und Abfälle vermieden werden. Kreativ eröffnet Upcycling neue Designmöglichkeiten, da einzigartige Stücke mit individueller Geschichte entstehen.
Beispiele:

1. 1. Umarbeitung alter Silberlöffel zu Ringen oder Armreifen (Silberupcycling).

2. 2. Verwendung ausgedienter Uhrwerke als auffällige Anhänger oder Broschen.

3. 3. Einarbeitung von alten Perlenketten oder losen Vintage-Edelsteinen in ein modernes Collier.
So entsteht nachhaltiger, charaktervoller Schmuck mit geringem ökologischem Fußabdruck.

Kapitel : 14

Kapitel 14: Zukunftstrends im Schmuckdesign

IN DIESEM KAPITEL:

- Technologische Innovationen wie CAD, 3D-Druck und smarte Materialien verändern den Schmuckdesign-Prozess grundlegend und eröffnen neue kreative Möglichkeiten.

- Personalisierung ist ein zentraler Trend: Kundinnen wünschen sich individuelle Schmuckstücke, die durch Gravuren, Geburtssteine oder Symbole eine persönliche Bedeutung erhalten.

- Die Digitalisierung ermöglicht eine schnellere, flexiblere Produktion sowie kundennahe Online-Konfiguration und fördert die weltweite Vermarktung von Designs.

- Nachhaltigkeit und ethisch bewusste Materialbeschaffung gewinnen im Schmuckmarkt stetig an Bedeutung und erfordern transparente, ressourcenschonende Herstellungsprozesse.

- Schmuckdesignerinnen stehen künftig vor der Herausforderung, technologische Kompetenz, traditionelle Handwerkskunst, Kundenorientierung und Markenidentität erfolgreich zu verbinden.

Technologische Innovationen

Technologische Innovationen im Schmuckdesign

Die Welt des Schmuckdesigns befindet sich in einem ständigen Wandel. Gerade im 21. Jahrhundert erleben wir bahnbrechende technologische Entwicklungen, die den Kreationsprozess, die Produktion und sogar den Vertrieb von Schmuck fundamental verändern. In diesem Kapitel tauchen wir tief in die technologischen Innovationen ein, die aktuell das Schmuckdesign prägen und zukünftige Trends beeinflussen werden.

1. Computer-Aided Design (CAD) und 3D-Modellierung

Ein Paradigmenwechsel im Schmuckdesign ist durch die Digitalisierung erfolgt. Mit 3D-Software und CAD (Computer-Aided Design) können Designer heute präzise und komplexe Modelle am Computer entwerfen. Diese Werkzeuge ermöglichen es, Entwürfe dreidimensional zu visualisieren, was nicht nur die Kreativität fördert, sondern auch fehlerreduzierende Planung und ein optimiertes Kundenerlebnis erlaubt. Mit Programmen wie RhinoGold, MatrixGold oder Blender können einzelne Schmuckstücke bis ins kleinste Detail simuliert und vor der realen Fertigung mehrfach variiert werden.

Vorteile:

- Frühzeitige Visualisierung für Kund*innen
- Fehlerreduktion in der Produktion
- Schnelle Änderungen und Varianten möglich
- Hohe Detailgenauigkeit und Symmetrie
- Kollaboration mit Kunden und Produktion über digitale Plattformen

2. 3D-Druck im Schmuckdesign

Eng mit dem CAD verbunden ist der 3D-Druck. Was einst ein Science-Fiction-Traum war, ist heute für viele Schmuckdesigner*innen Realität. Mithilfe von 3D-Druckern lassen sich Wachsmodelle oder sogar direkt Schmuckstücke aus Metall oder innovativen Kunststoffen fertigen. Besonders populär ist die Wachsausschmelztechnik: Aus Resin oder Wachs wird das Modell gedruckt und in Metall gegossen. Der 3D-Druck revolutioniert nicht nur Prototyping und Kleinserien, sondern eröffnet auch vollkommen neue Gestaltungswelten z.B. für sehr filigrane, komplexe oder organische Formen, die mit traditionellen Techniken kaum realisierbar wären.

Anwendungen:

- Rapid Prototyping und Designentwicklung
- Kleinserien und Unikate
- Personalisierte und kundenindividuelle Schmuckstücke

3. Lasertechnologie und neue Fertigungsmethoden

Lasertechnologie wird heute vielfach bei der Bearbeitung von Schmuck eingesetzt – sei es zum Gravieren, Schneiden, Schweißen oder Markieren. Lasergravuren sind präzise, haltbar und ermöglichen sowohl mikroskopisch genaue Muster als auch individuelle Personalisierungen. Darüber hinaus eröffnen neue Fertigungsverfahren wie das Sintern von Edelmetallpulvern (Selective Laser Melting, SLM) oder das Fräsen mittels CNC (Computerized Numerical Control) Designers ganz neue Produktionsmöglichkeiten – auch in Bezug auf Nachhaltigkeit, da weniger Material verschwendet wird.

4. Virtual und Augmented Reality (VR/AR)

Moderne Kundinnen und Händlerinnen in Echtzeit zu besprechen.

5. Künstliche Intelligenz und automatisierte Gestaltung

Künstliche Intelligenz (KI) hält auch im Schmuckdesign Einzug. Moderne Algorithmen können auf Basis von Trends, Kundenpräferenzen und historischen Entwürfen neue Schmuckstücke vorschlagen. KI dient zur Analyse von Märkten, zur Vorhersage von Verkaufserfolgen oder zur Automatisierung gewisser Design-Prozesse. Erste KI-basierte Designsysteme generieren kreative, nie dagewesene Ideen – der Mensch bleibt aber der kreative Kopf für die finale Auswahl und Umsetzung. KI kann insbesondere repetitiven Tätigkeiten übernehmen, sodass mehr Zeit für ideenreiche Prozesse bleibt.

6. Nachhaltigkeit durch Technologie

Ein zentraler Zukunftstrend ist das Thema Nachhaltigkeit, das auch durch technologische Innovationen gefördert wird. Recyclingtechnologien ermöglichen den Einsatz von Altgold oder den ressourcenschonenden Umgang mit Edelsteinen. Tracking-Systeme per Blockchain dokumentieren die Herkunft von Materialen fälschungssicher. Des Weiteren ermöglichen smarte Produktionsprozesse weniger Ausschuss und Energieverbrauch. So können Designer*innen aktiv zur Schonung von Ressourcen und einem ethisch verantwortlichen Schmuckmarkt beitragen.

7. Neue Materialien und Werkstoffe

Moderne Technologie hat die Bandbreite verfügbarer Materialien rasant erweitert. Innovative Verbundstoffe, Hightech-Keramiken, Karbon oder sogar bio-basierte Kunststoffe ziehen in das Schmuckdesign ein. Auch nachhaltige Alternativen zu klassischen Edelsteinen – wie Labor-Diamanten (synthetic diamonds) – werden durch technische Fortschritte zunehmend populär. Diese bieten gleiche optische Eigenschaften wie natürliche Steine, jedoch ohne die ökologischen und ethischen Bedenken des traditionellen Bergbaus.

8. Smarter Schmuck: Wearables

Das Verschmelzen von Schmuck und Technik ist einer der spannendsten Trends: Smartwatches, Fitnessarmbänder und Sensoren werden in eleganten Schmuck integriert. Von diskreten Fitnesstrackern in Ringen bis hin zu Ohrringen mit Bluetooth-Technologie reicht die Bandbreite. Hier kooperieren Schmuckdesigner*innen zunehmend mit Technologieunternehmen. Dies erschließt nicht nur neue Märkte, sondern erweitert auch die Funktionalität und Relevanz von Schmuck im Alltag.

9. Digitalisierung des Vertriebes und E-Commerce-Technologien

Technologische Innovationen betreffen auch den Vertrieb und das Marketing: Websites, Webshops und digitale Kataloge, unterstützt mit automatisierten Chatbots und ausgefeilten Filtermöglichkeiten, helfen Designerinnen Individualisierung und Personalisierung bieten.

10. Zukunftsausblick: Was erwartet uns?

Die technologische Entwicklung im Schmuckdesign schreitet in rasantem Tempo voran. Es ist zu erwarten, dass Virtual-Reality-Anproben, 3D-gedruckter Schmuck aus recycelten Hightech-Materialien, smarte Wearables mit medizinischer Funktion oder sogar Individualisierung durch KI-Designs zukünftig noch präsenter werden. Schmuckdesigner*innen, die technologische Innovationen frühzeitig adaptieren und experimentierfreudig bleiben, sichern sich Wettbewerbsvorteile und neue kreative Freiräume.

Fazit

Technologische Innovationen verändern das Schmuckdesign umfassend – von der ersten Idee über die Fertigung bis zum Verkauf an die Endkund*innen. Wer hier die Augen offen hält, den Wandel mitgestaltet und offene Schnittstellen zwischen Kreativität, Design und Technik nutzt, wird im zukünftigen Schmuckmarkt erfolgreich bestehen. Bleiben Sie neugierig und experimentierfreudig – denn in kaum einem Bereich verschmelzen Tradition und Zukunft so kreativ wie im modernen Schmuckdesign.

Personalisierung von Schmuck

Wichtig

Die Personalisierung von Schmuck hat sich in den letzten Jahren zu einem der prägendsten Trends der Branche entwickelt. Immer mehr Kundinnen und Kunden legen Wert darauf, Schmuckstücke zu tragen, die ihre Einzigartigkeit und ihre persönlichen Geschichten widerspiegeln. Ob als Ausdruck der eigenen Persönlichkeit, zur Erinnerung an besondere Lebensereignisse oder als symbolträchtiges Geschenk – individueller Schmuck gewinnt an Bedeutung. Diese Entwicklung eröffnet Designerinnen vielfältige kreative Möglichkeiten, maßgeschneiderte Schmuckstücke anzubieten, die individuell auf die Wünsche ihrer Kundschaft eingehen. Personalisierter Schmuck steht so für Individualität und emotionale Verbundenheit.

Gut zu wissen

Moderne Technologien haben die Möglichkeiten der Personalisierung im Schmuckdesign revolutioniert. Dank 3D-Druck und fortschrittlicher computergestützter Designsoftware können Designerinnen komplexe, maßgeschneiderte Schmuckstücke mit hoher Präzision realisieren. Diese Tools erlauben es nicht nur, individuelle Wünsche der Kundschaft technisch umzusetzen, sondern fördern auch kreative Experimente mit ungewöhnlichen Formen und Strukturen. Digital entworfene Modelle lassen sich zuerst visualisieren und anschließend rapide in die gewünschte Materialität übertragen. Somit bieten diese Technologien sowohl effektive Produktionsmethoden als auch neue Ausdrucksformen für einzigartige, personalisierte Schmuckdesigns.

Die Personalisierung im Schmuckdesign zeigt sich in vielfältigen Formen, die es ermöglichen, individuelle Wünsche der Kundschaft kreativ umzusetzen.

- Namensgravuren: Kundinnen und Kunden können ihren Namen, Initialen oder bedeutungsvolle Daten in Schmuckstücke eingravieren lassen.

- Geburtssteine integrieren: Durch die Auswahl von Geburtssteinen oder anderen Edelsteinen erhält jedes Schmuckstück eine zusätzliche persönliche Note und symbolische Bedeutung.
- Individuelle Botschaften: Kurze Sprüche, Zitate oder persönliche Nachrichten werden als Gravur eingearbeitet und machen das Schmuckstück zu einem ganz besonderen Begleiter.
- Eigene Symbole oder Motive: Persönliche oder familienbezogene Symbole, wie Sternzeichen, Koordinaten oder einzigartige Designs, unterstreichen die Individualität des Schmucks.

In der Praxis

Eine besonders beliebte Form der Personalisierung ist das Einarbeiten persönlicher Details in Schmuckstücke. Kundinnen haben heute die Möglichkeit, beispielsweise Namensgravuren, Initialen, bedeutungsvolle Daten oder individuelle Botschaften direkt in Anhänger, Ringe oder Armbänder gravieren zu lassen. Ebenso sind die Integration von Geburtssteinen oder anderen persönlichen Symbolen gefragt, um Schmuck noch emotionaler aufzuladen. Solche Details schaffen eine tiefe, persönliche Bindung zwischen Trägerin und Schmuckstück, da sie Geschichten, Gefühle und Erinnerungen festhalten. Personalisierte Gravuren und Elemente machen jeden Schmuck einzigartig und zu einem individuell bedeutsamen Begleiter im Alltag.

Die Einbindung von Geburtssteinen oder spezifischen Symbolen verleiht personalisiertem Schmuck eine einzigartige emotionale Dimension. Geburtssteine stehen für bestimmte Monate oder Charaktereigenschaften und besitzen oft eine ganz persönliche Bedeutung für die Trägerin. Auch Symbole wie Herzen, Sterne, Tiere oder individuelle Zeichen können besondere Lebensabschnitte oder Erinnerungen verkörpern und so die Geschichte der Schmuckträgerin auf filigrane Weise erzählen. Durch diese persönliche Gestaltung entsteht Schmuck, der weit über ein modisches Accessoire hinausgeht: Er wird zum Ausdruck individueller Werte, tiefer Verbundenheit oder unvergesslicher Ereignisse im Leben der Trägerin.

Gut zu wissen

Kriterium	Traditionelle Personalisierungsoptionen	Moderne Personalisierungsoptionen
Technik	Handgravur, Einsetzen von Steinen, klassische Schmiedetechniken	3D-Druck, computergestützte Designsoftware, Lasertechnologie
Beispiele	Namensgravuren per Hand, familiäre Wappen, Geburtssteine	Personalisierte 3D-Modelle, Online-Konfiguratoren, digitale Gravuren
Flexibilität	Begrenzt durch handwerkliche Fähigkeiten und aufwendigen Herstellungsprozess	Sehr hohe Individualisierung durch digitale Tools, schnelle Umsetzung komplexer Wünsche
Zeitaufwand	Oft zeitintensiv durch manuelle Arbeitsschritte	Teilweise schneller durch digitale Prototypen und automatisierte Fertigung
Kundeneinbindung	Beratung in der Werkstatt, persönliche Gespräche	Online-Interaktion und Auswahl, digitale Visualisierung und Anpassung

Tipp

Online-Konfiguratoren haben die Weise, wie Schmuck individuell gestaltet wird, grundlegend verändert. Sie ermöglichen Kundinnen eine intuitive und komfortable Gestaltung ihres eigenen Schmuckstücks – bequem von zu Hause aus. Nutzerinnen können dabei Materialien, Legierungen, Formen und Farbvarianten auswählen sowie Gravuren, Steine oder Symbole integrieren. So lässt sich jedes Detail personalisieren und vorab digital visualisieren. Diese Tools bieten Transparenz und Kontrolle über das Design und reduzieren Missverständnisse bei der Umsetzung. Gleichzeitig stärken sie die Kundenbindung, da Kundinnen aktiv am Entstehungsprozess ihres persönlichen Schmuckstücks beteiligt sind und ihre Wünsche punktgenau einbringen können.

Ein wachsender Trend im Bereich der Personalisierung ist das sogenannte Collaborative Design. Hierbei gestalten Kundinnen gemeinsam mit der Schmuckdesignerin ihr ganz individuelles Schmuckstück. In einem kreativen Austausch werden Vorstellungen, Wünsche und persönliche Geschichten miteinander kombiniert, um ein einzigartiges, maßgeschneidertes Design zu erschaffen. Der Entstehungsprozess wird aktiv begleitet – von der Ideenfindung über die Materialauswahl bis hin zur finalen Ausarbeitung. Diese enge Zusammenarbeit fördert nicht nur einzigartige Ergebnisse, sondern stärkt zugleich das Vertrauen und die Zufriedenheit der Kundinnen, da das Schmuckstück völlig auf ihre Persönlichkeit abgestimmt ist.

Die Personalisierung von Schmuck bietet Designerinnen zahlreiche Chancen, sich in einem wettbewerbsintensiven Markt zu profilieren.

- 1. Höhere Kundenbindung: Individuell gestaltete Schmuckstücke schaffen eine persönliche Verbindung zur Kundin, was die Kundenzufriedenheit und die Wahrscheinlichkeit einer wiederholten Zusammenarbeit erhöht.
- 2. Differenzierung im Markt: Durch das Angebot einzigartiger und persönlich gestalteter Designs können sich Schmuckdesignerinnen klar von der Massenproduktion abheben und ihre eigene Marke stärken.
- 3. Wertsteigerung der Produkte: Personalisierter Schmuck ermöglicht es, höhere Preise zu erzielen, da die individuelle Anfertigung als besonders exklusiv und wertvoll wahrgenommen wird.
- 4. Erweiterung des kreativen Spektrums: Die Arbeit an personalisierten Designs inspiriert zu neuen Ideen und fördert die kreative Weiterentwicklung der Designerin.

Marktentwicklungen und Veränderungen

Einleitung

Der Schmuckmarkt befindet sich, wie viele andere Branchen auch, in einem stetigen Wandel. Globale Entwicklungen, technische Innovationen und sich ändernde Verbraucherpräferenzen haben in den letzten Jahren zu vielfältigen Veränderungen im Bereich des Schmuckdesigns geführt. Gerade für angehende Schmuckdesignerinnen ist es essenziell, sich mit Marktentwicklungen auseinanderzusetzen und ein Gefühl für die Dynamik dieser Branche zu entwickeln. Nur so lassen sich zukünftige Chancen erkennen und nutzen. In diesem Unterkapitel wird detailliert auf die wichtigsten Marktentwicklungen und Veränderungen eingegangen, die das Schmuckdesign heute und in naher Zukunft prägen.

1. 1. Globalisierung und Internationalisierung

Der Schmuckmarkt ist heute globaler denn je. Große Marken verkaufen ihre Produkte weltweit, und selbst kleine unabhängige Designerinnen können über Online-Plattformen Kunden rund um den Globus erreichen. Die Globalisierung führt zu einer größeren Vielfalt an Stilen, Einflüssen und Zielgruppen. Trends aus Indien, Afrika oder Südamerika haben ebenso Einfluss auf das europäische Schmuckdesign wie der klassische französische oder italienische Stil. Die Internationalisierung eröffnet Designerinnen die Möglichkeit, sich von diversen Kulturen inspirieren zu lassen und ihre Kreationen an unterschiedliche Märkte anzupassen.

1. 2. Digitalisierung und neue Vertriebskanäle

Mit dem Aufstieg des Internets und der sozialen Medien hat sich das Kaufverhalten von Schmuck grundlegend verändert. Käuferinnen und Käufer informieren sich online, vergleichen Preise, lesen Bewertungen und bestellen Schmuckstücke direkt im Internet. Plattformen wie Etsy, Instagram, TikTok und Pinterest bieten nicht nur Inspiration, sondern auch direkte Verkaufschancen. Der Online-Vertrieb von Schmuck wächst rasant und wird in Zukunft an Bedeutung noch zunehmen. Designerinnen müssen daher nicht nur kreative Schmuckstücke entwerfen, sondern auch digitale Kompetenzen entwickeln. Website-Gestaltung, Social-Media-Marketing und E-Commerce-Strategien sind entscheidend, um am Markt zu bestehen.

1. 3. Nachhaltigkeit und Ethik

Ein bedeutender Wandel ist im Bereich der nachhaltigen und ethischen Schmuckproduktion zu beobachten. Verbraucherinnen und Verbraucher achten zunehmend darauf, woher die verwendeten Materialien stammen, wie sie gefördert und verarbeitet wurden und unter welchen sozialen Bedingungen die Schmuckstücke hergestellt werden. Zertifizierte Lieferketten, Recycling-Materialien, Fair-Trade-Gold und konfliktfreie Edelsteine sind Schlagworte, die immer mehr an Bedeutung gewinnen. Designerinnen, die auf Transparenz und ethisches Handeln achten, können sich positiv vom Wettbewerb abheben und das Vertrauen der Kundschaft gewinnen.

1. 4. Technologischer Fortschritt – von CAD bis 3D-Druck

Die technischen Möglichkeiten im Schmuckdesign haben sich in den letzten Jahren enorm weiterentwickelt. Computer Aided Design (CAD)-Software ermöglicht detailgetreuen Entwurf und schnelle Änderungen von Designs. Durch den Einsatz von 3D-Druckern können Prototypen oder sogar fertige Schmuckstücke gefertigt werden, die zuvor undenkbar gewesen wären. Neue technische Verfahren wie Laserschneiden, CNC-Fräsen oder innovative Oberflächentechnologien erweitern die kreativen Möglichkeiten. Der technologische Fortschritt bewirkt, dass Designerinnen sich nicht mehr nur auf traditionelles Handwerk verlassen, sondern auch digitale Fertigkeiten erwerben müssen, um im Wettbewerb mitzuhalten.

1. 5. Individualisierung und Personalisierung

Kundinnen und Kunden wünschen sich heute Schmuckstücke, die ihre Persönlichkeit widerspiegeln und individuell für sie gefertigt wurden. Personalisierter Schmuck – etwa mit Gravuren, Initialien oder Geburtssteinen – erfreut sich großer Beliebtheit. Moderne Fertigungsmethoden erlauben es, auch in kleinen Stückzahlen hochwertige Einzelanfertigungen zu vertretbaren Preisen herzustellen. Für Designerinnen bedeutet dies, dass sie nicht mehr nur Trends bedienen, sondern auch maßgeschneiderte Produkte entwickeln und mit dem Kunden kreativ zusammenarbeiten müssen.

1. 6. Einfluss gesellschaftlicher Veränderungen und Werte

Gesellschaftlicher Wandel spiegelt sich auch im Schmuckdesign wider. Themen wie Diversity, Gender-Fluidity, Inklusion und Selbstbestimmung beeinflussen die Entstehung und Vermarktung von Schmuck. Unisex-Kollektionen, Schmuck für alle Lebensformen und Körpermodifikationen oder die bewusste Abkehr von klassisch-geschlechtsspezifischen Designs sind heute stärker vertreten als je zuvor. Der Schmuckmarkt öffnet sich und wird demokratischer, kreativer und vielfältiger. Dieser Trend gibt insbesondere jungen Designerinnen die Möglichkeit, sich mit neuen Ideen und Ansätzen zu positionieren.

1. 7. Ökonomie und Preisentwicklung

Der Schmuckmarkt ist eng mit der wirtschaftlichen Gesamtentwicklung verknüpft. Während in Hochkonjunktur-Phasen luxuriöse Schmuckstücke stark nachgefragt werden, steigt in wirtschaftlich angespannten Zeiten die Nachfrage nach erschwinglich(erem) Modeschmuck. Auch Edelmetallpreise, geopolitische Unsicherheiten und Währungsschwankungen haben Einfluss auf die Preisgestaltung und die Verfügbarkeit von Rohstoffen. Designerinnen sollten die Marktlage im Auge behalten und flexibel auf Veränderungen reagieren können, indem sie beispielsweise verschiedene Preissegmente anbieten oder alternative Materialien verwenden.

1. 8. Neue Vertriebskonzepte und Geschäftsmodelle

Neben dem klassischen Einzelhandel gewinnen omnipräsente Vertriebsmodelle an Bedeutung. Pop-Up-Stores, temporäre Konzeptläden, Kooperationen mit Mode- oder Lifestyle-Marken sowie exklusive Capsule-Kollektionen sind heute beliebte Wege, um neue Zielgruppen zu erreichen und frische Verkaufserlebnisse zu schaffen. Auch Mietmodelle (Schmuck leihen statt kaufen) oder Upcycling-Angebote werden von einer zunehmend umweltbewussten Kundschaft genutzt. Designerinnen profitieren von der Vielfalt der Geschäftsmodelle, indem sie neue Wege gehen und innovative Ideen ausprobieren.

1. 9. Rückbesinnung auf traditionelle Handwerkskunst

Trotz aller technologischen Entwicklungen erfährt das klassische Goldschmiedehandwerk eine neue Wertschätzung. Besonders handgefertigte, einzigartige Stücke heben sich im Massenmarkt ab und appellieren an das Bedürfnis nach Authentizität und Beständigkeit. Die bewusste Kombination traditioneller Techniken mit modernen Designs schafft Produkte mit besonderem Charakter. Designerinnen, die ihr Handwerk beherrschen, haben einen klaren Wettbewerbsvorteil, da sie Individualität und Qualität garantieren können.

1. 10. Bedeutung von Community und Co-Kreation

Die Beziehung zwischen Schmuckdesignerin und Kundschaft ist heute enger als je zuvor. Social Media ermöglicht einen direkten Austausch, Feedback wird sofort sichtbar, und Community-Building ist ein wichtiger Erfolgsfaktor. Viele Designerinnen integrieren Kundenwünsche direkt in den Gestaltungsprozess. Co-Kreation, etwa in Form von Design-Contests oder interaktiven Online-Tools, wird immer häufiger genutzt, um die Bindung zur Zielgruppe zu stärken und echte Unikate zu schaffen.

Fazit: Die Zukunft aktiv gestalten

Die Marktentwicklungen und Veränderungen im Schmuckdesign bieten zahlreiche Chancen, verlangen von angehenden Schmuckdesignerinnen aber auch Flexibilität, Offenheit und Lernbereitschaft. Die Mischung aus handwerklicher Qualität, digitaler Kompetenz, ethischer Verantwortung und Innovationsfähigkeit wird in Zukunft entscheidend sein. Designerinnen, die die Trends frühzeitig erkennen, ihr Geschäftsmodell laufend anpassen und den Dialog mit der Kundschaft pflegen, haben beste Voraussetzungen für nachhaltigen Erfolg im sich wandelnden Schmuckmarkt.

Künftige Herausforderungen für Schmuckdesigner

Wichtig

Die Digitalisierung revolutioniert die Schmuckbranche und eröffnet Designerinnen völlig neue

Möglichkeiten im kreativen Prozess und in der Produktion. Der Einsatz von Technologien wie 3D-Druck und CAD-Programmen ermöglicht es, präzise und innovative Entwürfe zu realisieren, individuelle Kundenwünsche effizient umzusetzen und Prototypen schneller zu fertigen. Digitale Werkzeuge erleichtern zudem die Visualisierung komplexer Formen und Strukturen, was in traditionellen Arbeitsweisen oft schwierig ist. Um am Markt bestehen zu können, müssen Schmuckdesignerinnen bereit sein, sich kontinuierlich mit neuen digitalen Entwicklungen auseinanderzusetzen und diese sinnvoll in ihren Schaffensprozess einzubinden.

Gut zu wissen

Ein weiterer zentraler Aspekt für die Zukunft des Schmuckdesigns ist die zunehmende Bedeutung von Nachhaltigkeit und Umweltschutz.

- Nachhaltige Materialien wählen: Schmuckdesignerinnen sollten verstärkt auf umweltfreundliche, ressourcenschonende Materialien setzen, um negative Auswirkungen auf die Umwelt zu minimieren.
- Faire Lieferketten sichern: Transparenz und ethische Standards entlang der gesamten Lieferkette werden immer wichtiger; dazu gehört der bewusste Einkauf von Rohstoffen und die Zusammenarbeit mit verantwortungsbewussten Lieferanten.
- Energieeffiziente Produktionsmethoden nutzen: Durch den Einsatz moderner, energiesparender Herstellungsprozesse können Designerinnen nicht nur Kosten senken, sondern auch einen Beitrag zum Klimaschutz leisten.

In der Praxis

Das Verbraucherverhalten unterliegt einem stetigen Wandel – Kundinnen und Kunden möchten heute immer häufiger individuell gestalteten Schmuck erwerben, der perfekt zu ihrem persönlichen Stil passt. Gleichzeitig wünschen sie sich eine schnelle und unkomplizierte Kaufabwicklung sowie kurze Lieferzeiten. Um diesen gestiegenen Erwartungen gerecht zu werden, müssen Schmuckdesignerinnen flexibel und serviceorientiert agieren. Eine enge Kommunikation mit den Kunden, das Angebot von Konfigurationsmöglichkeiten und ein effizienter Produktions- und Lieferprozess werden immer wichtiger. Agilität, Offenheit für neue Wünsche und konsequente Kundenorientierung sind daher unerlässliche Faktoren für den langfristigen Erfolg in der Branche.

Die globale Konkurrenz im Schmuckdesign nimmt rasant zu: Der Zugang zu internationalen Märkten ist durch E-Commerce-Plattformen und soziale Medien so einfach wie nie zuvor. Für Schmuckdesignerinnen bedeutet das, dass sie sich deutlich von der Masse abheben müssen, um erfolgreich zu sein. Eine individuelle, unverwechselbare Markenidentität wird zur entscheidenden Voraussetzung, um Kunden weltweit zu erreichen und zu binden. Dazu gehören ein konsistentes Markenbild, eine klare Positionierung und eine authentische Geschichte. Nur wer es schafft, seine Einzigartigkeit zu vermitteln, kann sich langfristig gegen die internationale Konkurrenz behaupten.

Warnung

Die gesetzlichen Anforderungen in der Schmuckbranche steigen stetig. Für Schmuckdesignerinnen ist es unerlässlich, sich regelmäßig über aktuelle Vorschriften und Gesetzesänderungen zu informieren. Besonders im Bereich der Edelmetalle und Edelsteine, der Produktkennzeichnung sowie des Verbraucherschutzes gelten strenge Regeln, die eingehalten werden müssen. Dies betrifft beispielsweise die korrekte Deklaration der Materialien, die Rückverfolgbarkeit der Herkunft und die lückenlose Dokumentation aller Verarbeitungsschritte. Ein umfassendes Verständnis der rechtlichen Rahmenbedingungen schützt nicht nur vor Abmahnungen und Geldstrafen, sondern unterstreicht auch die Seriosität und Professionalität des eigenen Unternehmens.

Gut zu wissen

Neben den bereits genannten Herausforderungen spielen technologische Innovationen eine immer wichtigere Rolle im Schmuckdesign.

- Künstliche Intelligenz (KI) kann im Designprozess eingesetzt werden, um kreative Impulse zu geben, Designvarianten schneller zu generieren und Markttrends zu analysieren.
- Augmented Reality ermöglicht es Designerinnen, ihren Kundinnen und Kunden Schmuck virtuell – zum Beispiel am Smartphone oder Computer – realitätsnah zu präsentieren. Dadurch lassen sich Kaufentscheidungen erleichtern und individualisierte Beratung anbieten.
- Blockchain-Technologie erleichtert die lückenlose Rückverfolgbarkeit von Schmuckmaterialien und kann gerade in Hinblick auf Nachhaltigkeit und Transparenz einen wichtigen Wettbewerbsvorteil darstellen.

Das Bewahren des Gleichgewichts zwischen traditionellem Handwerk und modernen Designansätzen ist für Schmuckdesignerinnen eine fortwährende Herausforderung. Trotz der ständig wachsenden Anforderungen an Innovation und Zeitgeist sollte die handwerkliche Qualität stets an erster Stelle stehen. Moderne Technologien und neue Inspirationen können kreative Prozesse bereichern, dürfen aber die eigene Designidentität und die traditionellen Fertigkeiten nicht verdrängen. Gerade das besondere Know-how und die Sorgfalt im Detail machen hochwertigen Schmuck aus. Erfolgreiche Designerinnen schaffen es, authentische Handarbeit und zeitgemäße Ästhetik zu vereinen und damit unverwechselbare, langlebige Werte zu schaffen.

Tipp

Neben dem klassischen Verkauf über Geschäfte und E-Commerce gewinnen neue Vermarktungswege wie Social Commerce und Kooperationen mit Influencerinnen zunehmend an Bedeutung. Plattformen wie Instagram, TikTok oder Pinterest bieten Schmuckdesignerinnen die Möglichkeit, ihre Kreationen einem breiten Publikum zu präsentieren und gezielt auf Trends zu reagieren. Um diese neuen Kanäle effektiv nutzen zu können, braucht es nicht nur Kreativität, sondern auch Fachwissen im Umgang mit sozialen Medien, Influencer-Marketing und Online-Kommunikation. Wer hier professionell agiert, steigert die Markenbekanntheit, baut Kundenbeziehungen auf und kann spannende Zielgruppen erreichen.

Testen Sie Ihr Wissen mit einem Quiz.

Scannen Sie diesen QR-Code

Praktische Übungen

1

Stellen Sie sich vor, Sie sind eine Schmuckdesignerin und möchten ein neues Schmuckstück exklusiv für einen Kunden entwickeln. Beschreiben Sie den gesamten digitalen Designprozess von der ersten Idee bis zum fertigen Prototypen, wobei Sie die Rolle von CAD-Software, 3D-Druck und digitalem Kundenfeedback erläutern. Gehen Sie auch darauf ein, wie Sie individuelle Wünsche effektiv integrieren.

Der digitale Designprozess beginnt mit einer ausführlichen Bedarfsanalyse im Kundengespräch, bei dem Wünsche, Stilrichtungen und mögliche Personalisierungen aufgenommen werden. Anschließend erstelle ich mithilfe einer CAD-Software wie RhinoGold oder Blender erste Entwürfe, die dreidimensional visualisiert werden können. Diese Designdateien dienen als Grundlage für weitere Kundenabsprachen. Durch digitale Anpassungen können Änderungswünsche schnell eingearbeitet werden. Sind Kunde und Designerin zufrieden, erfolgt die Erstellung eines detailreichen 3D-Modells, das mithilfe eines 3D-Druckers als Wachs- oder Resinprototyp hergestellt wird. Auf Grundlage dieses Modells erfolgt ggf. eine weitere Abstimmungsrunde oder direkt die Fertigung im gewünschten Material mittels Gussverfahren. So können individuelle Wünsche präzise und effizient umgesetzt werden, während der Kunde durch digitale Visualisierung und Prototypen ständig eingebunden bleibt.

2

Analyse die Vor- und Nachteile der Integration von Augmented Reality (AR) in den Online-Vertrieb von Schmuck. Gehe dabei darauf ein, wie AR das Kundenerlebnis verändert und wie Designerinnen diese Technologie zur Markenstärkung nutzen können.

Vorteile der AR-Integration sind: Kunden können Schmuckstücke virtuell anprobieren, was die Kaufentscheidung erleichtert. Das Einkaufserlebnis wird interaktiver und persönlicher. Missverständnisse bezüglich Größe und Passform lassen sich minimieren. Designerinnen können durch innovative Präsentationen ihre Marke als modern positionieren und Kunden durch kreative AR-Filter oder virtuelle Showrooms begeistern.

Nachteile umfassen: Die Entwicklung von AR-Anwendungen ist kostenintensiv und setzt technisches Know-how voraus. Nicht alle Kundinnen verfügen über kompatible Endgeräte. Bei schlechter technischer Umsetzung kann das Nutzererlebnis negativ beeinflusst werden. Zusammengefasst bietet AR deutliche Möglichkeiten zur Differenzierung und Markenstärkung, erfordert aber Investition in Technik und Marketing.

3

Vergleichen Sie traditionelle und moderne Personalisierungsoptionen im Schmuckdesign anhand von mindestens drei Kriterien. Nutzen Sie dabei den Vergleich zwischen Handgravur und computergestützter Lasertechnologie.

1. 1. Technik: Die Handgravur erfolgt manuell mit Stichel oder Gravurwerkzeug und erfordert hohe handwerkliche Präzision. Computergestützte Lasertechnologie setzt digitale Vorlagen um, arbeitet sehr präzise und ist automatisiert.

2. 2. Flexibilität: Handgravuren erlauben individuelle, künstlerische Ausarbeitung, sind aber zeit- und kostenintensiv sowie limitiert in Bezug auf Komplexität. Lasergravuren ermöglichen feine, wiederholbare Muster, komplexe Motive und Serienproduktion ohne Qualitätsverlust.

3. 3. Zeitaufwand: Handgravuren dauern oft Stunden und sind fehleranfällig. Die Lasertechnologie reduziert den Zeitaufwand erheblich – Gravuren erfolgen in Minuten und sind sofort überprüfbar und reproduzierbar.

Fazit: Moderne Technologien erlauben eine größere Designvielfalt und Effizienz bei gleichbleibend hoher Qualität.

4

Entwerfen Sie einen Marketingplan, wie Sie als Schmuckdesignerin neue Zielgruppen über Social Media und E-Commerce erfolgreich ansprechen können. Berücksichtigen Sie aktuelle Trends wie Influencer-Marketing oder Online-Konfiguratoren.

1. 1. Zielgruppenanalyse: Identifizieren moderner, digitalaffiner Zielgruppen (z.B. Millennials, Gen Z) mit Interesse an Individualität und Nachhaltigkeit.

2. 2. Kanalwahl: Aktive Präsenz auf Instagram, TikTok und Pinterest, um Reichweite und Inspiration zu schaffen. Einbindung eines Online-Shops mit Konfiguratorfunktion.

3. 3. Content-Strategie: Regelmäßiges Posten von Designprozessen, persönlichen Stories und Kundenprojekten. Kooperation mit relevanten Micro-Influencern für glaubwürdige Produktempfehlungen und Gewinnspiele.

4. 4. Online-Konfigurator: Ermöglichen der individuellen Gestaltung von Schmuckstücken direkt auf der Website, mit AR-Vorschaufunktion.

5. 5. Community-Building: Aufbau einer Community durch Storytelling, interaktive Fragerunden, und gemeinsames Designen (Collaborative Design).

6. 6. Analyse & Anpassung: Kontinuierliches Monitoring von Reichweite und Interaktionen, um den Plan regelmäßig zu optimieren.

5

Nennen und erläutern Sie mindestens drei künftige Herausforderungen, mit denen Schmuckdesignerinnen im Zeitalter der Digitalisierung konfrontiert sind. Geben Sie zu jeder Herausforderung einen praxisnahen Lösungsvorschlag.

1. 1. Schneller technologischer Wandel: Designerinnen müssen ständig neue Software und Fertigungstechnologien erlernen. Lösung: Kontinuierliche Weiterbildung und Teilnahme an Workshops oder Online-Kursen.

2. 2. Globale Konkurrenz: Durch E-Commerce ist der Wettbewerb international stärker denn je. Lösung: Entwicklung einer unverwechselbaren, authentischen Markenidentität und Zielgruppenfokussierung.

3. 3. Steigende Anforderungen an Nachhaltigkeit und Ethik: Kunden erwarten Transparenz und Nachhaltigkeit in Materialbeschaffung und Produktion. Lösung: Einführung von Blockchain-basierten Nachweissystemen und Kooperation mit zertifizierten Lieferanten für faire Rohstoffe.

Scannen Sie diesen QR-Code, um die Bonusinhalte des Buches zu entdecken.

Printed in Poland
by Amazon Fulfillment
Poland Sp. z o.o., Wrocław

54680976R00144